国家社会科学基金项目"粮食主产区建设与区域经济协调发展研究"
（项目编号：10BJL052）

粮食主产区建设与区域经济协调发展

剧乂文 李恒 ◎ 著

The Construction of
Major Grain Producing Areas and
the Coordinated Development of
Regional Economy

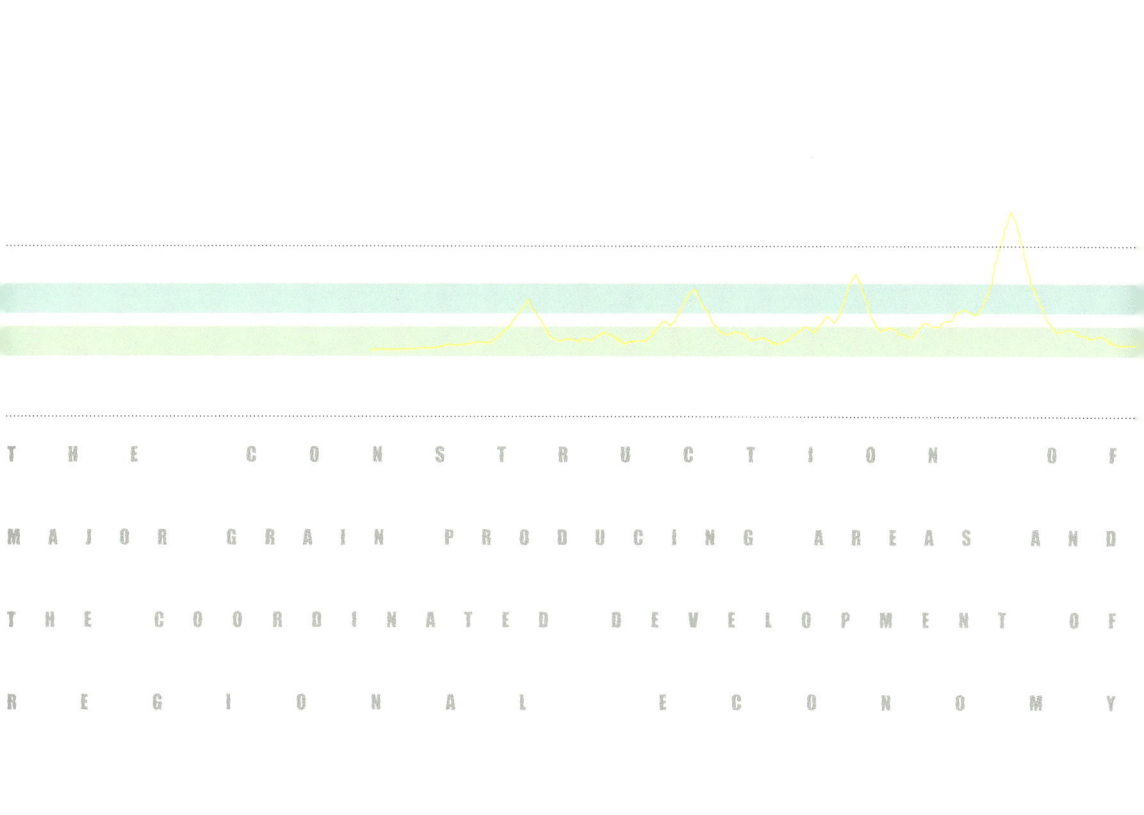

社会科学文献出版社
SOCIAL SCIENCES ACADEMIC PRESS (CHINA)

摘　要

粮食安全强调的是保证任何人在任何时候，都能得到为了生存和健康所需要的足够粮食，其内涵至少有两点：一是从供应上看，要有足够的粮食供给，包括利用生产、贸易、流通等手段满足人们对粮食的需要；二是从粮食分配上看，人们在任何时点上都能获得粮食。现代粮食安全观的核心是，仅考虑粮食的生产和供应总量是不够的，必须强调不同地区和人群获得粮食的能力，其重要的意义在于粮食安全的保障更多地在于产业结构的优化和制度的完善。

现在人们已经深刻认识到粮食生产与区域发展之间的关联性，粮食生产质和量的稳定提升，依赖区域经济各组分的相关优化和它们之间关系的改善，包括产业结构和就业结构高级化、农民增收、农村发展、经济空间布局合理和城乡协调发展等，同时也依赖制度的完善以及与区域之间良好的合作关系。国内文献在这些方面的研究相当丰富，一些观点认为调整产业结构是粮食主产区经济可持续发展的唯一保证，通过调整产业结构，促进农村劳动力向非农产业转移，实现农业生产的规模化，能够有效提高农民收入水平。虽然产业结构调整和粮食生产之间可能存在一定程度的短期冲突，但长期来看产业结构调整并促进工农之间的协调发展有利于资源要素优化配置，并易于发展大粮食经济。另外，有观点认为，工业化进程本身就是工业与农业生产的相互推进，因为工业化带来的结构转变、需求增长和生产资料供应能够极大地提高农业生产效益，提高粮食生产的质和量。这些研究不但深入研究了粮食生产与区域发展各方面的关系，而且探讨了它们之间相互促进的机制，为政策制定提供了理论基础。

本研究的理论意义在于两个方面：一是探讨粮食主产区在未来发展中的道路选择，即强化粮食生产基础上的新型工业化道路，发展和完善发展经济学关于农业区工业化的理论；二是研究粮食主产区粮食生产与经济社会发展的内在机制并进行理论提炼。本研究的现实意义在于研究我国粮食主产区粮食综合生产能力提高的方法途径，即依托粮食生产优势实施农产品加工转化战略措施，提出粮食主产区的制度建设支持体系，在此基础上提出粮食主产区工农、城乡经济协调发展的政策促进体系和实施方案。

本书的主要研究内容在如下八个方面。

一是粮食安全与粮食主产区建设的理论与实践。粮食安全对我国而言涉及粮食主产区粮食综合生产能力提高和粮食主产区结构优化提升。通过对我国耕地开发使用现状的整体考察，理解农村耕地结构调整和集约化经营对粮食主产区建设的重要意义，并提出了粮食主产区工业化的性质，其实质是地方比较优势发挥、资源要素结构性整合和县域经济发展三者的有机结合。由于粮食主产区遵循农业大省发展的典型道路，其工业化的实现路径强调的是农业发展与工业化的时序关联，既强调区域禀赋条件对工业化的影响，又强调经济发展处于不同阶段对工农互促内容的重点差异，工业化不但不会削弱粮食生产的核心地位，而且增强了传统区域的自主发展能力。

二是粮食主产区粮食综合生产能力提升路径。粮食综合生产能力提升是建设粮食主产区的核心问题，在对国内外相关研究进行评述的基础上，界定粮食主产区和粮食综合生产能力的概念，以粮食综合生产能力为切入点，借鉴主要发达国家和地区，如美国、日本、欧盟关于保护和提高粮食综合生产能力的经验，并得出对我国提高粮食综合生产能力的启示。运用产量比较优势指数、规模比较优势指数和综合比较优势指数对我国粮食主产区主要粮食作物进行区域比较优势分析，在柯布－道格拉斯生产函数基础上对我国粮食主产区粮食综合生产能力进行影响因素分析，并提出我国粮食主产区粮食综合生产能力提高的对策和建议。

三是农业产业化与粮食主产区建设。农业产业化不仅是粮食主产区建设的主要内容，而且是粮食主产区结构升级和经济社会转型的前提。通过研究我国粮食主产区农业生产方式的转变，提出农业生产方式转变的路径和案例。促进农业产业化的政策建议如下：加大投入，以推广高新农业技术；培育和扶持市场竞争主体，以发挥农村经济合作组织的作用；完善和健全农产品营销网络；协调农业企业的合作与竞争。

摘　要

四是农业机械化与粮食主产区粮食生产。机械化是农村发展和农业现代化的重要手段，也是建设粮食主产区的重要途径。在详细剖析我国粮食主产区机械化发展的各项指标，使用改革开放以来的数据对粮食主产区农业机械化与粮食生产的关系进行实证研究的基础上，对13个粮食主产区的粮食生产潜力进行综合排名，从而明确我国粮食主产区粮食生产的结构及性质。

五是农业土地制度创新与粮食主产区建设。粮食主产区建设对土地制度创新提出了内在的要求，运用制度变迁理论，在分析我国农村土地制度历史变迁的基础上，在社会主义市场经济条件下确立粮食主产区农业土地制度变迁的基本趋向，提出粮食主产区农村土地制度变迁应该采取强制性变迁和诱致性变迁相结合的路径，以实现农业发展与社会发展的有机统一。

六是人力资本与粮食主产区经济增长。粮食主产区总体而言体现了传统区域发展的性质，但其发展也依赖教育投入。在柯布－道格拉斯生产函数中纳入教育因素，对粮食主产区进行实证研究，结果表明，人力资本是促进粮食主产区经济增长的主要力量，其作用于增长的机制主要是劳动者素质的普遍提高，但作为传统农业生产区域，其经济增长受政府经济行为影响显著。

七是粮食主产区的工业化及其实现机制。工业化是传统走向现代的重要过程，但粮食主产区的工业化更多地应该强调与农业生产的关系，即依托粮食生产优势发展工业化。本部分从理论上研究了粮食主产区工业化推进的内在动力机制，并详述了粮食生产与工业化的比较研究结果，在此基础上实证研究了工业化发展的决定因素，认为推进工业化不但不会削弱粮食生产，反而能够为农业生产提供自主生产能力。

八是农村劳动力流动对粮食主产区经济结构的影响。粮食主产区不但是农业生产大省，而且是农村劳动力流动大省。研究农村劳动力流动对粮食主产区经济结构的影响，分别从总需求和总供给的作用方面入手，通过运用2003～2010年的数据，分析显示粮食主产区农村劳动力流动对其经济结构的作用呈"M"型特征，即对第二产业影响较小，而对第一产业和第三产业影响较大，且效果相当。

基于上述研究，推进粮食主产区建设、促进区域经济协调发展的政策建议有如下四点。

第一，粮食主产区建设的前提是提高粮食综合生产能力，而这依赖对耕地的改造和技术应用，由于我国耕地资源的非均衡分布和工业化、城镇化对土地的需求增长，实施农村耕地的改造和集约化经营具有重要意义。其政策建议是，加大资金和科技投入，建立长效耕地改造机制；依托粮食产业工程，实现经济社会结构调整；改、用、养结合，促进传统耕作方式转变。

第二，农业产业化是粮食主产区建设的主要内容，市场导向的农业生产结构调整和农业生产方式转变有利于提高农业生产的效率，同时也有利于粮食主产区经济社会的发展。其政策意义是培育和发展农业生产的市场化主体，特别是注重发挥龙头农业企业的作用，发挥和扩大农村经济合作组织的作用，以提高农业生产和农村发展中的市场意识。

第三，粮食主产区建设的本质推动力是工业化，理论和经验均表明，传统社会的现代化依赖于工业化，但工业化应该是发挥地方比较优势的产业升级。对政府而言，综合考虑粮食主产区的禀赋条件、经济结构、发展水平及在我国国民经济整体中的地位和作用，制定合适的工业化战略，从而在保证国家粮食安全的前提下促进粮食主产区的工业化，是非常重要的。

第四，粮食主产区建设与农村劳动力的转移相伴随，农村劳动力转移不但是粮食主产区经济结构升级的推动力量，而且被经济社会发展推动。由于农村劳动力重回农业会显著降低农业劳动生产率水平，所以应关注这一过程双向的性质差异，促进农村劳动力永久、有序、稳定地向城市非农产业转移。

目 录

第一章 粮食安全与粮食主产区建设 ………………………………… 1

第一节 绪论 …………………………………………………………… 1
第二节 主产区耕地改造与粮食生产 ………………………………… 6
第三节 粮食主产区工业化的性质 …………………………………… 15
第四节 粮食主产区建设的意义 ……………………………………… 21

第二章 粮食主产区粮食综合生产能力提升路径 …………………… 24

第一节 绪论 …………………………………………………………… 24
第二节 发达国家保护和提高粮食综合生产能力的经验和启示 …… 34
第三节 粮食主产区粮食生产的现状 ………………………………… 39
第四节 粮食主产区粮食作物生产能力区域比较优势 ……………… 42
第五节 粮食主产区粮食综合生产能力影响因素实证分析 ………… 49
第六节 提高粮食主产区粮食综合生产能力的对策 ………………… 52

第三章 农业产业化与粮食主产区建设 ………………………………… 56

第一节 绪论 …………………………………………………………… 56
第二节 粮食主产区农业产业化现状及问题 ………………………… 57
第三节 粮食主产区建设中的农业生产方式转变 …………………… 62
第四节 农业产业化的发展模式和案例 ……………………………… 68
第五节 促进农业产业化、建设粮食主产区的政策 ………………… 71

第四章 农业机械化与粮食主产区粮食生产 …… 77

第一节 绪论 …… 77
第二节 农业机械化与粮食生产的关系 …… 80
第三节 农业机械化与粮食主产区粮食生产的实证研究 …… 90
第四节 结论与政策建议 …… 95

第五章 农业土地制度创新与粮食主产区建设 …… 100

第一节 绪论 …… 100
第二节 粮食主产区建设对土地制度创新的要求 …… 104
第三节 粮食主产区农业土地制度变迁的基本趋向 …… 111
第四节 粮食主产区土地制度创新的路径分析 …… 121

第六章 人力资本与粮食主产区经济增长 …… 128

第一节 绪论 …… 128
第二节 人力资本与区域经济增长理论基础 …… 136
第三节 人力资本对区域经济增长的作用机制探讨 …… 139
第四节 人力资本与粮食主产区经济增长的实证研究 …… 142

第七章 粮食主产区的工业化及其实现机制 …… 149

第一节 绪论 …… 149
第二节 粮食主产区的工业化推进 …… 156
第三节 粮食生产与工业化的比较研究 …… 163
第四节 粮食主产区粮食生产与工业化的关系 …… 167
第五节 实现粮食主产区工业化和粮食产量互利共赢的对策 …… 175

第八章 农村劳动力流动对粮食主产区经济结构的影响 …… 186

 第一节 绪论 …… 186
 第二节 粮食主产区结构特征 …… 193
 第三节 农村劳动力流动对粮食主产区经济结构升级影响机制 …… 197
 第四节 农村劳动力流动对粮食主产区经济结构影响的实证分析 …… 207
 第五节 结论与政策建议 …… 216

参考文献 …… 220

后　记 …… 235

第一章　粮食安全与粮食主产区建设

第一节　绪论

一　研究背景和意义

自从有人类经济活动以来，粮食安全问题一直是人们关注的重点。粮食安全是经济发展、社会稳定和国家自立的基础，始终关乎经济发展全局。随着工业化和城镇化的发展，以及人口的持续增长和人民生活水平提高，人们对粮食消费的需求也呈刚性增长，但是由于耕地减少、资源短缺、气候变化等对粮食生产发展的约束日益突出，粮食供需长期处于紧平衡状态，保障粮食安全面临严峻挑战。为此，2008年7月国务院制定了《国家粮食安全中长期规划纲要（2008~2020年）》，提出要使我国粮食自给率稳定在95%以上，到2020年粮食产量增加400亿公斤，使总产量超过5400亿公斤。中央要实施粮食战略工程，集中力量建设一批基础条件好、生产水平高和调出量大的粮食生产主产区。河南省随后也编制了《国家粮食战略工程河南粮食核心区建设规划纲要》，河南将采取措施使粮食年生产能力由目前的500亿公斤再增加150亿公斤，到650亿公斤，成为全国重要的粮食生产核心地区。

值得注意的是，国家建设粮食核心区是在世界经济增长明显减速，对我国经济负面影响日益加深，并对农业农村发展冲击不断显现的背景下提出的，虽然农业在高基数上连续5年增产，但保持粮食稳定发展任务更加繁重。特别是目前我国经过三十余年的改革开放，改革已经进入深化阶段，传统农业生产大省均处于向新兴工业结构转型的关键时期，探讨依托粮食生产优势实施农产品加工转化战略，促进新型工业化、新型城镇化与新型农业现代化的良性互动，对粮食主产区加快现代产业体系构建、促进城乡区域协调发展具有重要意义。

然而，经济结构调整与粮食安全之间又似乎存在着冲突。这至少体现在于以下三个方面。

第一，资源稀缺性导致保障粮食安全和促进经济结构调整不可兼得。产业结构的调整对资源要素的配置提出了新的要求，而这反过来会导致两者之间的冲突。改革开放以来，我国的耕地面积在持续减少，从"九五"时期到2010年，我国的耕地面积预计减少6000万亩，到2030年，将减少8000万亩（吴志华、胡学君，2002）。虽然退耕还林是耕地面积减少的重要原因，但产业结构转换中非农业产业发展的用地需求增加也不容忽视，而且建设用地使用更多的是优质的耕地资源，且具有不可逆的性质。产业结构升级同时也成为促进农村劳动力转移的重要动力，按国家统计局的估计，截至2004年，转向城市非农就业的农村劳动力约为1.4亿人（国务院研究室课题组，2006），而转移出农业的劳动力的受教育程度高于农业劳动力受教育程度的总体水平。从这个意义上来看，在产业升级过程中农业生产中的人力资本也受到了一定程度的影响。此外，城市第二、第三产业的扩张也形成了对资本的竞争，这会导致农业资本投入受到压制。

第二，国际产业转移背景要求传统地区结构升级。国际产业转移背景下粮食主产区的工业化面临两条道路的选择：一是发展以农业现代化为核心的新型工业化，二是发挥比较优势以承接产业转移。前者是一条更适合粮食主产区的工业化道路，从发达国家发展的历史来看，工业化多是起源于农业生产基础较好的地区，而且工业化与农业现代化密切相关，如英国产业革命时期农业劳动力就地转移的农业现代化过程，以及日本农业现代化与工业化的相互促进（史美兰，2006）。后者则强调了开放条件下传统地区发挥比较优势的机会和途径，国际产业向中国沿海地区转移凸显了我国低成本劳动力资源的优势，在劳动力有限流动的情况下，东部沿海地区先进产业开始向内陆省份转移，这对传统粮食主产区承接东部地区产业转移以实现工业化提供了有利的机会。

第三，区域目标与国家目标的协调问题。我国是一个人口大国，区域经济发展条件差异较大，让粮食生产条件好的地区承担保障国家粮食安全的任务可能会部分牺牲这些地区的局部利益，这涉及局部利益与整体利益的协调问题。这一利益的矛盾冲突涉及两个层面的问题。第一个层面是省区与国家利益之间，不论是在过去粮食由国家统一调配还是当前主要由市场来进行调节的体制下，粮食主产区都为国家粮食安全承担了过多的责任，从而造成这些省份普遍存在粮食产量多、贡献大、收益低的尴尬处境。按吴桂淑等（1995）的分析，省级层面的影响至少包括：使区域产业结构层次低，农村第二、第三产业发展滞后；粮食调出比重较高，粮食商品价值流失严重，资源优势难以转化为经济优势；地方财政困难；农业人均收入低于全国平均水平；等等。第二个层面是粮食主产区内部，由于粮食主产区的经济发展大部分来源于县域经济的贡献，区域封锁与产业同构化的存在导致粮食主产区内部县域之间由于争夺原料、市场而发生摩擦和冲突，从而对粮食生产和区域产业结构的优化升级带来阻碍。

基于上述分析，研究粮食主产区由传统地区向现代地区转型的区域经济协调发展道路具有重要理论和现实意义。通过深入分析我国传统粮食主产区的基础、地位及发展优势，本文研究了我国粮食主产区的制度建设和支持体系，并为粮食主产区建设中的结构优化升级、区域城乡经济社会一体化新格局发展提供理论基础，在此基础上探讨粮食主产区建设的方法路径，研究粮食主产区建设与区域经济协调发展的内在机制，提出可操作的政策建议。

二 国内外研究现状

粮食安全的概念是联合国粮食及农业组织（FAO）1974年11月在第一次世界粮食首脑会议上提出的，即保证任何人在任何时候都能得到为了生存和健康所需要的足够粮食（FAO，1983）。其内涵至少有两点：一是从供应上看，要有足够的粮食供给，包括通过生产、贸易、流通等手段满足人们对粮食的需要；二是从粮食分配上看，人们在任何时点上都能获得粮食（吴宾、党晓虹，2008）。现代粮食安全观的核心是，仅考虑粮食的生产和供应总量是不够的，必须强调不同地区和人群获得粮食的能力，其强烈的意义在于粮食安全的保障更多的在于产业结构的优化和制度的完善。

经济理论对粮食问题的研究是基于农业开展的，人们最早对提高农业生产力和产量给予了较多的关注，并逐渐演化成研究粮食问题的一条主线。在传统农业阶段，由于产出高度依赖于投入，所以特别强调对土地开垦、人口增长以及化肥和农药的使用，但这些不足以改变农业停滞落后的局面，这需要引进现代生产要素改造传统农业（舒尔茨，1999）。正是由于传统农业与现代农业在生产力上的巨大差异来源于使用的技术不同，所以技术创新（包括生物技术、化学技术、机械技术）被一再强调，进一步的研究则是怎样才能提供这些技术以促进粮食生产力的提高（Bruce F. Johnston，1972）。但这一主线的研究着眼于农业本身的发展，没有认识到粮食安全所依赖的经济结构调整和发展能力提高。另一条基于农业研究的主线则更关注农业的基础地位，发展经济学奠基人之一的张培刚在《农业与工业化》中深刻论述了农业生产在落后国家发展中的基础地位，并分析了农业生产对总体经济增长和结构转型的贡献，特别是在没有经过结构转型的国家里，没有什么手段可替代农业为增长进行积累（张培刚，1984），这些理论已经成为发展经济学的经典理论，而后来库兹涅茨和加塔克等人的研究均是在此基础上进行发展和归纳。

即使如此，农业生产稳定性和生产率提高问题仍然得不到有效解决，从历史上看，人均粮食产量在相当长的时期内保持在一个大致稳定的水平，珀金斯（Perdins，1969）的研究表明，中国在1349～1949年的600年间，人口增长了大约8倍，耕地面积增加了大约4倍，但每亩产量增加了大约两倍，从而导致人均粮食产量保持不变，这表明仅强调技术和投入是不够的。这导致人们开始寻求其他理论或方案来推进农业生产率的提高，随后的研究开始关注以下三个领域：一是农业制度安排问题。其核心是激励机制的设计，以前人们认为收益分成租佃是不利于农民积极性发挥的，张五常（2000）的研究提供了分析此类问题的基础；以后的研究则将成本分担、风险控制和监管能力引入，以解决有效激励不足问题（Jaynes，

1979）；我国家庭联产承包责任制实施后，农业生产率的大幅提高就是以分权为导向的激励机制的有效发挥（许庆，2008）。二是信贷市场的作用。由于农业生产面临很大的风险，农民无法获得完整的保险，从而得到的信贷服务也有限，为此，农民可能会需要支付高利贷的利息，而这又与拖欠信贷的风险相关联（Stiglitz，1987）。实际上，伽马银行的实践表明农民不是缺乏信用，而是有没有给予他们真实所需的信贷支持（Ainon，1993）；美国农业信贷政策的一些经验也表明信贷市场对农业发展是有益的（蒲应龚，2008）；我国的经验研究也证明了农业信贷对经济增长具有推动作用（袁文华，2008）。三是农产品价格体系的作用。世界银行系统地评估了各个国家内部对农业的价格歧视程度，一些结论是，发展中国家普遍使用工业保护政策，利用价格歧视从农业转移出巨大财富，这种对农业的不利影响并不能通过对农业的公共投资来消除，而必须经由直接的价格稳定政策来解决（世界银行，1992）；国内大量文献也指出稳定农产品价格是稳定农业生产的重要手段。

现在人们已经深刻认识到粮食生产与区域发展之间的关联性，粮食生产质和量的稳定提升，依赖于区域经济各组分的相关优化和它们之间关系的改善，包括产业结构和就业结构高级化、农民增收、农村发展、经济空间布局合理和城乡协调发展等，同时也依赖于制度的完善以及与其他区域之间良好的合作关系。国内文献在这些方面的研究相当丰富，如郭晔等（2006）认为调整产业结构是粮食主产区经济可持续发展的唯一保证，通过调整产业结构促进农村劳动力向非农产业转移，实现农业生产的规模化能够有效提高农民收入水平。王放等（2007）通过对河南省的实证研究也得到结论——通过调整产业结构，实现要素配置与利用效率的提高是促进粮食生产和农民增收双赢的关键。虽然产业结构调整和粮食生产之间可能存在一定程度的短期冲突，但长远来看产业结构调整并促进工农之间的协调发展有利于资源要素优化配置，并易于发展大粮食经济（吴志华、胡学君，2002）。工业反哺农业不断被强调，蔡昉（2006）认为建设社会主义新农村就是对"工业反哺农业，城市支持农村"的恰当描画；周立群等（2006）认为我国总体上已经进入工业反哺农业的阶段，而且这是我国有别于其他国家发展模式和社会构建的探索；罗恢远和原毅贤（2006）提出了工业反哺农业的两条路径，即经济反哺和政策反哺。简新华等（2007）甚至认为工业化进程本身就是工业反哺农业的重要途径，因为工业化所带来的结构转变、需求增长和生产资料供应能够极大地提高农业生产效益，从而提高粮食生产的质和量。这些研究不但深入研究了粮食生产与区域发展各方面的关系，而且探讨了它们之间相互促进的机制，为政策制定提供了理论基础。

第二节　主产区耕地改造与粮食生产

一　农村耕地结构调整与粮食综合生产能力提高

根据联合国粮食及农业组织（FAO，1983）对粮食安全的定义，即保证任何人在任何时候都能得到为了生存和健康所需要的足够粮食，粮食安全的核心问题是要从供应上得到足够的粮食（剧乂文、李恒，2011）。虽然我国的粮食产量连年增长，但长期来看不容乐观。马晓河等（2008）预测我国到2020年人口为14亿，国内粮食需求达到5418亿公斤左右。实际上，由于粮食消费结构存在不均衡趋势，一般而言，以人口增长所预测的粮食需求要远远低于社会对粮食的总体需求水平。以稻米、小麦和玉米三大类粮食为例，2009～2010年度的口粮消费比重为56.4%，而饲料用粮和工业用粮分别占到了27.4%和14.5%（吴乐、邹文涛，2011）。显然，要保证国家粮食安全，对粮食综合生产能力的提高存在着更高的要求。

但我国的粮食生产存在较大的区域差异，而且各粮食主产区经济发展水平、经济结构和粮食生产条件也不相同，这给提高粮食综合生产能力带来了困难。2010年全国粮食生产总量为5464亿公斤，比上年增加156亿公斤，东北及内蒙古粮食产量比上年增长13.4%，而广西、贵州和云南三个省份的粮食产量则比上年下降3.8%，江西和湖南也因灾有一定幅度的减产。2010年，13个粮食主产区粮食产量比上年增长3.7%，略高于全国

2.9%的增长幅度，值得注意的是，13个粮食主产区粮食产量占全国粮食总产量的75.36%（2000年这一比例为70.55%），呈上升趋势。这表明粮食综合生产能力的提高高度依赖于粮食主产区。但这13个粮食主产区由于分布地区不同，在过去十年间其粮食生产情况也有较大的变动，河南、黑龙江、吉林和内蒙古等粮食产量比重显著上升，而江苏、四川、湖南和湖北等则显著下降（见图1-1）。粮食产量向更少省份的集中也使得粮食综合生产能力的提高高度依赖于一些主要产粮大省。

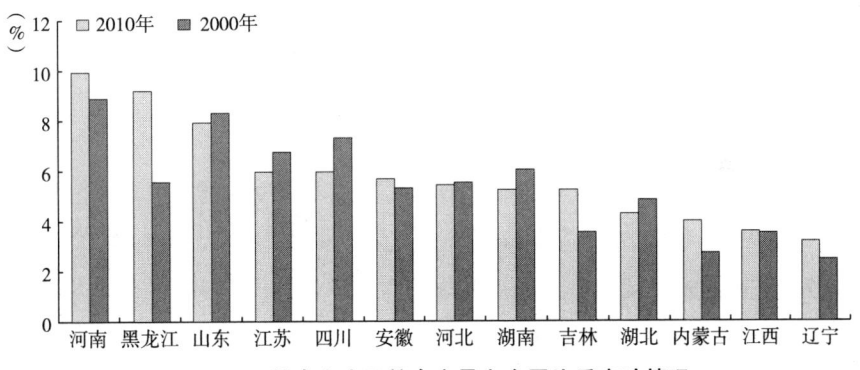

图1-1 粮食主产区粮食产量占全国比重变动情况

增加粮食产量不外乎有两条途径：一是扩大粮食播种面积；二是提高粮食亩产产量。前者受耕地面积以及耕地区域分布非均衡的限制，由于我国正处于经济快速增长的结构转型期，受政府退耕还林、城市扩张和开发区建设、乡镇企业和农民建房占用耕地等的影响，1998～2003年我国粮食播种面积从17.1亿亩下降到14.9亿亩。粮食产量也从5123亿公斤下降到4307亿公斤。2004～2012年，中共中央连续发布九份以"三农"为主题的一号文件，强调农业的基础地位，加大对耕地的保护力度，粮食播种面积恢复到2010年的16.48亿亩，粮食产量则恢复到5464亿公斤。这表明粮食播种面积的稳定是促进粮食稳定发展的重要前提，但通过扩大粮食播种面积来增加粮食产量是困难的。这样来看，提高粮食亩产就成为增加粮食产量的重要手段，2003～2008年的6年间，中国农业综合开发累计投入各类资金1894亿元，重点用于中低产田改造，累计改造中低产田0.99亿亩，新增粮食生产能力199.6亿公斤。目前来看，在我国的18.26亿亩耕地中，中低产田占到70%，其中低产田占40%，按改造1亩中产田为高产田新增粮食生产能力 120 公斤、改造 1 亩低产田为中产田新增粮食生产能力 170 公斤计算，改造中低产田以提高粮食生产能力具有较大潜力。

二 耕地改造和集约化经营的经济学意义

综上可见，耕地结构调整涉及两个顺次递推的方面：一是进行中低产田改造；二是进行耕地的集约化经营。两者的本质均是在现有耕地资源约束背景下提高粮食综合生产能力、转变农业发展方式的重要手段。改造中低产田和对耕地的集约化经营，增加了对土地的投入，提高了土地肥力和持续生产能力，避免了对土地资源的过度消耗和掠夺性耕作，具有重要的经济学意义。

第一，改造中低产田是实现土地肥力持续增加的主要途径。经济理论最早研究农业产量提高的重点是土壤肥力，土壤肥力是土壤为作物生长提供和协调营养条件和环境条件的能力，它不但依赖于气候、生物、地形等自然条件，而且依赖于长期人为耕作、施肥、灌溉等农事活动。对传统农业而言，产出高度依赖于投入，所以特别强调土地开垦、耕耨结合、轮作复种以及对化肥的使用。我国的农业生产仍然停留在传统农业生产阶段，通过改造中低产田以实现土壤肥力增加是促进粮食产量增加的重要方面。从历史上看，我国的粮食主产区采用了一种低效而自给自足的农耕经济体系，这一农耕经济体系强调了农民生产生活与其所依赖的土地之间的关系，精耕细作成为农耕经济体系中最被关注的方面。所谓精耕细作，绝非一般意义上的"铧式犁翻耕模式"，根据《中国农业百科全书（农业历史卷）》的定义，精耕细作是"用以概括历史悠久的中国农业，在耕作栽培方面的优良传统，如轮作、复种、间作套种、三宜耕作、耕耨结合、加强管理等"，可见，土地的高产和低产之分本质上还在于耕作管理的差别。

第二，实现土地集约化经营，能够形成促进我国经济增长方式由粗放向集约转变的重要基础。改革开放以来，家庭联产承包责任制极大地刺激了农民的劳动积极性，粮食生产有了大幅度提高。但人多地少的矛盾仍然存在，制约了我国农业生产的规模化和现代化经营，导致我国的农业生产长期处于传统农业模式。而传统农业生产模式的主体是农户，农业生产是由农户分散决策的，这会导致由于农民分散决策带来整体经营效率的低下状况，不能有效地提高农业生产的技术水平和管理水平。从某种意义上来说，人多地少也源于土地产出能力小，通过耕地的集约化经营，提高土地产出能力，从而节约农业生产的劳动投入，能够化解人多地少的内在矛盾，为促进农业产业化和规模经营提供条件。

三　耕地分布的区域差异及其结构调整优先次序

对农村耕地进行结构性调整的关键是实施中低产田改造，这首先需要科学地分析中低产田的区域分布及其在我国粮食安全中的地位。虽然学术界对中低产田改造对粮食综合生产能力的意义讨论非常广泛，但我国对中低产田的标准类型划分尚未有统一的标准。就现行的研究来看，一种划分是基于产出进行的，即根据土地的平均亩产来划分，一般以平均亩产浮动20%来划分高产、中产和低产田。但不同省份有不同的标准，如山西省以公顷产量在2250公斤以下的为低产田，2250～4500公斤的为中产田；江苏则以公顷产量在7500公斤以下的为低产田，7515～9000公斤的为中产田（夏建国、魏朝富、朱钟麟、胡艳，2005）。另一种划分则基于生产条件，包括土壤肥力、灌溉条件等（彭世琪，1997）。我国耕地质量地区差异较大，而且总体分布不均，对中低产田简单按照某一标准来划分很难理解耕地土壤肥力的分布情况，如果在省域范围内来研究土壤肥力，则可以使用单一标准。按照农业部《全国耕地类型区耕地地力分等定级划分》标准，三等以上即亩产700公斤/年以上的为高产田，四等以下为中低产田。从统计角度来看，更关注耕地的农田水利建设，2009年我国旱涝保收耕地和有效灌溉耕地分别占全国耕地面积的34.8%和48.69%，而13个粮食主产区则分别为37.81%和52.21%，远高于全国平均水平。但分省份来看，13个粮食主产区的高产田分布也不均衡，四川、辽宁、内蒙古、吉林和黑龙江五个省份不论是旱涝保收耕地还是有效灌溉耕地，比重均低于全国水平（见图1-2）。

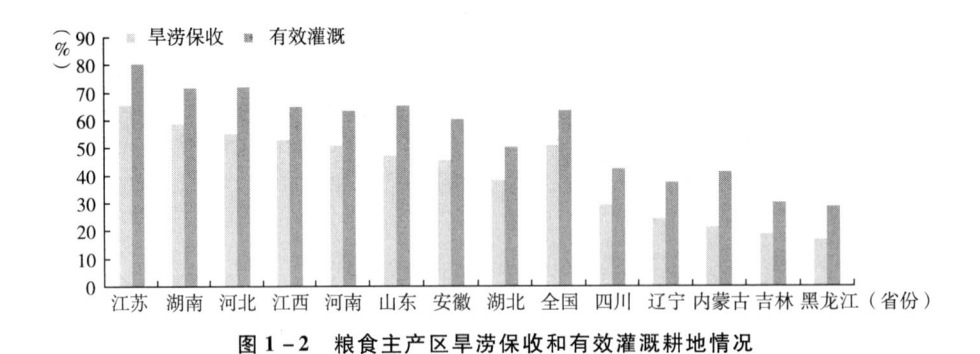

图 1-2 粮食主产区旱涝保收和有效灌溉耕地情况

实际上，中低产田除了以其亩产来判断外，还要注意亩产差异的背后因素。我国中低产田的类型主要包括瘠薄型、干旱缺水型、坡耕地型、渍涝水田型、渍涝过旱型、盐碱型、风沙型和其他类型八类。其中瘠薄型比例最大，占中低产田总面积的27%，而且分布也较广泛（石全红、王宏、陈阜、褚庆全，2010）。从全国情况来看，中低产田的区域分布较为广泛，但各大区域的中低产田分布类型也有所不同。东北地区是中低产田分布最集中的地区之一，除风沙型外，其他类型的中低产田均有分布；华北地区则以干旱缺水型、瘠薄型、盐碱型为主；长江中下游地区是我国的粮食主要产区，干旱缺水型、瘠薄型和过黏型占的比重较高；西北干旱区则由于地处亚洲大陆腹地，由当地气候条件和人类不合理开发所致，干旱缺水型、盐碱型、渍涝过旱型和风沙型均较多；黄土高原地区则以坡耕地型为主，坡耕地占全国中低产田面积的67.2%。显然，对不同地区而言，由于中低产田的类型不同，进行改造的任务和重点也不同。对全国而言，中低产田改造既体现在对水利设施的建设上，也体现在除涝、水土流失治理方面。2009年，全国除涝面积和水土流失治理面积分别占土地面积的2.27%和11.00%，而粮食主产区分别为5.08%和16.33%，远高于全国平均水平；非粮食主产区则分别为0.44%和7.38%，不但低于粮食主产区，而且低于全国水平；而江苏、山东、河南等省更是远高于全国平均水平（见表1-1）。

表 1-1 2009年我国粮食主产区除涝和水土流失治理面积占土地面积比重

单位：%

地 区	除 涝	水土流失治理	地 区	除 涝	水土流失治理
全国	2.27	11.00	江苏	26.34	9.72
粮食主产区	5.08	16.33	安徽	16.07	15.00
非粮食主产区	0.44	7.38	江西	2.22	25.97
河北	8.74	33.07	山东	16.70	29.23
内蒙古	0.24	9.23	河南	11.70	26.88
辽宁	6.64	42.16	湖北	6.54	23.94
吉林	5.34	18.55	湖南	2.29	13.58
黑龙江	7.33	10.15	四川	0.19	12.60

资料来源：根据历年《中国统计年鉴》《中国农村统计年鉴》相关数据整理。

其次，研究粮食产出能力指标虽然是进行中低产田改造的重要依据，但不是唯一依据；虽然有的地区中低产田比重较大，而且连片分布，具有改造的前提条件，但增产潜力指标在进行中低产田改造时更应该受到关注。增产潜力指标反映的是某地区土地的未来生产潜能，反映中低产田改造的潜在可能性。朱铁辉等（2012）设置了粮食单产能力、复种指数、单位耕地面积废水负荷、农业财政资金投入等指标，对我国各地区土地的增产潜力进行了度量，认为华北、长江中下游和华南的土地增产潜力较大。可见，如果从全国的层面来看，中低产田改造需要制订通盘规划，中低产田面积较大、分布具有连片特征的地区应该给予重点考虑，同时，综合区域粮食增产潜力、经济发展水平和经济结构特点来具体制订中低产田改造方案和选择改造技术。目前来看，东北、华北和长江中下游地区是我国中低产田分布较多、粮食增产潜力较大的区域，同时这些区域的土地开发较早，地势较为平坦，易于实施重大改造工程；而西北干旱区、青藏高原区应该将生态保护置于优先地位。

但如果深入省级区域内部来看，中低产田的分布又是相对的，特别是粮食主产区高产田和中低产田的分布存在交叉现象。以河南省为例，河南省的高产田和中低产田在全省均有分布，其中高产田总面积5393万亩，集中连片分布区域为黄淮海平原、山前平原和南阳盆地；中低产田6497万亩，在上述三大区域也都有分布（见表2-2）。可见，就河南省而言，其耕地主要分布于黄淮海平原、山前平原和南阳盆地三个区域，三大区域耕地面积占全省总面积的 65.3%。高产田在三大区域的面积占全省高产田总面积的 49.64%，中低产田在三大区域的面积占全省中低产田总面积的 77.42%。高产田和中低产田是相对的，中低产田改造的实质是对耕地耕种条件和土壤肥力的总体改善，最基本的原则是因地制宜，实现粮食综合生产能力的持续提高。

表 1-2 河南省高中低产田区域分布状况

单位：万亩，%

耕地类型	指标	黄淮海平原	山前平原	南阳盆地
高产田	面积	1826	400.1	449.6
	比重	33.88	7.42	8.34
中低产田	面积	3949	242	839
	比重	60.78	3.73	12.91

资料来源：根据《河南省统计年鉴》(2012) 相关资料整理。

在对中低产田进行改造以提高粮食综合生产能力的基础上，实施农业集约化生产，将粮食生产、农业发展与区域工业化和城市化进程结合起来。从历史上来看，不同类型国家的现代化进程都是建立在农业现代化的基础上的，这一过程包括至少三个方面：一是农村剩余劳动力由农村农业向城市非农产业转移。历史上产业革命前期英国以圈地运动的政治手段促使农民进入工厂；工厂制度诞生后的美国以城市工业丰厚的薪酬拉动农民进入城市现代工业，西部和南部开发时也伴随着大量人口的迁移（辜胜阻，2002）；法国农民在 19 世纪后期和谐融入城市，从而有力地推动了法国在 20 世纪初实现现代化。二是城市化过程，大量的人口向城市地域集中，同时产业也向城市集聚。依据区位机会窗口理论，影响产业最初空间分布的首要因素是城市化经济，企业会选择城市化水平较高的地区作为初始投资地点，城市在区域经济发展中的作用越来越突出。三是工业结构优化升级。工业结构优化升级是建立在发挥地方比较优势的基础上的，对粮食主产区域而言，工业化应该能够建立在农业发展的基础上，而且能够为农业的现代化发展提供支撑，亦即反哺（蔡昉，2006）。周立群等（2006）认为我国总体上已经进入工业反哺农业的阶段，而且是我国有别于其他国家发展模式和社会构建的探索。罗恢远和原毅贤（2006）提出了工业反哺农业的两条路径，即经济反哺和政策反哺。简新华等（2007）甚至认为工业化进程本身就是工业反哺农业的重要途径，因为工业化所带来的结构转变、需求增长和生产资料供应能够极大地提高农业生产效益，提高粮食生产的质和量。

四　耕地改造的路径

第一，加大资金和科技投入，建立投入长效机制。中低产田改造是一项长期的系统工程，需要大量的资金投入，以资金投入为基础，以科技投入为支撑，从而实现中低产田改造的良性持续发展。改造中低产田所需要的资金应该从多渠道来筹措，目前看来，主要依赖于国家农业综合开发建设资金，这并不能满足我国中低产田改造的总体规模，而且也不利于形成促进中低产田改造的长效机制。而农民由于收入水平低，农户决策分散，难以承担农业生产中的风险，所以也不宜成为资金投入的主体。探索吸引工商资本流入并形成国家投入、企业投入与农民投入有机结合的模式是有益的，其基本思路是以国家财政投入为主，建设基础设施，改善农业生产条件；激发农民对土地投入的积极性，探索农民以劳代投的方法；发挥市场机制作用，适当让利，给予减免税收或优惠信贷的做法，鼓励工商业资本参加中低产田改造工程。促进中低产田改造的关键是科技投入，包括农业科技支撑体系建设、农业生产科技创新和农技推广体系建设等方面，通过各级政府科技项目设计，建设科技创新平台和科技工程技术中心，以促进农业生产重大科技创新。在此基础上，以政府为指导，吸引社会力量参与，建立系统的农业科技开发、推广和服务体系。将提高农民对科技知识的吸引能力作为重点工作，开展多种形式的培育培训模式，对农民进行系统性的知识、技能培训工作，以提高中低产田改造的效果。

第二，依托粮食产业工程，实现经济结构性调整。改造中低产田的目标是提高粮食产量，但其最终的目标是保证我国经济转型发展中人们对粮食质和量的需求。改造中低产田必须和粮食产业工程结合起来，既强调粮食产业化的经济效益与改造中低产田的良性互动效应，又强调经济结构性调整的增长效应。粮食产业化本质上是促进粮食商品化的过程，依托市场机制实现粮食作为人类生产发展不可缺少的食物的价值，以及其生产所依赖的稀缺和不可再生的土地资源的价值，获得较高的经济收益，从而提高农民进行中低产田改造的能力和热情。经济结构调整的根本方向是由粗放增长转向集约增长，而中低产田改造本身就是对集约理念的践行。粮食产业工程强调的是促进以粮食生产为核心的农工商一体化、产学研相配合的系统工程，通过对经济进行结构性调整，发展基于粮食生产、加工、储运的产业体系。这包括吸引涉农大型企业与农户结合进行科学规划与订单生产，扶持农民成立专业合作社，进行专业的服务和管理，鼓励科技下乡，对农民进行教育培训，提高农民利用市场机制的能力。

第三，改、用、养相结合，促进传统耕作方式转变，着力提高土地经营管理水平。改造中低产田为提高粮食产量奠定了基础，但这只是第一步，要能够做到促进土地肥力和粮食生产能力的持续提高，还必须强调中低产田的改造与使用、养护相结合。这要求转变传统耕作方式（由传统的粗放经营、靠天吃饭转变为集约生产、旱涝保收），兴建水利设施，依托科技支撑促进农业生产机械化、水利化、良种化。转变传统农耕体系对单一作物的依赖，根据各地的气候、土壤条件和作物适宜性，因地制宜地进行科学种植。同时，引导农民对土地的合理开垦和利用，促进土地流转，实现土地的规模经营。实际上，我国大多数地区的中低产田均是连片存在的，这既为中低产田改造的整体规划提供了基础，也易于结合改造进行适时的土地流转，从而提高土地管理经营方式，有助于粮食生产能力的持续提高。此外，现有的中低产田区域生态环境一般较为脆弱，经济发展水平较低，对环境的索取较多而保护意识普遍不足，这要求在改造中低产田过程中必须建立起生态环境保护机制，做到开发与保护并重，提高农业生态环境承载能力，实现改造、使用和养护的统一。

第三节 粮食主产区工业化的性质

一 工农互促的工业化

就发展经济学的理论而言，工业化是农业国家或落后国家实现现代化、赶超先进国家的重要途径，因而也成为发展经济学研究的永恒主题。发展经济学家提出了不同的理论依据，如罗森斯坦-罗丹、郝希曼、张培刚等人从规模经济角度研究了工业化理论；刘易斯等人则从结构主义思路提出了工业化的理论，认为工业化是结构变迁的过程，是结构调整和资源重新配置的结果；普雷维什和辛格则从贸易条件角度研究了工业化的理论依据；杨小凯等人则从专业化和经济组织的角度来解释工业化（任保平、洪银兴，2004）。从发达国家的发展历史来看，工业化从来不会在贸易或模仿中产生，而是使用新手段生产已有产品的过程。从这一意义上说，发挥地方比较优势、实现区域资源要素的结构性整合是工业化最本质的东西，它同样适合于粮食主产区的工业化，强调工业化与农业现代化的协调，以实现资源要素的合理配置和优化利用。粮食主产区工业化的主要内容包括以下三个方面。

1. 地方比较优势发挥

发挥地方比较优势几乎是所有发展理论要强调的，但对粮食主产区的工业化而言，具有另外的深层次意义，因为这些地区作为粮食主产区，本身就是其发挥地方比较优势的结果。所谓比较优势，是指一个国家或地区与另一个国家或地区在经济发展上比较而言的优势，比较优势强调更多的是其要素禀赋条件的优势，如果一个国家或地区能够建立基于其具有比较优势要素条件的产业，则能够在与其他国家或地区的贸易中获利。林毅夫等（1999）进一步认为依据比较优势来发展经济本身是一个成功的战略，经济发展归根结底是要改变资源结构，即增加资本在资源禀赋中的相对丰富程度，而资本来源于积累，社会资本积累水平取决于经济剩余的规模，这又依赖于生产活动的绩效和特点。如果一个国家或地区的产业和技术结构能够充分利用其资源禀赋的比较优势，则其生产成本低，竞争能力就会强。我国的粮食主产区就具有粮食生产的成本优势，以河南省为例，河南省位于 N31°23′~N36°22′，地处亚热带向暖温带过渡地区，具有得天独厚的光、热、水资源优势，是一年两熟粮食作物最适宜的种植区域。改革开放以来，河南省粮食生产呈快速增长趋势，特别是进入 2001 年以来，河南以占全国 6.5% 的耕地，粮食产量连续迈上 400 亿公斤、450 亿公斤和 500 亿公斤三大台阶，总产量占世界的 1/52，占全国的 1/10，小麦产量占全国的 1/4 强，体现了其粮食生产的比较优势。实际上，河南省在历史上在粮食生产方面一直具有比较优势，黄今言和温乐平（2006）研究了汉代不同农耕地区之间的生产率，发现黄河沿岸地区的农业劳动生产率和其他区域相比要高。这要求粮食主产区在其工业化的过程中注重其传统比较优势的发挥，并将比较优势转化为结构调整的优势。一般而言，经济结构在其变迁过程中具有路径依赖特征，即已有的经济基础会成为新的经济结构中的有机组成部分，并约束经济结构变动的方向，提高新的经济体系的竞争力。

2. 资源要素的结构性整合

结构变动本身就是经济增长的独立源泉，按钱纳里和库兹涅茨的观点，发展即经济结构的成功转变，这要求占人口绝大比重的农民在就业结构、收入水平、市场观念诸方面都发生相应的变化。美国马里兰州立大学 Bruce Gardner 教授所做的实证研究表明，在过去的几十年中，美国各地农民收入不仅逐渐趋同，而且与其他居民的收入逐渐趋同，但这种变化与农业科技、投入、政策、价格补贴都无关，而在于劳动力市场的调节作用，农业是农民可以更自由地选择就业的生产部门。另一个实证研究则证明，大规模转移农村劳动力需要整个国民经济结构的大调整，而农村劳动力转移又促进了这种调整的推行（林毅夫，2003）。对粮食主产区而言，其工业化本质上不是产生一个新产业，而是在已有产业基础上对资源要素重新整合，从而提高要素的使用效率，扩大市场容量，并进而形成新的结构。这里的关键在于劳动要素的结构性转移，通过促进劳动力由农村农业向城市非农产业转移，发展劳动力密集型产业，在提高第二、第三产业产值在农村经济中的比重的同时，提高劳动力生产率。

3. 发展县域经济

粮食主产区的突出特征是城乡发展差距大，解决农村落后任务重。由于国家规定了对耕地的严格保护制度，工业发展用地受到一定程度的限制，而在农业生产基础上发展起来的工业化既强调集聚效应，又强调近原料产地和近市场性，则粮食主产区的工业化更应注重城乡协调发展，这要求大力发展县域经济，提高粮食主产区的自主发展能力。要做好这一点，要求注重对县域经济内增长极的培育，吸引资源要素向县城集聚，利用城市良好的基础设施、信息资源和已有工业基础，建立具有特色的产业体系，强调专业化生产，从而凸显规模经济优势和分工效率，使其成为区域经济发展的增长极，提高对周边农村地区的辐射和带动作用。

可见，粮食主产区工业化的实质在于在强调粮食生产的基础上，以农业现代化为中心，围绕粮食生产和加工，发挥地方比较优势，促进资源要素的结构性整合，建立具有竞争力的产业体系。其核心在于既要实现工业化、城镇化，又要为国家的粮食安全做贡献，正确处理好工业化、城镇化和实现粮食安全的关系。

二 粮食主产区工业化的发展思路

既要实现工业化以促进经济结构升级，又不能由于强调工业化而削弱粮食生产，进而牺牲农业的基础地位。这决定了粮食主产区的工业化道路必然是农业与工业发展相互促进。观察我国的13个粮食主产区，其发展道路并不完全一样，我国粮食主产区的13个省份在东部、中部、西部和东北均有分布，包括东北老工业基地辽宁、吉林和黑龙江三省，这些省份既是老工业基地，又是传统的粮食生产基地，在发展工业的过程中如何以工促农已经探索了一些较为成功的路子，但由于这些区域的工业化是基于新中国成立之初的工业基础，再加上计划经济时期的工业非均衡发展推动，这些方法并不能直接为其他地区所采用。东部地区的河北、江苏、山东作为经济发达区域，其工业化是在改革开放后基于我国劳动力资源优势发展起来的，经过改革开放三十多年的发展，其工业化已经达到了一个较高的水平。而处于中西部地区的安徽、江西、湖南、湖北、河南、内蒙古、四川七个省份，目前正处于由传统农业大省向新兴工业大省结构转型的关键时期，如何处理好工业发展与粮食生产之间的关系是重要的。

可以以两种思路来讨论粮食主产区工业化的性质。第一种思路是把这13个粮食主产区视为同质的，即认为它们是同一发展阶段的不同特点，在一致性的基础上考察工业化与粮食生产的关系。2009年，13个粮食主产区粮食产量为39710万吨，占全国粮食产量的74.8%，但这13个粮食主产区按户平均的生产性固定资产原值低于全国平均水平，只及全国平均水平的90.88%，这既体现了我国农业的小农生产性质，也体现了粮食主产区粮食生产的劳动生产率是高于全国整体水平的。与之对应，粮食主产区农民人均纯收入为5341元，低于全国农民人均纯收入5697元的水平。考察农民收入构成发现，从全国来看，农民收入中工资性收入为2402元，粮食主产区仅有1961元。而粮食主产区农民经营性收入为人均2810元，高于全国平均2563元的水平。在工资性收入日益成为农民收入主要来源的过程中，农业经营既是粮食主产区农民收入的主要来源，又是导致他们收入低下的重要原因。同期，全国工业总产值为179896.2亿元，而13个粮食主产区省份的工业总产值仅为105323.32亿元，占全国的58.55%，人均工业产值也仅为全国的89.25%，远低于粮食生产在全国的地位。这可以部分地解释粮食主产区农民工资性收入低下的原因。由此得到的初步结论是，虽然13个粮食主产区工业产值比重占国民生产总值的比重（51.68%）高于全国平均水平（49.24%），但其人均工业产值比重低于全国平均水平，且和农业生产在全国的地位相比工业发展水平存在差距，这导致两者并没有形成良性的相互推动。

第二种思路是把13个粮食主产区视为具有相同农业发展基础，但其工业化处于不同发展阶段的区域。由于假设这些省份遵循一个典型农业大省的发展道路，则可由此考察农业发展与工业化的时序关联。东北三省在较长时期内同时承担国家粮食生产和发展重化工业的重任，由于这一结构相当长的时间内是在计划经济体制之下发展的，工农之间并不存在市场意义上的联系，其工农关系是置于全国整体工农关系框架之下的。计划经济时期通过制度安排将农业剩余转移到工业建设中，改革开放后随着老工业基地的衰落，以工补农也难以落到实处，只是近来随着国家振兴东北老工业基地政策的制定和实施，并结合建设社会主义新农村的实践，依托老工业基地的工业优势，促进了农业生产的机械化。目前看来，东北农业机械化程度较高，而且组成了很多机械化的农业合作社，这对东北作为我国最大的商品粮生产基地建设具有非常重要的作用。江苏、山东、河北等沿海经济发达区域在其快速工业化进程中，并没有压缩粮食生产的空间。以江苏为例，改革开放三十多年来其粮食产量稳步上升，虽然其人均耕地面积仅为全国平均水平的67%，但通过巨额财政投入加强农田水利建设、农业综合开发、土地整治和中低产田改造和耕地质量建设，2009年底，全省可控灌溉面积占耕地总面积的比重已达80%，高标准农田占耕地总面积的比重超过35%。[①] 而中西部地区粮食主产区的结构转型更依赖于其农业生产的基础，以粮食生产大省河南为例，河南省的工业生产总值在2009年已达9900.27亿元，占国民生产总值的50.8%，在全国排第5位，已是名副其实的工业大省。依托农业生产基础发展起来的农副产业加工业已经成为河南工业发展中的重要部分，同时涌现出一批知名的农副产品加工企业和知名品牌，如双汇集团、思念食品等。河南农副产品加工业就业及工业增加值的比重分别为9.20%和10.48%，而全国的比重则分别为3.82%和5.1%。

由于我国区域发展差异较大，各地生产条件和发展水平也存在不一致性。显然，综合考虑粮食主产区的禀赋条件、经济结构、发展水平及在我国国民经济整体中的地位和作用来研究其工业化更符合实际，也易于在保障国家粮食安全的大前提下促进各地比较优势的发挥。而要实现这些，以下三点是重要的。

第一，处于不同经济发展阶段对工业化中工农互促内容的要求不同。按照胡锦涛同志提出的关于工农业发展关系的"两个趋向"的重要论断，即从注重工业化、农业支持工业转变为工业反哺农业、统筹工农业发展，从严重的城市偏向转变为统筹城乡发展，其实已经指明了工农互促需要放

---

① 《鱼米之乡江苏，工业化并未挤压农业空间》，新华每日电讯，http://news.xinhuanet.com/mrdx/2010-07/19/content_13881518.htm，2010年7月19日。

置于经济发展的具体阶段中来考察。在工业化的初期，由于现代生产要素稀缺，积累由农业向工业倾斜以实现产业结构的优化升级，当工业化发展到一定程度并引起城乡发展差距扩大时，适度促进工业反哺农业、实现工农业的协调发展是重要的。可见，工农互促并不是简单的数量关系，是经济社会发展到一定阶段对产业关系做出的特殊要求。粮食主产区在任何时期都承担着保障国家粮食安全的任务，这使人们更多地关注粮食主产区的粮食生产问题，从而担心工业化会削弱农业生产的地位。事实是，工业化和经济结构升级是促进农业生产力提高的重要手段，单纯强调粮食生产本身并不利于粮食主产区经济社会的健康发展。

第二，区域条件差异会影响粮食主产区工业化的方向和路径。粮食主产区的形成与其区域条件密切相关，并进而成为工业化路径的约束条件，导致粮食主产区以农副产品为原料的食品加工业或为农业服务的农用机械制造业发展较快，从产业关联和投入产出角度看，这有利于粮食主产区工农互促，但长期来看不一定适合区域竞争力的提升。由于我国的粮食主产区在东、中、西部均有分布，国家区域非均衡发展战略所带来的影响也是显而易见的。东部地区由于受国家开发开放优惠政策的刺激，能够依托国家整体比较优势展开国际分工，吸引资金要素的流入，经济增长较快，其工业化强调的是发挥整体比较优势，发展加工贸易型的劳动密集型产业，经济实力的提升使其能够为农业发展进行较高投入，但工业化并不必然强调与农业的投入产出关系。

第三，粮食主产区工业化对工农互促的强调不能因宏观经济变动而变动。当国际宏观经济运行发生变化时，人们对粮食生产的评价也会不同，从而易于颠倒粮食主产区工业化与粮食生产相互作用的主次关系。以国际粮价为例，国际粮价波动对我国粮食生产和工业化的影响较大。从2007年开始，全球人口增长和食品结构升级，以及生物燃料生产对粮食的需要增加，导致国际粮价大幅上扬，到2008年，粮食价格仍然在高位徘徊，谷物价格上涨92%，小麦价格上涨130%，再加上国际金融危机的影响，粮食安全问题再次成为国内关注的重点，对粮食主产区承担的粮食生产任务的强调也上升到一个更高的高度。我国是世界上的粮食生产大国，同时也是粮食消费大国，国际市场的谷物贸易量仅为我国粮食消费量的58%，这表明我国不能依赖国际市场调整粮食供需状况，但国际市场的粮价波动会影响我国的粮食生产与粮食安全。在粮食主产区实现工业化是提高区域自主发展能力的重要手段，不但不会削弱粮食生产的基础地位，而且会优化粮食主产区的经济结构，提高其自身对粮食生产的结构、质量和潜力的调整能力。

第四节　粮食主产区建设的意义

2008年7月，国务院制定了《国家粮食安全中长期规划纲要（2008~2020年）》，提出了到2020年粮食增产400亿公斤的目标，这对粮食主产区优化结构、挖掘潜力，实现粮食增产提出了新的要求。虽然国家粮食安全战略倾向于黑龙江、吉林和河南三个粮食核心区建设，然而对在国家粮食生产中具有传统地位的粮食主产区而言，在促进粮食生产能力提高的同时，促进其工业化和现代化、实现城乡一体化新格局意义重大。

首先，促进粮食主产区建设、实现区域经济协调发展是保障国家粮食安全的重要举措。粮食安全问题是全球最引人关注的问题之一，从2006年起，全球粮食价格一路上涨，尤其是2008年粮价飞涨，联合国粮食及农业组织的谷物价格指数比上年同期增长92%，小麦同比上涨130%，引发全球对粮食危机的担忧。我国是粮食生产和消费大国，年产粮食在5000亿公斤以上，但粮食供需仍将长期处于紧平衡状态，保障粮食安全是关系我国国民经济发展、社会稳定和国家自立的全局性重大战略问题，对实现全面建设小康社会的目标、构建社会主义和谐社会和推进社会主义新农村建设具有十分重要的意义。

其次，促进粮食主产区建设，有利于传统粮食生产大省发挥粮食生产的基础优势。以河南省为例，河南省是我国传统的粮食生产大省，气候适宜，耕作历史悠久，小麦生产具有比较优势，素有"中原粮仓"的美誉。近年来，河南粮食产量连续迈上400亿公斤、400亿公斤和500亿公斤三大台阶，占世界粮食总产量的1/52，占全国的1/10，不仅保证了本省近亿人口的粮食供应，而且每年调出150亿公斤原粮及加工制品。特别是河南依托粮食生产优势发展农产品加工业，推进农业加工流通龙头企业成长，已经形成农工贸一体化的良好发展格局。建设粮食主产区对河南发挥粮食生产比较优势、进一步提升粮食生产和供应能力具有积极的意义。

再次，推进粮食主产区建设，对促进传统粮食生产大省区域经济协调发展意义重大。仍以河南省为例，2007 年，河南工业增加值突破 7500 亿元，居全国第 5 位，居中西部省份首位。其中，规模以上工业增加值达 5438 亿元，居全国第 5 位；实现利润 1959 亿元，居全国第 4 位，实现了从传统农业大省向新兴工业大省的结构转型。即使如此，河南区域经济发展的诸多方面仍需优化提升，河南目前还存在粮食综合生产能力不高、农业生产结构不尽合理、农民收入增长停滞、城乡经济社会二元结构突出和区域发展差异性明显等问题。推进粮食主产区建设，有利于在保持粮食生产地位的前提下促进产业结构优化，实施以工补农、以城带乡战略，有助于形成农业和工业并重、共同发展的良好局面。

值得注意的是，推进粮食主产区建设，需要在中低产田改造、大型商品粮基地建设、农业机械化、粮食流通体系建设方面进行系统建设。既要强调粮食生产能力和产量的提高，建立促进粮食生产稳定增长的长效机制，以解决农业基础薄弱导致的"高产穷县"问题，又要强调工业化、城镇化与粮食安全之间的关联关系，探讨强化粮食生产基础上的新型工业化道路，在加快工业化、城镇化进程中促进粮食增长，实现区域经济协调发展。为此，需要做好如下几方面的工作。

第一，建立促进粮食生产稳定增长的长效机制。促进粮食增产，一靠投入，二靠技术，两者缺一不可。在传统农业生产阶段，由于产出高度依赖于投入，所以特别强调对土地开垦、人口增长以及化肥和农药的使用，但这些不足以改变农业停滞落后的局面，必须引进现代生产要素改造传统农业。正是由于传统农业与现代农业在生产力上的巨大差异来源于使用的技术不同，包括生物技术、化学技术、机械技术等的技术创新和应用显得更为重要。与此同时，要加大农业科技创新和应用在粮食生产中的作用，胡锦涛在考察西北农林科技大学时曾指出："从根本上讲，解决农业问题还是要靠科学技术，要开辟我国农业发展的广阔前景，关键还在于农业的科技进步。"近年来，我国粮食产量连创新高，科技起到了很大的支撑作用。在粮食主产区建设中，一方面要加大农业科技投入，促进粮食新品种研发、繁育，结合农业生产条件研究高产栽培技术；另一方面要探索科技应用推广的道路，建立农科教协作机制。

第二，实施农产品加工战略，推进强化粮食生产基础上的新型工业化道路。建设粮食主产区的根本任务是促进粮食产量和生产力的提高，但其战略目标绝不仅仅是增加粮食产量，还包括确定传统粮食主产大省在今后发展中走一条什么样的崛起之路，努力实现加速推进工业化、城镇化和为国家粮食安全做出更大贡献的双赢，走出一条强化粮食生产的新型工业化道路。根据十六大报告的精神，新型工业化道路的内涵在于"科技含量高、经济效益好、资源消耗低、环境污染少、人力资源优势得到充分发挥"，这对工业化提出了新的要求和目标，必须有新的物质技术基础，处理好工业化进程中各方面的关系。实施农产品加工战略，需要将上述三者有机结合起来，大力发展劳动密集型的农产品加工产业，促进农村劳动力的就地转移，扶持农产品加工龙头企业，围绕龙头企业形成农产品产业集群，探索和促进"公司＋农户"产业发展模式，贯彻和推进工业反哺农业理念，形成具有粮食生产特色的新型工业化模式，实现工业化和农业现代化相互促进、共同发展的良好局面。

第三，加快制度创新，形成城乡经济社会发展一体化新格局。建设粮食主产区面临一个重要难题是，传统粮食生产大省城乡经济社会发展差距较大，农民数量多，农民收入偏低，农民人均纯收入仅为全国平均水平的90%，城乡市场分割现象突出，农村基础设施投入和社会公共服务严重不足，这些都形成建设粮食主产区的环境和制度制约。党的十七大提出"建立以工促农、以城带乡长效机制，形成城乡经济社会发展一体化新格局"，是对统筹城乡发展、构建新型城乡关系提出的明确要求，也是打破城乡二元结构、加快农业和农村发展、促进农民富裕的根本途径。构建城乡经济社会发展一体化新格局，包括城乡发展规划、产业布局、基础设施、公共服务、劳动就业和社会管理等多个方面，其核心在于加快制度创新，提供建设粮食主产区的制度环境，改革阻碍城乡生产要素流动的户籍制度、就业制度、社会保障制度、教育制度等，促进生产要素在城乡之间自由流动，引导资金、技术和知识由城市向农村流动，在促进农业、农村发展的同时，实现区域经济社会全面、协调、可持续发展。

第二章 粮食主产区粮食综合生产能力提升路径

第一节 绪论

一 研究背景和意义

民以食为天，食以安为先。一个国家的粮食安全关系到经济建设和社会稳定，关系到人民的健康和幸福，关系到国家的稳定和强盛。无粮不稳，无粮则乱，可以说粮食问题是一个关乎国计民生的重大问题。新中国成立以来，党和国家始终把"三农"问题放在首位，高度重视粮食生产问题，实行家庭联产承包责任制和统分结合的双层经营体制，通过种种强有力的措施大大促进了我国粮食的生产发展，我国粮食总产量2007年突破了5亿吨大关，并且有逐年提高的趋势。国家发改委于2009年出台《全国新增1000亿斤粮食生产能力规划（2009～2020年）》，指出到2020年全国粮食生产能力将在5500亿公斤以上，比现有产能增加500亿公斤。2004～2012年，中央连续九年下发关于"三农"问题的一号文件，突出了粮食问题的重要性。2004年，中央一号文件专门提出关于粮食主产区粮食生产的政策建议，在《中共中央关于制定国民经济和社会发展第十一个五年规划的建议》中提出了关于建设大型商品粮基地的政策建议，以提高我国粮食生产量；2012年2月1日下发的中央一号文件提出要"把农业科技摆上更加突出的位置"。由此可见，这一系列支农惠农政策的出台，充分说明党和政府都高度重视粮食问题，提高粮食综合生产能力有着深刻的战略意义和现实意义，关系着国家粮食安全。

2011年，全国粮食总产量达到57121万吨，比2010年增产2473万吨，同比增长4.5%。其中，我国13个粮食主产区粮食产量高达43422万吨，比2010年增产2238万吨，同比增长5.4%，该区域粮食生产占全国总产量的75.4%，全国约90.5%的增产粮食来自13个粮食主产区。可见，粮食主产区的粮食生产在我国粮食生产中居于举足轻重的地位。一直以来，粮食主产区是我国重点粮食生产和商品粮基地，肩负着国家粮食安全的重任，并在我国整个国民经济发展中发挥着无可替代的作用。在某种意义上，可以说粮食主产区的持续稳产增产对全国粮食的供求平衡有决定性的意义。中国作为世界上最大的发展中国家，拥有占世界19%的人口，是世界上最大的粮食生产国与消费国，但是我国农业基础比较薄弱、耕地少、水资源分布不均等基本国情严重制约着我国粮食的生产。尤其是近年来，自然灾害频发、水资源短缺、耕地资源持续下降、农民种粮比较效益低下等因素使我国粮食供给增加的难度不断加大。2011年，我国的粮食主产区安徽、湖北的早稻产量也开始减产，目前，在我国的13个粮食主产区中，真正能调出粮食的只有黑龙江、吉林、内蒙古、河南、安徽、江西六个省份。随着我国人口规模的持续增大和城镇化的加速发展，我国的粮食需求总量继续呈刚性增长。所以，如何以现有的资源条件获得最大的粮食产量以满足人们日益增长的粮食需求，已是我们不得不面对的重大课题，而提高13个粮食主产区粮食综合生产能力必须放在重中之重的战略位置。

本章的研究区域界定在13个粮食主产区（湘、鄂、赣、苏、皖、冀、鲁、豫、黑、吉、辽、川、蒙），并且在粮食总产量、粮食单产和人均粮食产量这三个方面对全国、粮食主产区、非粮食主产区的粮食综合生产能力的现状进行比较分析。从数据中可以看出，我国粮食主产区的粮食生产对全国粮食生产起着举足轻重的作用。然后本文根据2009～2010年的有关数据对13个粮食主产区的水稻、小麦、玉米、大豆、薯类五大类粮食作物进行区域比较优势分析，并通过柯布-道格拉斯生产函数选取1986～2010年的有关数据对13个粮食主产区的粮食综合生产能力进行影响因素分析，选取粮食单产作为被解释变量，解释变量为单位农用机械总动力（农用机械总动力/粮食播种面积）、单位化肥施用量（化肥施用量折纯量/粮食播种面积）、单位有效灌溉面积（有效灌溉面积/年末耕地面积）、单位农业灾害成灾面积（农业灾害成灾面积/年末耕地面积）、粮食播种面积、第一产业从业人数和单位除涝面积（除涝面积/耕地面积），考察其对被解释变量的影响，并提出13个粮食主产区粮食生产提高的对策与建议。

二　国内外研究现状述评

通过对大量国内外文献的搜集与整理，可以看出粮食综合生产能力的理论研究主要集中在对粮食综合生产能力的概念和内涵的界定、影响因素与影响机理的分析、评估方法的确定以及有关粮食综合生产能力提高的对策等方面。针对这些问题，国内外学者从不同学科、不同角度对其做了大量的理论研究和实证研究，并取得了许多优秀的研究成果。

国外没有粮食综合生产能力的概念，国外学者主要是从微观层面对粮食综合生产能力进行机理性方面的研究。微观方面的机理性研究也就是从作物潜在的生产力层面构建单产模型，主要研究光照、水分、温度及土壤等自然条件对粮食产量的影响。20世纪60年代，国外开始兴起对粮食综合生产能力的研究。Bonner（1962）测算出作物光能利用效率的上限。Loomis和Williams（1963）的研究只把作物的最大光能利用率考虑在内，从理论上推算出作物最大光能利用率为5%~6%，这个研究结果是不准确的。Doorenbos和Kassem（1979）通过水分利用效率函数来表达单位蒸腾蒸发量的产量。Rosenberg（1982）认为只要二氧化碳浓度较高，就可以提高水分利用率和光合作用效率。Hanks（1983）从作物的生长与水分的有效利用关系进行研究，得出两种研究计算的方法模型：①如果要分析光、温、水的生产潜力，可以通过比较降水量与作物需水量的方法来分析；②对气候生产潜力的研究。Van Keulen和Wolf（1986）认为作物每天的相对蒸腾量可以作为植物光合作用的衰减因子。Wagenlgen与联合国粮食及农业组织（FAO）通过温度、光照、降水等各种因素对气候生产潜力的影响对作物的生产潜力进行了讨论。

国内学者主要是从宏观层面研究粮食综合生产能力。宏观层面的研究也就是把粮食生产能力建立在政策保障能力、耕地保护能力、抵御自然灾害能力、生产技术水平、科技服务能力的整合基础之上，把粮食产出作为耕地、资本、劳动力和技术等要素投入能力合力推动的结果。本文主要是从粮食综合生产能力的内涵、影响因素和提高粮食综合生产能力的对策方面对国内相关研究进行综述。

1. 粮食综合生产能力内涵的研究

林毅、张铁军（1993）对粮食综合生产能力的研究，主要从自然资源、劳动力素质、物质投入、相关政策、科技进步等方面出发，研究各因子相互作用后对发展粮食生产相对稳定的最佳整体和单位的产出能力，这是最早引用粮食综合生产能力概念的文章。

姜艾林（2004）认为粮食综合生产能力主要包括政策保障能力、耕地保护能力、科技服务能力、生产技术水平、抵御自然灾害能力，是在一定的经济技术水平下，一定时期、一定地区在对各种生产要素进行综合投入后，稳定地达到一定产出量的粮食产出能力。庞增安（2004）从两个方面来解释粮食综合生产能力的内涵：在粮食生产的产出方面，强调能力重于产量，突出生产能力，也就是突出粮食生产的可持续发展能力；在粮食生产的投入方面，构建能力大于产量的机制，强调综合生产能力，也就是强调稳定的粮食产出能力。

尹成杰（2005）也认为粮食综合生产能力是粮食的产出能力。赵予新（2007）定义的粮食综合生产能力是一个综合性指标，是一国或地区在其资源状况、经济水平和制度因素的作用下能够满足社会需求的粮食生产的最大潜在能力。

郭燕枝、郭静利和王秀东（2007）也把粮食综合生产力定义为由农业资源诸要素综合投入所形成的粮食产出能力，并以粮食产量为其表征变量。《十六大报告辅导读本》定义的粮食综合生产能力由投入和产出两方面的因素构成，是指一定时期、一定地区、一定经济技术条件下，各生产要素投入所能稳定达到一定产量的粮食产出能力，主要包括生产技术水平、抵御自然灾害能力、耕地保护能力、科技服务能力和政策保障能力。

2. 粮食综合生产能力影响因素研究

陈锡康（1992）把影响粮食总产量的因素归结为三大部分：①自然因素，包括土地肥沃程度、温度、日光、地形、降水等；②社会经济技术因素，包括作物布局及结构、劳动力、灌溉、政策、机械化程度等；③各种随机因素，把粮食总产量作为粮食综合生产能力的表征变量。王渝陵（1999）把制约粮食综合生产能力的因素归结为五类：农机电因素、化肥施用量、劳动力因素、农田水利因素、土地因素。傅泽强、蔡云龙等（2001）通过对中国粮食安全与耕地资源变化的研究，指出水土资源尤其是耕地资源的数量和质量是影响我国粮食生产最基本的约束因子。

肖海峰、王娇（2004）在对粮食综合生产能力影响因素进行分析中主要以成灾面积、粮食播种面积、化肥费用、劳动用工日和其他物质费用五个变量为解释变量，选取1975~2002年关于上述解释变量的时间序列数据建立模型，通过建立柯布-道格拉斯生产函数，测算出它们的生产弹性系数分别为0.879、-0.235、0.205、0.345、-0.104。结果表明粮食播种面积是对粮食产量制约性最强的因素，中国粮食综合生产能力的提高主要取决于化肥和其他物质投入的增加以及劳动生产率的提高。在肖海峰和王娇（2004）的研究中，技术因素没有作为一个解释变量引入模型。

尹成杰（2005）在对粮食综合生产能力进行研究时，认为其主要包括农田建设水平、耕地供给能力、经营行为取向、技术装备水平、作物布局结构、科技支撑能力、政策目标取向等。李然斐（2005）选取农用机械总动力、农业劳动力数量、有效灌溉面积、化肥施用量、粮食作物播种面积为自变量，以年度粮食总产量为因变量，选取1990~2001年的数据，通过柯布-道格拉斯生产函数模型对我国粮食生产情况进行回归分析，上述解释变量对粮食产量的贡献率依次为-1.403、1.701、-0.607、0.263、2.649。最后得出结论：粮食作物播种面积和有效灌溉面积起着决定性作用，化肥施用对粮食生产的贡献度比较低，呈负相关的是劳动力投入、农机总动力。

廉丽姝、王慧等（2005）选取1979~2001年的相关数据，通过构建灰色关联模型，对影响山东省粮食总产量的各影响因子进行动态关联分析。他们的研究认为农村用电量、农业机械总动力、化肥施用量对粮食产量影响较小，粮食单产是首要因素，农业自然灾害和复种指数次之。周介铭、彭文甫（2005）采用1994~2000年的相关数据，应用灰色系统分析方法，对影响四川省粮食生产的主要因素进行灰色关联分析，其结论是四川省粮食生产的主要影响因素对粮食生产的影响程度从大到小排列依次为化肥施用量、有效灌溉面积、劳动力、农业用电、农机总动力、支援农业生产支出、农牧业税、耕地播种面积及受灾面积。张素文、李晓青（2005）选取1980~2002年的相关数据，通过灰色关联度指标对湖南省粮食总产量的影响因素进行分析，结论表明农业用电量和粮食价格收购指数与粮食总产量的关联度较小，对其影响也较小，粮食单产是首要因素，有效灌溉面积和粮食播种面积次之，自然因素对粮食总产量的影响不断下降，农机总动力和化肥施用量对粮食总产量的影响不断上升。韩大鹏、姜晶等（2005）选取1980~2003年的相关数据，运用灰色关联分析方法，对影响辽宁省粮食生产的自然因素、技术因素、投入因素等主要因素进行分析，结论是辽宁省粮食生产的主要影响因素的关联度顺序为粮食单产、播种面积、化肥折纯量、有效灌溉面积、农机总动力、农村用电量和受灾面积。

何秀丽、张平宇、程叶青（2006）采用1949~2003年的相关数据，并运用灰色系统理论对影响粮食产量的10个因子，即有效灌溉面积、化肥施用量、农村用电量、农业机械总动力、单产、受灾面积、粮食播种面积、旱地面积、农业投资和粮食收购价格指数进行灰色关联分析，发现粮食单产是影响吉林省粮食生产的首要因素。梁子谦、李小军（2006）选取1978~2003年全国范围内的相关数据，通过构建因子分析模型，对中国粮食单产和播种面积的影响因子进行了实证分析，研究结果得出科技进步水平、物质投入、环境与气候和政策是影响我国粮食单产的主要因素，其对粮食单产的贡献率分别为34.72%、21.35%、19.76%和18.43%；资源与科技因素、比较收益因素和政策因素是影响粮食播种面积的主要因子，其对粮食播种面积的贡献率分别为49.2%、27.8%、23%。胡瑞法、冷燕（2006）选取1980~2003年我国水稻、小麦、玉米三大作物的相关数据，通过构建Translog生产函数模型，对这三大粮食作物的劳动、机械、化肥和其他投入要素的产出弹性与替代弹性进行估计。

侯锐、李海鹏（2007）在研究粮食综合生产能力时认为，粮食综合生产能力影响因素包括政策生产力因子、技术生产力因子、自然生产力因子、管理生产力因子四大因子。文章选取2000~2004年影响因子的面板数据，通过主成分回归分析，最后的回归结果为机械化率等技术生产力因子和耕作制度等管理生产力因子是粮食综合生产能力增长的主要促进因素；水资源禀赋差异等自然生产力因子是其基本因素；现阶段，政策生产力因素对粮食综合生产能力的影响并不显著。

张越杰、王军（2007）选取1982～2005年吉林省粮食产量的相关数据，应用波动理论分析吉林省粮食产量波动规律。结果表明，吉林省粮食产量波动主要受农业政策变化、自然灾害等气候因素的影响。廉毅、高枞亭等（2007）主要从气候方面对吉林省的粮食生产进行研究，认为自20世纪80年代以来，吉林省粮豆单产的增长气候因素是关键，但是气候因素在20世纪末期至21世纪初对粮豆的产量影响已经不再明显。

何蒲明、王雅鹏（2008）在对粮食综合生产能力进行分析时，主要采用了粮食总产量、粮食播种面积、粮食单产、农作物成灾面积占受灾面积比重为解释变量，并选取1983～2005年的时间序列数据，通过构建柯布－道格拉斯生产函数进行建模分析，结论为目前我国粮食生产正处于规模效益递增阶段，粮食单产是影响我国粮食综合生产能力的最根本因素，粮食播种面积和农业抗灾能力相比而言影响效果不显著。周小萍、陈百明等（2008）对中国"藏粮于农"的粮食生产能力进行测算，他们的研究说明"藏粮于地"的战略对我国粮食生产有重大意义。他们充分运用各种数据，得出我国土地的"藏"粮能力占现实粮食产量的8%，总产量为4180.33万吨，以人均粮食占有400公斤为标准，粮食自给率可增加8个百分点。

3. 提高我国粮食综合生产能力对策的研究

羊绍武（1998）认为提高粮食综合生产能力，实现农业产业化经营与粮食综合生产能力之间的良性循环，必须要建立农业产业化经营对粮食生产能力的补偿机制。严涛（1999）从粮田休耕方面来研究，提出要实现粮食种植结构的合理调整，需要提倡部分粮田休耕，解决库存积压的问题。胡靖（2000）提出应从财政和制度上对粮食生产进行重点调控，为了确保我国的粮食安全问题，须确定准确的粮食产量、收购数量与控制储备，并持续巩固增强粮食生产潜力，消除粮食安全"搭便车"的制度安排。

封志明、李香莲（2000）从耕地与粮食安全的角度出发，提出全面提高我国土地资源的综合生产力需要实施"藏粮于地"的政策建议。李成贵、王红春（2001）在针对粮食安全的问题上指出，"储粮于仓"不如

"藏粮于地",主张加强对粮食主产区粮食生产的支持,保护资源利用基础,注重科技因素,扩大资源利用空间,调节粮食供求平衡,并充分利用国际市场。李道亮、傅泽田(2001)主张用现代农业技术改造传统农业,转变农业增产方式,巩固与加强农业基础设施建设,改善农业生产的基本条件,以储备粮食生产能力,他们是从农业结构调整的角度探讨提高粮食综合生产能力的对策。余振国、胡小平(2003)认为一个国家的粮食生产能力主要由耕地数量和耕地质量两方面的因素决定,强调提高耕地质量是保障我国粮食安全的现实途径。游建章(2003)在探讨提高粮食综合生产能力方面提出以下几点建议:①必须要突破交通运输基础设施、技术和服务的瓶颈约束;②必须要提高水利用率,改变用水结构;③强化防洪措施;④创新土地制度,加大农场规模。

朱泽(2004)在提高粮食综合生产能力的问题上,提出了以下几点建议:①严格控制非农建设用地,切实保护好耕地;②增加农业科技投入,提高粮食单产;③加强农业基础设施建设,提高抗御自然灾害的能力。李春海(2004)认为农业发展的目标应该立足在确保粮食主产区粮食综合生产能力稳步提高的基础上,主张要把政府的支持和农业自身的改革结合起来:一方面着眼于增加土地规模,提高从事农业农户的生产效率;另一方面完善市场和交通设施,改善市场可获得性。

郭来滨(2005)在探讨如何提高粮食综合生产能力的问题上,建议了以下几点:①保护和合理利用农业资源;②落实粮食生产扶持政策;③调整粮食发展战略,变"人畜共粮"为"人畜分粮";④减少粮食的损失和浪费;⑤提高作物单位面积产量,提高复种指数。林武(2005)在分析福建省粮食综合生产能力的现状时,从政策制度、耕地、劳动力、资本、技术等方面出发,提出要稳定耕地面积,加强农田设施建设,大力推进科技进步,完善粮食生产政策和提高农民素质,从这几个方面来促进福建省粮食生产的提高。陈百明(2005)探讨了中国适度粮食自给率的问题,认为中国解决粮食问题需要立足于提高粮食综合生产能力,提出通过进出口来解决未来粮食供需缺口,要利用国际市场调剂余缺和品种,通过比较优势调节农产品进出口,也就是说,为满足粮食安全目标,国内必须生产出最低的粮食安全需求量,其余可以按照比较利益通过进口来实现。王为农

(2005) 认为提高中国的粮食综合生产能力需要立足于以下几点：①加快实施各种技术，积极推进"紧缺资源替代"战略，降低各种不利因素的影响；②为提高粮食综合生产能力，要建立新型的粮食区域分工合作关系；③国家粮食储备体系合理化，以稳定粮食主产区粮食生产的种植面积；④优化粮食生产结构，优质粮食品种要重点发展；⑤加强建立政府土地储备制度的力度；⑥要增强粮食的供应能力，必须实行灵活的粮食进出口贸易政策；⑦建立健全农业资源的政策保护体系，这是不断提供粮食生产提高的保障条件；⑧尽可能降低粮食在生产、储备和运输过程中的损失。

马文杰（2006）认为粮食生产的提高由投入的增加、粮食生产函数前沿面的移动和粮食技术效率的提高三个方面决定，具体建议有以下几个方面：①有效保护耕地质量，减少耕地流失，稳定粮食播种面积；②加快农业资源的政策保护体系建设；③加快粮食产业化发展的步伐；④对粮食主产县要重点扶持，粮食生产的区域布局也要考虑在内；⑤大力发展农田水利基础性设施建设，抵御自然灾害。

4. 简单评价

通过对已有文献的整理分析，可以看出现有文献讨论问题比较分散，普遍存在一般性描述和对策性研究，对基础性理论研究少，忽视了对象的系统特征；定性研究多，定量研究少；宏观层面研究多，微观层面研究少。

第一，关于粮食综合生产能力的定义没有统一，各个研究学者从不同角度定义粮食综合生产能力。从现有的文献可以看出，有的研究学者把粮食综合生产能力定义为粮食产出能力，把粮食总产量作为粮食综合生产能力的表征变量；有的研究学者把粮食综合生产能力定义为粮食潜在能力，即在现有条件下粮食生产的最大潜在能力；有的学者从两方面来解释粮食综合生产能力，既肯定了粮食的可持续发展能力，又肯定了粮食的产出能力。本文认为的粮食综合生产能力是粮食的产出能力，是指在一定时期、一定地区、一定经济技术条件下，各生产要素投入所能稳定达到一定产量的粮食产出能力。

第二，在对粮食综合生产能力的研究中，众多研究者没有把所有影响因素纳入一个统一的分析框架之下，他们都是从各自的研究角度出发，提出影响中国粮食综合生产能力的各种因素，得出的结论比较分散，缺乏一致性，认可度也较低。而且粮食综合生产能力的研究很容易被看成实证性研究，很多研究都是从实证的角度出发，没有考虑现象背后的深层次因素，造成了对粮食综合生产能力影响因素定量化研究的缺乏。

第三，现有的关于粮食综合生产能力的研究主要把区域界定在全国或是某个省份，而对13个粮食主产区粮食综合生产能力的研究则相对较少。

三 相关概念界定

1. 粮食主产区

国内不同学者从不同角度对粮食主产区进行了界定。粮食主产区是指地理、土壤、气候、技术等各方面条件都适合种植粮食作物，并且种植比例大，粮食产量高，除区内自身消费外还能大量调出商品粮的经济区域。也就是说，粮食主产区不仅应该是在全国的粮食生产中占有重要地位，还应该在全国更多地扮演粮食输出者的角色，并且还得考虑各地区粮食生产的发展变化和发展趋势。所以，粮食主产区的界定必须立足于近些年来各地区的粮食经济状况。历年来，中国的小麦、水稻、玉米产量占全国粮食总产量的87%左右，因此，这三种作物主产区的并集基本上囊括了中国粮食主产区。李小军（2005）从贸易功能的角度，从地理区域上界定了粮食主产区，他根据国家统计局对小麦、水稻和玉米主产区的界定，选取河北、山西、山东、内蒙古、四川、陕西、甘肃、黑龙江、吉林、辽宁、江苏、浙江、河南、湖南、湖北、广东、广西、江西、安徽19个省份为粮食主产区的预选区，并选用这些地区1997~2002年的主要粮食产品产值占该地区GDP的比例、粮食总产量和粮食净出口值，并为其分配一定的权重，按加权平均后的Z值最终确定四川、河北、内蒙古、辽宁、吉林、黑龙江、江苏、河南、山东、湖北、湖南、江西、安徽13个省份为我国的粮食主产区。张东平、魏仲生（2006）从区域特征、条件及功能等方面出发，认为粮食主产区是在粮食的经济地位、粮食生产的稳定程度、粮食生产效率和粮食生产的商品化水平等方面与其他区域相比较均具有明显优势的经济区域。从地理区域界定的粮食主产区是一个动态发展的过程。目前，我国的粮食主产区主要有江苏、安徽、江西、湖南、湖北、四川、河北、山东、河南、内蒙古、辽宁、吉林、黑龙江13个省份。本文将研究区域界定在这13个省份。

2. 粮食综合生产能力

从粮食综合生产能力这个概念被引用开始，各个研究学者从不同的侧重点、不同的角度对其进行了定义。根据目前的研究，粮食综合生产能力可以从粮食生产的产出和投入两方面来理解，产出方面侧重生产"能力"，突出"能力重于产量"的理念；投入方面，强调"综合"生产能力，构建"能力大于产量"的机制。前者突出了粮食生产的可持续发展能力，它是一种稳定、持续地达到一定产量的产出能力；后者突出稳定的粮食产出能力，是各项生产要素合力推动的结果。本文研究的我国粮食主产区粮食综合生产能力主要是粮食生产发展和产出能力。所以本文沿用《十六大报告辅导读本》的定义，即在一定经济技术条件下，一定时期、一定地区的各生产要素投入所能稳定达到一定产量的粮食产出能力，通过年度的实际粮食总产量或粮食单产表现出来。粮食综合生产能力主要包括科技服务能力、政策保障能力、生产技术水平、耕地保护能力和抵御自然灾害能力。

第二节 发达国家保护和提高粮食综合生产能力的经验和启示

发达国家对提高粮食综合生产能力方面的对策建议相比而言已经趋于成熟，是非常值得我国借鉴的。因此，本文主要通过列举分析美国、日本和欧盟等在提高粮食生产方面的经验，对提高我国粮食主产区粮食综合生产能力政策的制定以确保我国粮食安全有着重大的启示意义。

一 美国粮食生产的政策和经验

1. 补贴政策

美国是发达国家中率先实行粮食直接补贴的国家。粮食补贴可以分为直接补贴和间接补贴。直接补贴是农民直接受益的补贴方式,间接补贴是农民间接受益的补贴方式。美国的粮食补贴政策主要包括支持价格、直接支付和反周期支付。1933年美国实行《农业调整法》,通过无追索权贷款为农民提供一个最低保证价格来保护农民的利益,无追索权贷款以每单位重量粮食可得到的贷款额度为贷款率,该贷款率实质上是一种支持价格,确保农民所得到的价格不会低于贷款率。1996年,美国政府出台《1996年联邦农业完善与改革法》,对农民进行直接补贴,方式主要为生产灵活性合同补贴、土地休耕保护计划和农业灾害补贴。2002年,美国政府颁布《2002年农业保护和农村投资法》,直接补贴对象主要是种植小麦、玉米、高粱、大麦、燕麦、水稻和棉花的农民,进一步扩大了农业补贴范围,用直接补贴代替了生产灵活性合同补贴,切实保证农场主收入安全。后来,美国制定了《2004年农业援助法案》,向遭受与气候有关的灾害及其他紧急情况带来损失的生产者提供补贴,该法案的颁布进一步扩大了农产品补贴范围。美国政府为了充分调动农户的积极性,对农业灾害给予补贴,帮助受灾对象恢复生产,这样的补贴方式对粮食生产的提高起到了巨大的促进作用。

2. 机械化

美国把农业机械化当成农业推广和技术革新的重要影响因素,主要是通过信贷和提高对农机产品的购买力等途径来提高农业机械化水平,联邦土地银行每年以较低的利息向农场主提供抵押贷款,期限可长达40年,同时还专门提供专项贷款以支持农民购买机器。并且美国政府非常重视关于农业机械化的教育和科研发展,在美国,绝大多数的研究设计是由公司进行的,全国42个院校设有农业工程系或独立的农业机械学院,把诸如拖拉机、农业电气化、农业机械、水土保持等与机械有关的工作设置在教学里。1996年,美国颁布了《新农业法》,该法中将以往的政府价格和收入支持政策(WTO"黄箱"政策)变更为直接对农产进行补贴的政策(WTO"绿箱"政策)。美国的农业机械化高度发达,目前,除烟草、上市的新鲜水果和蔬菜等生产使用手工劳动较多外,其余各种主要农产品的生产从播种到收获、入库的整个生产过程,基本上实现了机械化作业。

3. 耕地保护措施

美国的耕地保护计划最初是为了解决粮食生产过剩而产生的，是一个集调控粮食产量与保护土地资源于一体的保护计划，刚开始采用休耕轮作的方法，但是随着社会、经济和政治条件的变化，休耕政策已经成为储备粮食生产能力的一种措施。1961年，美国政府加大对耕地的保护力度，规定农户停耕至少20%的土地可以得到相当于这部分土地正常产量50%的现金或实物补贴，超过20%的可以得到的补偿比例高达60%。1985年，美国政府与农场主签订合同，合同规定在休耕期间农场主不能抛荒土地，必须维护土地的生产能力，美国政府给予农场主土地保护成本的补偿合计达到50%。2002年，美国对生产中的土地及作物和畜牧生产者提供相应的援助，并实施费用分摊支付和激励支付，该措施为环境质量激励计划。

二 日本粮食生产的政策和经验

1. 补贴政策

1995年，日本颁布《新粮食法》，实施各种补贴（直接补贴或间接补贴），主要包括自然灾害补贴、农户直接支付制度、稻作安定经营对策等。为了保护耕地，改变山区的耕地抛荒现象，日本政府于2000年颁布了"针对山区、半山区地区等的直接支付制度"，该制度对当地的农户实行直接收入支付，缩小山区与平原地区粮食生产成本的差异，补贴标准为平原地区平均生产成本差异的80%，这就充分调动了农民生产的积极性。在实施补贴的过程中，农户有两种参与补贴制度的形式：一是所有村民签订"村落协议"，集体参与；二是村民意见不一致，愿意参与的村民可以签订"个别协议"。此外，日本政府实施了稻作安定经营对策，这是为了弥补《新粮食法》的不足而制定的。稻作安定经营对策主要是政府和农户共同出资建立稻作安定经营基金，弥补由于粮食价格下降而给农户造成的损失。其出资标准为农户按照大米基准价的2%出资，政府按照6%出资。该做法具有农户收入保险的性质，为农户收入的稳定提供了有效保护。日本政府还制定了自然灾害补贴，主要是为了提高农民的承灾能力，政府针对遭受自然灾害的农业基础设施进行补贴，以减轻自然灾害对粮食生产能力的不利影响，稳定农民收入并帮助其恢复生产。

2. 机械化

日本的农业机械化始于1947年。20世纪60年代，日本基本上实现了农业机械化。日本农业机械化的促进措施主要以经济和法律手段为主。1953年，日本政府颁布《农业机械化促进法》，明确了政府的责任，为农机化发展资金筹集、农机研究、制造、试验、培训、销售等方面工作提供了行为准则，促进了农机化快速发展。此外，日本政府为农业机械化发展提供全方位的补贴，对于灌溉、烘干、储藏，以及农民购买拖拉机、联合收割机、大型稻米加工设备、育苗设备、施肥设施等，政府可以给予全部费用50%左右的补贴，20世纪60年代中期补贴高达80%。日本政府设置农业现代化专项款项，为农户提供购置农机信贷主要的资金来源，政府还为农民提供低于市场利率30%~60%的长期低息贷款。日本政府于1994年制定了《乌拉圭回合农业协议关键对策大纲》，该协议规定，事业费中50%以上用于农业基础建设，大大增强了农业基础设施建设。

3. 耕地保护措施

日本山区或半山区耕地面积比较大，大约占其耕地总面积的40%，由于自然、经济和社会等各种因素的制约，山区和半山区农业生产力水平较其他地区低，土地抛荒现象严重，严重制约了农业的发展。针对土地问题，日本主要采用分类管理制度，严格保护有限的土地资源。日本政府将土地分为三等：一等土地是那些生产力较高、新开发的，或进行了公共投资改良的土地等；三等土地是土地利用区划调整区域内的土地、宅地占40%以上的街道围绕区域的农地，以及上下水道等基础设施区内的农地；二等土地介于以上两者之间。此外，日本政府还规定凡是有关土地转用的土地买卖，必须经过相关大臣的批准才能进行。这种土地分类管理制度，有效地保护了农用土地。

三 欧盟粮食生产的政策和经验

1. 补贴政策

欧盟的补贴政策主要是实行作物面积补贴和休耕面积补贴，以及共同农业政策，来加强对成员国农业的保护力度。作物面积补贴与产量脱钩，根据1999年出台的《2000年议程》，农民可以根据每年种植的各类作物面积的多少申请作物面积补贴，粮食作物中包括软粒小麦、硬粒小麦、燕麦、小黑麦、高粱、谷子、大麦、黑麦、荞麦和玉米等，都可以享受作物面积补贴。休耕面积补贴是对符合休耕条件的农户按休耕面积给予的直接补贴，欧盟把享受休耕面积补贴的农场分为强制性和自愿性休耕的农场，谷物总产量如果大于92吨，休耕为强制性的；谷物总产量如果小于或等于92吨，休耕为自愿性的。对于每年一次的休耕，享受与谷物同等的面积补贴标准。此外，欧盟还制定了环保补贴制度，该制度规定，如果农户在生产中自愿减少化肥、除草剂、杀虫剂等化学药剂施用量，政府会给予相应的补贴，最高可达250欧元/公顷。欧盟的环保补贴制度采用自愿参加、不少于5年、遵守环境保护规定的基本原则。该补贴措施对保护耕地质量、提高粮食综合生产能力有着重要的促进作用。

2. 机械化

欧盟为了适应《乌拉圭回合农业协议》的要求，从1992年开始，改革了共同农业政策，对农户直接进行补贴。欧盟建设现代化农场是通过援助投资和贷款贴息的方式，投资额可占投资总额的40%~50%，在投资中还支持农产品加工与销售，补贴力度为投资总额的40%~50%。

3. 耕地保护措施

1988年，欧盟制定了休耕政策，并不断进行修正。在英国，如果农场主每年将其20%的土地作为永久性休耕地，可以得到高达200美元的补贴；如果将20%的耕地进行轮耕，得到的补贴可以达到180美元；如果是作为临时性非农用途，可以得到的补贴为150美元。1992年，欧盟添加了"绿色议程"计划，该计划对环境质量较好、防治人工污染和减少化肥使用的农民提供财政激励措施。

四 发达国家对我国粮食生产的启示

第一，在粮食补贴方面，坚定不移地对种粮农民实行直接补贴的政策，落实"多予少取"方针，要继续增加补贴金额，对农民的"予"不断增多，补贴标准要按照能够补偿粮食生产成本并使种粮农民获得适当收益原则确定，更要改革国家支农方式，对农民"予"得更好。另外，要将发展粮食规模经营和建设粮食生产基地有机结合起来，政府对我国的 13 个粮食主产区要给予更多的支持。

第二，在农业机械化方面，首先政府的支持是必不可少的，应由政府提供农业机械化公共服务以及投入支持，政府可以采用政府投资、资金补贴、低息贷款、建立基金等多种方式对农业机械化进行调控，特别是鼓励购买大型农机具"购机补贴"重点向粮食主产区倾斜，充分发挥农业机械在粮食生产中的增收节支作用。同时，一些国家实施土地集中、提高农户投资能力等方面的做法也有重要的借鉴作用。另外，加强农业机械化立法，通过法律法规的建立、完善和有效监督，促进农业机械化的良好发展。

第三，在耕地保护方面，从美国、日本和欧盟的经验来看，保护耕地是一个国家确保粮食安全的长期而艰巨的任务。我国政府对耕地特别是基本农田应采取更为严格的保护政策，应加大对改善耕地质量的投入，设立保护农田的"高压线"，充分处理好用地与养地的关系、建设用地与农业用地的关系。

第三节 粮食主产区粮食生产的现状

粮食主产区是我国商品粮生产的核心区域，在国家粮食生产的格局中占据主导地位，对确保国内粮食供求的基本平衡以及维护经济社会稳定具有决定性作用。随着农业结构战略性调整的推进，主要粮食品种向优势产区集中，主产区在粮食生产上已经具有明显的优势。粮食综合生产能力一般以粮食总产量为表征变量，而粮食单产和人均粮食产量是由粮食总产量派生的两个指标，能够更好地反映出粮食主产区的粮食综合生产能力状况。

一 粮食总产量

如图 2-1 所示，1980~2010 年，全国粮食总产量和粮食主产区粮食总产量均呈现波动性的上升趋势，并且粮食产量波动的增减方向基本一致，可见全国粮食产量受粮食主产区粮食产量的影响很大。我国粮食总产量由1980年的32055.5万吨上升为2010年的54647.7万吨，增长了70.5%，并且从2003年开始到2010年，我国粮食总产量实现了难得的八连增；我国13个粮食主产区粮食总产量由1980年的21350.7万吨，上升为2010年的41591.99万吨，增长了94.8%，可见粮食主产区的粮食产量增长速度要比全国粮食产量的增长速度快得多，而我国粮食总产量的提高也主要得益于粮食主产区，粮食主产区的粮食生产对我国粮食总产量的提高做出了巨大贡献。1980~2010年，我国粮食主产区粮食总产量占全国粮食总产量的比重基本在66%以上，其中只有1980~1985年和1989年、1991年，粮食主产区粮食产量占全国粮食总产量的比重没有超过70%，其余年份都超过70%，2010年比重高达76.1%，可见粮食主产区粮食生产在全国粮食生产中占主导地位，为我国的粮食生产做出了巨大贡献。

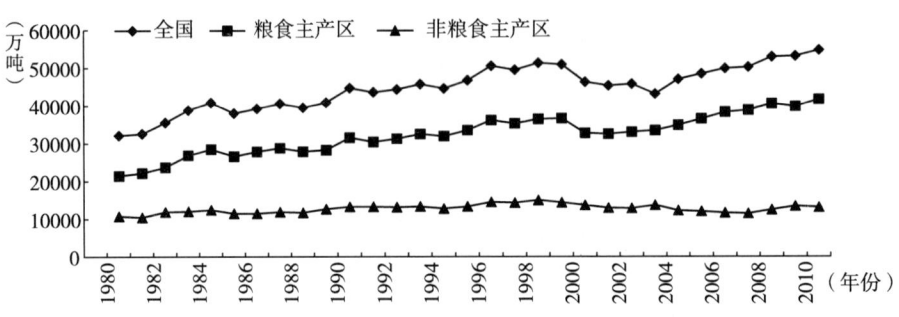

图2-1 1980~2010年全国、粮食主产区及非粮食主产区粮食总产量
资料来源：历年《中国统计年鉴》以及13个粮食主产区省份统计年鉴。

二 粮食单产

如图2-2所示，1980~2010年，全国粮食单产和粮食主产区粮食单产都呈现波动性增长趋势，并且粮食主产区的粮食单产增长趋势略高于全国粮食单产的全国粮食单产趋势。全国粮食单产量从1980年的2734.3公斤/公顷增加到2010年的4973.6公斤/公顷，增长了81.9%；我国粮食主产区粮食单产由1980年的2756.7公斤/公顷，增加到2010年的5125.35

公斤/公顷，增长了85.9%，增长率高于全国粮食单产增长率。从1990年开始，我国粮食主产区的粮食单产突破4000公斤/公顷，到2010年高达5125.35公斤/公顷。可见，我国粮食主产区粮食单产增长速度较快。由图2-2可知，全国粮食单产从1992年开始超过4000公斤/公顷，并且1980~2010年每一年都低于我国粮食主产区的粮食单产量。非粮食主产区的粮食单产情况也呈波动式增长趋势，但是增长率明显低于主产区粮食单产增长率。通过以上的分析可以看出，我国粮食主产区的粮食生产增长迅速，对全国的粮食生产做出了巨大贡献。

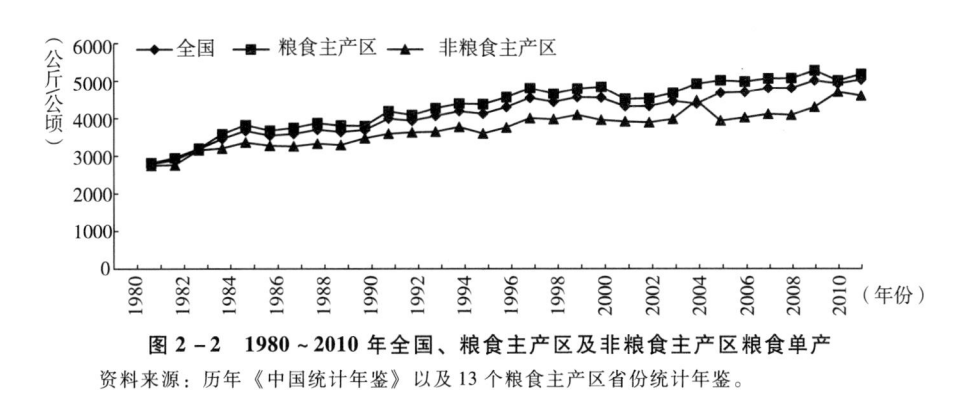

图2-2 1980~2010年全国、粮食主产区及非粮食主产区粮食单产

资料来源：历年《中国统计年鉴》以及13个粮食主产区省份统计年鉴。

三 人均粮食产量

如图2-3所示，1980~2010年，全国和粮食主产区人均粮食产量均呈现波动性增长，但是增长缓慢。从1983年开始到2005年，我国粮食主产区人均粮食产量突破400公斤/人，其中1996年高达500.3公斤/人，2006~2010年5年间我国粮食主产区人均粮食产量都突破500公斤/人，2008年高达523.8公斤/人。全国人均粮食产量除了个别年份超过400公斤/人，其他年份基本停留在300~400公斤/人，可见我国的人均粮食产量有待于进一步增长。非粮食主产区的人均粮食产量也呈波动式增长，并且增长趋势明显低于粮食主产区增长趋势。从图2-3可以看出，30年间非粮食主产区人均粮食产量没有突破300公斤/人，基本停留在200~300公斤/人，2007年达到最低水平，为206.46公斤/人。随着我国人口规模的进一步增大，我国人均粮食生产更显严峻，而粮食主产区的粮食生产更是任重而道远。可以说，粮食主产区的粮食生产对全国人均粮食产量的提高有着举足轻重的作用。

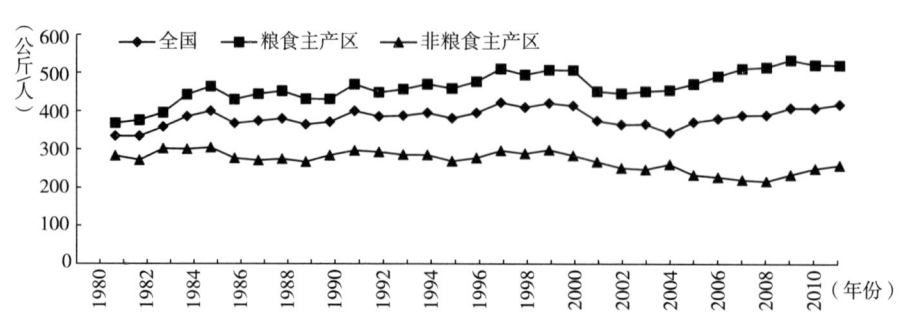

图 2-3 1980~2010 年全国、粮食主产区及非粮食主产区人均粮食产量
资料来源：历年《中国统计年鉴》以及 13 个粮食主产区省份统计年鉴。

第四节 粮食主产区粮食作物生产能力区域比较优势

粮食生产的区域比较优势集中反映了一个地区的资源禀赋状况、经济发展水平、市场需求、专业化、规模化生产水平。区域比较优势主要通过区际比较来实现。本文主要选择产量比较优势指数、规模比较优势指数和综合比较优势指数这三个能够代表粮食综合生产能力的比较优势指数，以此对我国 13 个粮食主产区 2009~2010 年五大粮食作物，即水稻、小麦、玉米、大豆、薯类，进行区域比较优势分析。

一 产量比较优势指数

产量比较优势指数（yield comparative advantage）主要是从资源内涵生产力的角度来反映一定区域内粮食作物的产出率，根据该指数的大小来判断这一区域内某粮食作物的比较优势，计算公式为

$$A_{ij} = (Y_{ij}/Y_i)/(Y_j/Y)$$

其中，A_{ij} 为 i 地区 j 种作物的产量比较优势指数；Y_{ij} 为 i 地区 j 种作物的粮

食产量；Y_i 为 i 地区 j 种作物的播种面积；Y_j 为全国 j 种作物的产量；Y 为全国 j 种作物的播种面积。

如果 $A_{ij}<1$，表明 i 地区 j 种粮食作物与全国平均水平相比产量处于劣势；如果 $A_{ij}=1$，表明 i 地区 j 种粮食作物与全国平均水平相比产量比较优势相当；如果 $A_{ij}>1$，表明 i 地区 j 种粮食作物与全国平均水平相比具有产量比较优势，并且 A_{ij} 值越大，优势越明显。

从表 2-1 可以看出，根据 2009 年的数据，在我国 13 个粮食主产区中，辽宁、吉林、河南、江苏、山东、湖北、四川和河北 8 个省份的稻谷产量比较优势指数均大于 1，与全国平均水平相比，这些省份的稻谷生产率较高，同时，其他 5 个省份的指数也接近 1，充分说明其稻谷生产率与全国的平均水平相差不大。根据 2010 年的数据，山东、内蒙古、辽宁、湖北、黑龙江、河南、吉林、江苏、四川和河北 10 个省份的稻谷指数均大于 1，而其他 3 个省份的指数也接近 1，与 2009 年相比，稻谷产量比较优势指数大于 1 的省份增加了内蒙古和黑龙江两省，充分说明我国 13 个粮食主产区的稻谷生产在全国占有举足轻重的地位。根据 2009~2010 年这两年的数据，辽宁、河南、江苏、安徽、山东和河北的小麦产量比较优势指数均大于 1，说明这些地区的小麦具有相对较高的生产率，并且小麦生产比较稳定，而江西、湖南等地的小麦产量比较优势指数远远小于 1，表明这些地方小麦的生产率较低。根据 2009 年的数据，内蒙古、吉林、河南、江苏、山东、湖南 6 个省份的玉米产量比较优势指数均大于 1，表明与全国平均水平相比，这些地方的玉米具有产量比较优势，而其他几个省份玉米的产量比较优势指数均在 0.79 以上，表明这几个粮食主产区的玉米生产率比较稳定，且都接近全国平均水平。根据 2010 年的数据，玉米的产量比较优势指数大于 1 的省份有内蒙古、辽宁、吉林、河南、山东、湖南，与 2009 年相比，吉林省的玉米产量比较优势指数有所提升，江苏省的有所下降，但是都相差不大，基本接近全国平均水平。根据 2009~2010 年数据，辽宁、吉林、河南、江苏、江西、山东、湖北、湖南、四川、河北 10 个省份的大豆产量比较优势指数均大于 1，表明与全国平均水平相比，这些地方的大豆生产率较高，而内蒙古、黑龙江和安徽的大豆产量比较优势指数也都在 0.78 以上，接近全国平均水平。根据 2009 年数据，辽宁、河南、江苏、江西、山东、湖北、湖南和四川8个省份的薯类产量比较优势指数均大于1，表明这些地区的薯类生产率与全国平均水平相比较高，其他几个省份的产量比较优势指数均在0.69以上，说明这些省份的薯类生产率与全国平均水平相差不大。根据2010年数据，辽宁、吉林、黑龙江、河南、江苏、江西、山东、湖南、四川、河北10个省份的薯类产量比较优势指数大于1，其中吉林和山东尤为突出。与2009年相比，薯类产量比较优势指数大于1的省份增加了吉林和黑龙江，说明这两个省的薯类生产率有所提高，湖北省虽然指数小于1，但是指数是0.998，基本接近1，说明湖北省的薯类生产率相对稳定。

表2-1　2009~2010年粮食主产区五大作物产量比较优势指数

省份	2009年					2010年				
	稻谷	小麦	玉米	大豆	薯类	稻谷	小麦	玉米	大豆	薯类
内蒙古	0.967	0.684	1.041	0.835	0.697	1.238	0.614	1.081	0.928	0.696
辽宁	1.170	1.079	0.933	1.121	1.308	1.031	1.039	1.008	1.560	1.802
吉林	1.161	0.515	1.164	1.150	0.783	1.288	0.702	1.206	1.298	2.360
黑龙江	0.972	0.837	0.911	0.906	0.973	1.016	0.696	0.976	0.931	1.450
河南	1.120	1.225	1.073	1.130	1.244	1.145	1.229	1.018	1.077	1.255
江苏	1.226	1.020	1.028	1.603	1.844	1.235	1.014	0.992	1.488	1.811
安徽	0.950	1.055	0.793	0.789	0.796	0.940	1.074	0.753	0.720	0.780
江西	0.882	0.405	0.862	1.214	1.233	0.855	0.425	0.846	1.162	1.188
山东	1.264	1.219	1.253	1.507	2.253	1.267	1.217	1.199	1.389	2.151
湖北	1.182	0.705	0.915	1.490	1.028	1.166	0.722	0.901	1.423	0.998
湖南	0.968	0.476	1.078	1.491	1.303	0.949	0.532	1.052	1.390	1.303
四川	1.139	0.699	0.916	1.398	1.123	1.151	0.712	0.905	1.355	1.109
河北	1.026	1.084	0.944	1.054	0.867	1.038	1.071	0.919	1.057	1.077

资料来源：《中国农村统计年鉴》（2011）。

二　规模比较优势指数

规模比较优势指数（scale comparative advantage）主要是从外延角度来反映一个地区某种粮食生产规模及专业化程度，生产规模是市场需求和资

源禀赋等因素相互作用的结果,生产规模越大,规模比较优势指数越大,最终表现为该地区该粮食作物的经济效益提高。计算公式为

$$B_{ij} = (S_{ij}/S_i) / (S_j/S)$$

其中,B_{ij}为i地区j种粮食作物的规模比较优势指数;S_{ij}为i地区j种粮食作物的播种面积;S_i为i地区粮食作物的总播种面积;S_j为全国j种粮食作物的播种面积;S为全国粮食作物的总播种面积。

如果$B_{ij}<1$,表明i地区j种粮食作物的规模、专业化程度与全国平均水平相比较低;如果$B_{ij}=1$,表明i地区j种粮食作物的规模、专业化程度与全国平均水平相比水平相当;如果$B_{ij}>1$,表明i地区j种粮食作物的规模、专业化程度与全国平均水平相比,具有规模比较优势,并且B_{ij}值越大,规模优势越明显,专业化程度越高。

从表2-2可以看出,根据2009~2010年的数据,在我国13个粮食主产区中,共有6个省份的稻谷规模比较优势指数大于1,分别是江西、湖南、湖北、四川、江苏、安徽,表明与全国平均水平相比,这6个省份的稻谷生产规模比较优势较大,尤其是江西和湖南两省,而内蒙古、山东、河北的指数都小于0.1,可以说明这些地区稻谷的生产规模处于劣势。根据2009~2010年的数据,小麦规模比较优势指数大于1的省份有河南、江苏、河北、山东、安徽、湖北,它们与全国平均水平相比,小麦生产处于优势,产量比较大,尤其是河南、山东两省,但是湖南、辽宁、江西、吉林的小麦规模比较优势指数都小于0.1,说明这些省份小麦生产量少,处于劣势。根据2009~2010年的数据,玉米的规模比较优势指数大于1的省份包括吉林、辽宁、河北、内蒙古、山东、黑龙江、河南,与全国平均水平相比,这些省份的玉米种植规模具有比较优势,其中较为突出的是吉林和辽宁两省,而江西的玉米规模比较优势指数小于0.1,表明江西的小麦规模处于严重的劣势地位。根据2009~2010年的数据,在大豆的规模比较优势中,大豆的规模比较优势指数大于1的省份有黑龙江、内蒙古、安徽、吉林,其中黑龙江的大豆规模比较优势指数2009年高达4.173,2010年高达3.996,表明黑龙江的大豆种植规模在全国处于遥遥领先的地位。根据

2009~2010 年的数据，薯类作物在种植上具有规模比较优势的省份依次为四川、内蒙古，表明这两个省份在薯类作物的种植规模上具有比较优势，其余各地的薯类规模比较优势均不明显。

表 2-2 2009~2010 年粮食主产区五大粮食作物规模比较优势指数

省份	2009 年 稻谷	小麦	玉米	大豆	薯类	2010 年 稻谷	小麦	玉米	大豆	薯类
内蒙古	0.069	0.437	1.579	1.837	1.552	0.062	0.466	1.528	1.905	1.577
辽宁	0.773	0.013	2.197	0.623	0.371	0.784	0.011	2.226	0.501	0.316
吉林	0.549	0.004	2.334	1.172	0.283	0.551	0.004	2.293	1.082	0.251
黑龙江	0.795	0.115	1.230	4.173	0.305	0.889	0.111	1.289	3.996	0.268
河南	0.232	2.439	1.045	0.572	0.411	0.237	2.455	1.023	0.600	0.394
江苏	1.558	1.768	0.265	0.524	0.159	1.556	1.795	0.258	0.554	0.146
安徽	1.251	1.600	0.387	1.741	0.323	1.248	1.620	0.389	1.831	0.324
江西	3.349	0.012	0.016	0.327	0.487	3.354	0.013	0.017	0.351	0.466
山东	0.070	2.263	1.450	0.272	0.428	0.067	2.277	1.410	0.286	0.438
湖北	1.875	1.111	0.442	0.312	0.748	1.843	1.113	0.442	0.323	0.847
湖南	3.102	0.027	0.205	0.221	0.664	3.083	0.037	0.206	0.241	0.664
四川	1.162	0.893	0.727	0.409	2.331	1.152	0.896	0.716	0.446	2.325
河北	0.050	1.728	1.659	0.316	0.496	0.047	1.745	1.619	0.304	0.512

资料来源：《中国农村统计年鉴》(2011)。

三 综合比较优势指数

综合比较优势指数（relative comprehensive comparative advantage）主要采用产量比较优势指数、规模比较优势指数的几何平均数来表示。产量比较优势指数和规模比较优势指数都具有自身的局限性，不能综合反映科技、社会需求等方面的信息，而综合比较优势指数能较全面地反映一个地区某种粮食作物生产能力的比较优势。计算公式为

$$C_{ij} = \sqrt{A_{ij} \cdot B_{ij}}$$

其中，C_{ij}为综合比较优势指数；A_{ij}为产量比较优势指数；B_{ij}为规模比较优势指数。

如果$C_{ij}<1$，表明i地区j种粮食作物的生产与全国平均水平相比不具有综合比较优势；如果$C_{ij}=1$，表明i地区j种粮食作物的生产与全国平均水平相比水平相当；如果$C_{ij}>1$，表明i地区j种粮食作物的生产与全国平均水平相比具有综合比较优势，并且C_{ij}值越大，综合比较优势越明显。

从表2-3可以看出，根据2009~2010年的数据，在我国13个粮食主产区中，稻谷的综合比较优势指数大于1的省份依次为湖南、江西、湖北、江苏、四川、安徽，表明这些省份在综合了产量比较优势指数和规模比较优势指数之后，在种植稻谷方面，相对于全国平均水平来说具有比较优势；而其他省份的稻谷综合比较优势指数均小于1，表明这些地区在种植稻谷方面，相对于全国平均水平来说不具有比较优势。根据2009~2010年的数据，小麦的综合比较优势指数大于1的省份依次为河南、山东、河北、江苏、安徽，表明这些省份在小麦种植方面具有综合比较优势，而吉林、江西两省的小麦综合比较优势指数均小于0.1，表明这两个省份最不具有小麦综合比较优势。根据2009~2010年的数据，在我国13个粮食主产区中，玉米的综合比较优势指数大于1的省份依次为吉林、辽宁、山东、内蒙古、河北、河南、黑龙江，表明这些省份具有玉米生产的综合比较优势，其他省份的玉米综合比较优势指数均小于1，不具有玉米的综合比较优势。根据2009~2010年的数据，大豆的综合比较优势指数大于1的省份依次为黑龙江、内蒙古、安徽、吉林，表明这些省份具有大豆生产的综合比较优势，其中黑龙江的大豆综合比较优势指数最高，表明黑龙江的大豆生产对我国大豆的供给贡献最大。根据2009~2010年的数据，薯类作物的综合比较优势指数大于1的省份依次为四川、内蒙古，说明这两个省份的薯类种植与全国平均水平相比具有综合比较优势，其余省份中山东、湖南两省的薯类综合比较优势指数最接近1，说明这两省薯类作物的综合比较优势接近于全国平均水平。

表 2-3 2009～2010 年粮食主产区五大粮食作物综合比较优势指数

省份	2009年 稻谷	小麦	玉米	大豆	薯类	2010年 稻谷	小麦	玉米	大豆	薯类
内蒙古	0.258	0.547	1.282	1.239	1.040	0.276	0.535	1.285	1.329	1.047
辽宁	0.951	0.117	1.431	0.836	0.697	0.899	0.105	1.498	0.884	0.755
吉林	0.798	0.046	1.648	1.161	0.471	0.843	0.050	1.663	1.185	0.770
黑龙江	0.879	0.311	1.059	1.944	0.545	0.951	0.278	1.122	1.929	0.623
河南	0.510	1.729	1.059	0.804	0.715	0.521	1.737	1.020	0.804	0.703
江苏	1.382	1.343	0.522	0.917	0.542	1.386	1.349	0.506	0.908	0.514
安徽	1.090	1.299	0.554	1.172	0.507	1.083	1.319	0.541	1.148	0.503
江西	1.719	0.071	0.116	0.631	0.775	1.693	0.074	0.120	0.639	0.744
山东	0.298	1.660	1.348	0.640	0.982	0.290	1.665	1.300	0.630	0.971
湖北	1.489	0.885	0.636	0.681	0.877	1.466	0.897	0.631	0.678	0.919
湖南	1.732	0.112	0.471	0.574	0.930	1.710	0.140	0.465	0.579	0.930
四川	1.150	0.790	0.816	0.756	1.618	1.151	0.798	0.805	0.777	1.606
河北	0.227	1.369	1.252	0.577	0.655	0.220	1.367	1.220	0.567	0.742

资料来源：《中国农村统计年鉴》(2011)。

根据 2009～2010 年的数据，从产量比较优势指数、规模比较优势指数、综合比较优势指数的综合情况看，本文得出我国的稻谷优势主产区是湖南、江西、湖北、江苏、四川、安徽六省。郭淑敏、马帅、陈印军（2006）研究了我国长江中下游流域（江苏、安徽、江西、湖南、湖北）、黄淮海流域（河北、山东、河南）和东北三省（辽宁、吉林、黑龙江）三大粮食主产区 1979～2003 年不同作物在不同区域的单产比较优势、规模比较优势和综合比较优势，得出长江中下游地区是水稻生产的优势区域，与本文研究的结果基本一致。白红果（2008）根据 2006 年的相关数据，运用三大指数得出湖南、湖北、江西、江苏、四川和安徽六省是水稻的比较优势区域，与本文的研究结果完全一致，本文的研究结果与我国规定的水稻主产区完全吻合。本文研究得出我国的小麦主产区域主要是河南、山东、河北、江苏、安徽五省，得出的结论与白红果（2008）研究的小麦比较优势区域完全一致。2003 年农业部颁布《专用小麦优势区域发展规划（2003～2007 年）》，形成黄淮海、长江中下游和大兴安岭沿麓三大优质专用小麦产区,本文没有把湖北、黑龙江、内蒙古划入小麦比较优势区域,可能是因为只选取了 2009~2010 年的数据,不具有完全的代表性,难免出现误差。本文得出我国的玉米主产区域是吉林、辽宁、山东、内蒙古、河北、河南和黑龙江 7 个省份,这与 2003 年国家颁布的《专用玉米优势区域发展规划(2003~2007 年)》里划定的东北—内蒙古专用玉米优势区和黄淮海专用玉米优势区相吻合。本文得出我国的大豆主产区是黑龙江、内蒙古、安徽、吉林四个省份,2003 年国家颁布《高油大豆优势区域发展规划(2003~2007 年)》,规定优势区域大豆标准化生产基地建设重点以东北高油大豆优势区为主,兼顾其他两个优势区,本文研究与其相吻合。本文得出我国的薯类作物主产区是四川和内蒙古,白红果(2008)研究得出的薯类作物生产优势区域是四川、内蒙古、湖北、湖南,这可能是选取数据的不同造成的,本文研究湖北、湖南的综合比较优势指数在 0.9 以上,说明这两个省份也是具有薯类作物生产的相对比较优势的。

第五节 粮食主产区粮食综合生产能力影响因素实证分析

一 相关指标选取及数据说明

由于粮食产量是粮食综合生产能力的表征变量,根据我国的基本国情,我国的粮食产量基本与粮食综合生产能力对等,又由于粮食单产更能够反映出粮食生产的状况,所以就以我国 13 个粮食主产区的粮食单产为模型的被解释变量。影响粮食综合生产能力的因素有很多,本文选取单位农用机械总动力(农用机械总动力/粮食播种面积)、单位化肥施用量(化肥施用量折纯量/粮食播种面积)、单位有效灌溉面积(有效灌溉面积/年末耕地面积)、单位农业灾害成灾面积(农业灾害成灾面积/年末耕地面积)、粮食播种面积、第一产业从业人数和单位除涝面积(除涝面积/耕地面积)为解释变量。考虑到数据的可获得性,本文根据《中国统计年鉴》《中国农村统计年鉴》和 13 个粮食主产大省统计年鉴的有关数据统计，整理出了 1986～2010 年 13 个粮食主产区的农用机械总动力、化肥施用量、有效灌溉面积、除涝治水面积、粮食播种面积、农业灾害成灾面积和第一产业从业劳动力等数据。

二　模型

本文通过建立柯布－道格拉斯生产函数，选取 7 个影响粮食主产区粮食生产能力的要素指标，即单位农用机械总动力（农用机械总动力/粮食播种面积）、单位化肥施用量（化肥施用量折纯量/粮食播种面积）、单位有效灌溉面积（有效灌溉面积/年末耕地面积）、单位农业灾害成灾面积（农业灾害成灾面积/年末耕地面积）、粮食播种面积、第一产业从业人数和单位除涝面积（除涝面积/耕地面积），并根据各要素的生产弹性及其对粮食生产的贡献率，来分析粮食综合生产能力的影响因素以及影响程度。确定柯布－道格拉斯生产函数的形式为

$$Y = AX_1^{a_1} X_2^{a_2} X_3^{a_3} X_4^{a_4} X_5^{a_5} X_6^{a_6} X_7^{a_7}$$

用对数表示为

$$\ln Y = a_0 + a_1 \ln X_1 + a_2 \ln X_2 + a_3 \ln X_3 + a_4 \ln X_4 + a_5 \ln X_5 + a_6 \ln X_6 + a_7 \ln X_7 + \mu$$

其中，a_i（$i = 1, 2, \cdots, 7$）的经济意义是变量 X_1、X_2、X_3、X_4、X_5、X_6、X_7 的产出弹性，且 $0 \leq a_i \leq 1$；a_0 为常数虚拟变量，包含政策、制度等难以量化的因素的影响；X_1 为单位农用机械总动力（千瓦/公顷）；X_2 为单位化肥施用量折纯量（吨/公顷）；X_3 为单位有效灌溉面积；X_4 为单位农业灾害成灾面积；X_5 为粮食播种面积（千公顷）；X_6 为第一产业从业人数（万人）；X_7 为单位除涝面积；μ 是随机误差项，描述变量外的其他因素对模型的干扰。

三　参数估计及检验

用最小二乘法（OLS）对参数进行估计（Eviews 6.0 运行），通过输出

的结果，得出方程的输出结果：

$$\ln y = -0.824116 + 0.066137\ln x_1 + 0.198326\ln x_2 + 0.088723\ln x_3 - 0.074836\ln x_4 +$$
$$(4.392435)\quad(10.12673)\quad(3.672260)\quad(-9.133861)$$
$$0.164671\ln x_5 + 0.121536\ln x_6 - 0.066512\ln x_7$$
$$(3.168568)\quad(2.871594)\quad(-2.393138)$$

$$R^2 = 0.91508$$

其中，$\ln x_1$、$\ln x_2$、$\ln x_3$、$\ln x_5$、$\ln x_6$ 的系数为正，说明单位农用机械总动力、单位化肥施用量折纯量、单位有效灌溉面积、粮食播种面积、第一产业从业人数与粮食单产呈正相关关系，每增加1%的单位农用机械总动力、单位化肥施用量折纯量、单位有效灌溉面积、粮食播种面积、第一产业从业人数，粮食单产相应可增加 0.066137%、0.198326%、0.088723%、0.164671%、0.121536%。同理，$\ln x_4$、$\ln x_7$ 的系数为负，说明单位农业灾害成灾面积、单位除涝面积与粮食单产呈负相关关系，这些结果都与实际符合。F 统计量为172.9803，对应的 P 值为0，小于0.05，表明方程总体线性显著。各个变量的 T 统计量对应的 P 值都小于0.05，表明各个变量对应的解释变量对被解释变量的影响是显著的。根据回归的结果可以看出方程的各变量对粮食单产的解释程度相对较高，R^2 为0.91508，即7个解释变量共同作用可以解释被解释变量91.508%的变动，剔除了变量之间的相互影响后，调整后的 R^2 也达到了0.90979，作为时间序列数据来说，这种拟合水平是正常的。

四 结论

根据上述回归的结论可以看出，我国的粮食单产与单位农用机械总动力、单位化肥施用量、单位有效灌溉面积、粮食播种面积、第一产业从业人数都呈正相关关系，且它们对粮食单产的影响程度不相同。从弹性系数可以看出，单位农用化肥施用量的系数最高，其次是粮食播种面积；而单位农业灾害成灾面积和单位除涝面积却与粮食单产呈负相关关系。由此应该看出，粮食产量的提高与各个因素都有着密切的联系，应该制定有关粮食生产的科学政策，如高度重视粮食播种面积，稳定耕地资源，紧守18亿亩基本耕地底线；优化化肥使用比例和产品结构，继续改进化肥施用技术，提高化肥利用率，增加化肥对粮食生产的贡献率，确保我国粮食生产的稳定与提高；合理配置劳动力资源，努力提高农村劳动力素质水平，从而提高劳动力的产出效率；加强农业基础设施建设，不断推广农业科学技术，确保气象灾害的预测更加准确，从而提高全国抵御自然灾害的能力。

第六节 提高粮食主产区粮食综合生产能力的对策

发挥区域优势和比较优势，与国家的各种粮食支持保护政策结合起来进行粮食区域支持，是粮食生产成本最小、收益最大的一种方式。国家把有限的资金最大化集中保护一批适合种植粮食、种粮比较效益相对较高的地区，有利于资源的合理配置，有利于发挥区域粮食生产优势，有利于提高粮食单产、增加粮食产量。保护和提高粮食主产区的粮食综合生产能力，对全国的粮食生产及粮食安全都有非常重要的作用。粮食主产区的生产潜力大，结构调整的可塑性强，抓住了粮食主产区就抓住了重点，控制了全局，所以我们必须高度重视粮食主产区粮食的生产能力，加大对粮食主产区的扶持力度，积极在提高粮食综合生产能力方面下大功夫。

一 依法保护耕地资源，稳定粮田面积

耕地是粮食生产必不可少的生产资料，是非常宝贵的稀缺资源，所有高产的农作物生产都必须以耕地为支撑。近年来，非农建设用地日益增加，加上自然灾害等各种人为或自然因素的影响，使得我国耕地资源一年比一年少，湖北、湖南、河南等大部分粮食主产省年末耕地面积都有所下降。我国必须采取行之有效的措施保护耕地资源，具体措施如下。

1. 保护好现有耕地，确保耕地资源的安全底线

保护现有耕地要切实贯彻执行新《土地管理法》和《基本农田保护条例》，正确处理好耕地与建设用地之间的关系，对那些乱占耕地、破坏良田、弄虚作假圈用土地等违法行为加大惩治力度，对土地使用情况进行强

化管理；转变原有的耕地经营模式，使用集约化的经营模式，充分发挥土地利用总体规划和用地计划的调控作用，保护耕地的自然生态环境，实行总量控制，防止水土流失、土地沙化、盐渍化和荒漠化；要严格控制建设用地审批，合理开发利用荒地，提高土地资源利用率，借此也可以控制非农用地规模。

2. 加快改造中低产田，开发后备耕地资源

耕地的质量越好，粮食的产量就越高，粮食的生产能力就越高。对我国粮食主产区中低产田的改造，要建立耕地质量建设和保护的长效机制，改造土壤，尤其是中低产田土壤，防止水土退化，完善耕地补偿制度，要无偿向农民推广如测土配方施肥等各种技术，充分调动农民的积极性，促使其采用生物、工程等技术来提高土地质量；搞好土地复垦，结合城镇与乡村的土地复垦改造，推动土地整理工程，保障耕地总量的动态平衡，以此来维护和提高耕地质量。

二　加强农业基础设施建设，增强粮食生产能力

粮食稳产丰产离不开良好的农田、水利、防护等基础设施。通过本文的回归分析可以发现，成灾面积与粮食增产呈负相关关系，因此要加强粮食主产区农业基础设施建设，努力减少粮食成灾面积，提高粮食综合生产能力，具体措施如下。

1. 加大对农田水利基本建设的投资力度

由于农田水利建设具有公共物品性质，所以需要政府通过财政预算和政府专项拨款等行政手段来干预。国家要建立以"国家为主、农户为辅"为原则的农田水利投入发展机制，不仅要搞好大中型农田水利基础设施建设，而且要不断加大小型农田水利基础设施建设的投入力度，对所建设的农田水利服务站、施工机具等各种费用实施国家补贴政策。同时，要实现投资机制的多元化，鼓励和引导多方投资主体，以相应减轻政府的负担，实现多方参与，更好地为农田水利基本建设服务。

2. 加大对农民的宣传教育，做好引导工作

农民对农业基础设施建设各种技术的掌握和接受相应知识的培训对提

高我国农业基础设施建设有着重大的作用。因此，要充分重视农民对自身素质的培养和提高，农民要自觉担负起农田水利设施的施工和维修工作，可以通过建立农田水利专业施工队等相关措施来实现；增加农田水利设施工作的重要性宣传，通过普及宣传可以提高农民建设和改善农业基础设施的意识；可以定期邀请相关专家进行一些机电设备、灌溉技术等知识的培训，通过加强培训来提高农民兴修水利的积极性，提高农民的生产技能，培养和造就有文化、懂技术的新型农民。

三　合理施用化肥，提高化肥利用率

根据上述回归分析，可以看出化肥施用量对粮食生产的影响作用很大。化肥是重要的农业生产资料，必须努力改进化肥技术，在粮食主产区推广科学施肥方法，以提高化肥利用率，增大其对粮食生产的贡献度。化肥施用量对我国的粮食生产有巨大的促进作用，但是化肥的利用重在适量，这是一个技术工程。可以从以下几个方面来提高化肥对我国粮食生产的贡献度。

1. 合理施用化肥，保持耕地养分平衡

合理、科学施用化肥至关重要，不合理的施肥方法不利于肥料养分的吸收，还很有可能对环境构成很大的威胁。鉴于此，我们必须充分意识到合理施肥的重要性，优化化肥施用比例，推广平衡施肥方法，确定氮、磷、钾及其他所需的原料的比重，科学合理施肥，增加化肥对粮食生产的贡献度，这样在一定程度上降低了粮食的生产成本，保持了粮食增产，调动了农户的积极性，最终可以提高粮食的综合生产能力。

2. 增施有机肥，实行秸秆还田

有机肥具有很多优点，可以增加土壤的有机质，提高土壤的微生物活动能力，并且对环境污染也少，符合"资源化、无害化、产业化"的要求，不仅能够增加粮食生产，而且能保持土壤肥力。农作物秸秆是重要的农业有机肥来源，具有可再生性、容易取得的特点，农作物秸秆还田还土可以为土壤补充大量的有机质，有利于粮食生产。因此，我国应加强这种类似的有机肥应用技术的研究和推广。

四 以农业科技为支撑,提高科技进步贡献率

科学技术是第一生产力,科技的进步对粮食主产区粮食生产有至关重要的作用。因此,要加大科技创新力度,增强农业科技对粮食生产的支撑作用。

1. 加强科技研究,健全科研成果推广体系

科学技术是第一生产力,应该充分重视科学技术对粮食生产的作用。国家应该加大对粮食主产区农业科技的投资力度,要在优质、高产、稳产农作物新品种的研究和推广方面下大功夫,并且高新技术的研究及推广应用应该加快。要高度重视农业推广机构的建立,健全队伍,加快使科学技术这一潜在生产力向现实生产力转化。同时,要以品种创新为重点,进一步加强五大经济作物的良种繁育中心建设,加速优良品种的选育进程,提高育种效率,以促进和提高粮食主产区粮食生产水平。加强农机科研开发体系,不断提高农业机械的利用率。

2. 加强科技培训,提高粮食主产区农民素质

本文回归分析的结果显示,第一产业劳动力与粮食单产呈正相关关系,可见高素质的劳动力对粮食生产起着积极的作用。在提高劳动力素质方面,政府要发挥积极的引导作用,形成必要的培训管理体系,定时地对农民进行产品知识培训,提高农民素质,加大农民科技培训的投入力度。这有利于提高农民选择优质的作物品种的能力,提高农户种粮的积极性。另外,可以采用技物结合的办法,以主导品种、主推技术培训为重点,形成以户带户、以户带村的长效机制,对粮食主产区广大农户科学种粮水平的提高起到促进作用。

第三章 农业产业化与粮食主产区建设

第一节 绪论

中国的"三农"问题在世界上表现最突出，并且具有深层次的结构特征。中国"三农"问题的核心是粮食问题。要有效解释中国的"三农"问题，重要的手段是实现传统农业向现代农业转变，这需要进行深刻的农业现代化转型。以产粮大省河南省为例，河南省肩负着我国维护国家粮食战略安全的重任。从其产量而言，2000~2008年，河南省粮食总产量已经连续8年位居全国第一，并且其增产的幅度也是在全国靠前的，河南省的耕地占全国的1/16，但其生产的小麦占全国的1/4，生产的粮食占全国的1/10，粮食生产已经突破500亿公斤。另外，从全球粮食市场来看也不容乐观，粮食问题面临日益增加的不确定性。根据联合国粮食及农业组织公布的数据，全球基本农产品价格指数2006年上升了8%，2007年上升了24%，而2008年前3个月又同比上升了53%。进入21世纪以来，粮食价格又进行了新一轮的暴涨，这导致全球37个国家的食品供应受到威胁，其中有20多个国家因食品涨价发生骚乱，超过1亿人因高粮价陷入赤贫，基本生存面临威胁。经济社会发展中诸多问题的存在导致了粮食供需矛盾在一定时期存在，这些因素有短期的、偶然的，也有长期的、难以一时解决的。特别是从长期来看，各国农业发展政策的不均衡对粮食生产具有较大关系，在很长时间内发达国家的农业保护政策造成了全球粮食市场的不均衡。对我国而言，需要更多地理解和认识上述问题，以应对全球粮食问题的不确定性，提高粮食安全保障。从根本上说，推进农业产业化水平以实现粮食保障和粮食安全是重要的。

以我国粮食生产大省河南省为例，国家出台粮食安全战略后，提出了《国家粮食战略工程河南核心区建设规划纲要》，提出的基本思路和目标是：深入贯彻落实科学发展观，继续解放思想、深化改革，牢固树立服务全局的政治意识、责任意识与忧患意识；紧紧围绕发展粮食生产、维护国家粮食安全、服务经济社会又好又快发展的大局，统筹城乡经济社会协调发展；坚持工业反哺农业、城市支持农村的基本方针，把发展粮食生产与促进农民增收、实现富民强省结合起来，通过稳定面积、主攻单产、改善条件、创新机制、完善政策，提高粮食生产的规模化、集约化、产业化、标准化水平；实现内涵式发展，逐步建立起粮食生产稳定增长的长效机制，把河南建设成全国重要的粮食稳定增长核心区，走出一条工业化、城镇化与粮食安全"双赢"的全新发展道路。到 2020 年，粮食生产用地稳定在 7500 万亩，通过对现有高产田进一步巩固提高，使粮食亩产平均提高到 1050 公斤的水平，粮田面积由现在的近 1000 万亩扩大到 2500 万亩；对 3200 万亩中产田实施高标准开发，使其粮食亩产超过 900 公斤；对 1800 万亩低产田实施综合改造，使其粮食亩产超过 800 公斤；确保粮食生产能力达到新增 130 亿公斤，稳定达到 650 亿公斤，调出原粮和粮食加工制成品 275 亿公斤以上。

对于我国的粮食主产区建设，需要放在国家粮食战略安全高度和农业产业化及农业生产方式转变的高度来理解和考察，从而制定有针对性的政策体系。建设粮食主产区必须首先考虑到国家粮食安全保障，同时要统筹解决粮食主产区建设、城乡一体化进程、工业化进程和农村综合改革问题，以实现农村经济社会转型。

第二节　粮食主产区农业产业化现状及问题

一　农业产业化的发展状况

农业产业化是促进农业由传统生产方式向现代生产方式转变的重要途

径，是解决我国农业发展中的重要问题的重要选择。以粮食生产大省河南省为例，河南省历来是我国粮食生产和调出大省，在国家农业发展布局中占有重要地位。从农业现代化的发展来看，河南省的农业产业化进程也取得了较重要的成果，主要表现在以下三个方面。

第一，建设现代农业产业化基地。在一些优势产业和优势区域引导建立农业产业化经营项目，并推进龙头企业向工业园区集中。20世纪90年代以来，河南通过建立产业集聚区，初步形成了以豫北、豫中南为主的优质小麦生产基地，黄河滩区绿色奶业示范带，豫东平原奶业养殖基地，以及中原肉牛肉羊、京广铁路沿线瘦肉型猪、豫北肉鸡、豫南水禽等一批优势农业产业带。在这一过程中，形成了一些具体的农业产业化成功项目，如临颍的食品加工、淇县的肉鸡生产、潢川的水禽养殖、孟州的玉米加工、灵宝的果汁加工、永城的面粉加工等。截至目前，全省有符合农业部统计标准的农业产业化经营组织9102家，农业产业化经营水平稳步提高，同时，形成了不同层次、不同类别、覆盖全省的龙头企业群体，在龙头企业的基础上成立了农民专业合作经济组织，作为推进农业产业化的主力。

第二，培育农业产业化企业。企业是市场运行的主体，培育农业产业化企业是促进农业产业化的重点。就河南省而言，在全省11674个农业产业化组织中，有5724个是龙头企业带动的，在这些龙头企业中，国家级、省级和市级重点龙头企业分别为23家、343家和1200家，其中年销售收入在1亿元以上的为421家，占比为7.35%。依托龙头企业和农业产业化组织，初步形成了具有全国影响的产业化基地。到2007年底，河南省粮食加工能力为3450万吨，居全国第1位；肉类、奶制品加工能力分别达到578万吨、255万吨，已经成为全国最大的肉类加工基地和速冻食品生产基地，分别占全国市场份额的70%和60%；食用菌、味精、方便面和调味品产量均居全国首位。

第三，加快农业科技进步。通过农业产业化，河南省不但成为全国重要的粮食生产大省，而且成为位居全国前列的农产品加工大省，2007年河南规模以上食品工业企业销售收入达2000亿元，位居全国第2位；食品工业增加值占全国的6.3%，在中部六省中占32.1%。通过农业产业化推进农产品专业化、规模化、标准化生产，不但加快了农业科技进步、提高了农业整体素质，而且大大增强了龙头企业的实力。同时，这些龙头企业也建立了专门的研发机构，或与相关科研院所联手经营，以提高农业产业化的质量。多数龙头企业通过了国家或国际有关组织的质量、环保、安全卫生等管理体系认证，一些农业龙头企业建立了农产品产地、质量、等级标识和可追溯制度，组织和带动农民进行标准化生产。

二 农业产业化的问题

1. 外部市场的产业竞争

我国粮食主产区的农业产业化面临国内外市场主体的激烈竞争，从全国层面来看，不同省区的农业产业化龙头企业均在过去一段时间持续扩张，极大地提高了市场竞争力。即使如此，仍然存在诸多问题，例如，省区的龙头企业之间存在竞争，以同样为粮食主产区的山东省和河南省来说，山东省符合农业部统计标准的农业产业化龙头组织为11268家，其中884家企业年销售收入超亿元，44家被列为全国重点农业龙头企业，河南省符合农业部统计标准的农业龙头企业为9102家，年销售收入超亿元的为287家，被列为全国重点龙头企业的有23家。实际上，从粮食主产区农业生产企业总体来看，真正成规模的不足30%。这导致各省区农业企业良莠不齐，其竞争力在各层面上均存在不一致性。中国加入世界贸易组织后，面临的全球竞争环境越来越复杂和激烈，粮食主产区农业企业所面临的国外市场竞争压力很大。与此同时，各省农业龙头企业面临相同的竞争局面，现有的农业企业由于规模和竞争力对国际市场竞争环境的适应性还存在一些问题，在反倾销等国际市场竞争中还很难争取到主动权，表现为规模效应不突出、综合竞争力不强。

2. 内部结构不健全

在粮食主产区农业产业化过程中，存在诸多主体之间结构不协调问题，具体如下。

一是龙头企业与农户之间的关系。龙头企业与农户之间未能建立起良好的互动关系会导致效率不高，如一些龙头企业与农户仅仅是买断关系，或者龙头企业与农户虽然签订了产品购销合同，但缺乏相应的技术服务和价格保护，这使得它们之间的关系不够紧密，没有健全的利益分配机制，也难以按照市场的规律来规范和完善它们的行为方式。在另外一些地区，农民专业合作社发展滞后，带动农户数量在农户总数中的比重过低，而且组织形式、运作机制也不够规范，未能在企业和农户之间真正建立起基于共同利益关系的合作秩序。

二是企业发展资金不足仍然困扰农业产业化进程，国家支农、惠农资金难以满足农业产业化的需要。在一些地区，由于分配机制不健全，过于考虑面上的照顾情况，和农业产业化直接相关的企业可能不能直接利用，加之正规金融系统对农业产业的支持力度不够，都制约了农业产业化的发展。

三是农业产业化的技术含量和技术整合程度均不高。农业产业化并不是简单的农产品加工，特别是农产品加工应该与粮食主产区的粮食产量、粮食生产结构相关联，强调精深加工，向增值率高和产业链长的领域转移。在农业产业化发展水平高的发达国家，农业初级产品与加工品的产值比例已为1:5左右，但这一比例在我国仅为1:0.8。以河南省为例，小麦加工能力占小麦生产总量的2/3，但小麦加工主要是面粉加工，而且产品品种少、档次低。玉米用来加工饲料，相比之下附加值较低。在多数农产品加工企业中，80%以上为初加工产品，如红薯、小麦等农产品仅仅是粗加工后向外销售，而加工成粉条、粉面等精产品占的比例极小，由于产业链条短、产品附加值低，所以企业利润低，农民增收少。应该注重更深层次的加工，如生产变性淀粉、淀粉糖、赖氨酸、化工醇等。

四是出口能力较低。2006年，河南省直接出口农产品4.7亿美元，占全国农产品出口的1.48%，居全国第15位，而河南省是全国第一粮食生产大省，农产品出口与其农业大省的地位极不相称。从出口企业的比重来看，河南省有267家企业实现了农产品直接出口，其中9家出口超千万美元，而山东省出口农产品超千万美元的企业就有100多家。这体现出出口能力在不同地区的分布不均匀，特别是与粮食生产规模不一致，也影响了农业产业化的进一步发展。在一些省份，农产品出口创汇型龙头企业数量少，农产品的加工、销售、服务等不协调，难以有效保证农业产品的质量安全，影响了农产品生产与国际市场的顺利对接，制约了出口创汇型农业的发展。

3. 与区域经济社会发展存在不一致性

在很多省区，农业产业化没有能够与城乡一体化进程及农村综合配套改革有机衔接。从国际发展经验来看，一个国家或地区在其高速推进城市化和工业化的进程中，必然会对粮食生产造成一定的负面影响。其中包含多种影响机制，如农村劳动力迅速向城镇集中导致农业生产所需要的人力投入被抽出而影响粮食生产，或者农业土地逐步转换，被城镇建设用地占用，粮食用地的比较收益降低。促进农业产业化不是一个单独的过程，需要统筹工业化、城市化和农业产业化的协调发展。而在当前，各级政府在推进工业化和城市化过程可能没有有效估计对粮食生产的潜在影响。这又包括很多方面的原因，如政府的职能没有得到充分发挥，政府作为城乡一体化、工业化和农业产业化进程的责任主体，仍然遵循已有的管理模式和方法，相关部门之间缺乏统筹兼顾和均衡发展的管理思想，未能在农民、企业和市场等各类社会主体之间建立利益平衡机制和工作协调机制。特别是在当前的企业竞争力评价方面，政府侧重于强调企业的赢利能力和竞争力，对企业应该承担的如就业等社会问题的能力和责任考虑较少。实际上，企业不仅是市场运行的主体，而且是社会发展的主体，企业赢利能力和社会责任的协调能够对区域经济社会发展提供强大支撑。从理论上看，粮食主产区城乡一体化的推进、农村综合配套改革的实施都将显著改善农业产业化的外部环境条件，这些都是政府在其工作中要考虑的。如果能够统筹解决城市化和工业化进程中对农业产业化带来的负面影响，就能够避免其对粮食安全和农业企业带来的威胁。这需要政府考虑在农业产业化过程中减轻农民的经济负担，给农民更多的获得城市务工的机会，实现农民收入的增长，同时运用免除义务教育费用等政策，提高农民进城的积极性。农业产业化进程本身对推进城乡一体化以及农村综合配套改革具有内在的要求，只有将农业产业化进程放在农村区域经济社会发展全局中来考察，才能实现各方社会主体利益的均等化。

4. 农业产业化的竞争力和联动效应不强

从产业发展的整体态势来看，农业产业化还是一个孤立的行为，没有能够形成有效的产业整体竞争力和产业关联效应。造成这种局面的主要原因是缺乏整合内部资源和协调内部合作的机制，缺乏整体上应对市场环境不确定性的能力。农业龙头企业过于关注短期利益，不愿意从整体和全局上对农业企业竞争态势进行判断和谋划，为了获取短期利益甚至存在内部的无序竞争。长期来看，这并不能取得预期的效果，相反会削弱整体竞争力，最终导致企业失去应对复杂市场环境的能力。市场经济的发展经验表明，在合作中竞争以及同行业均取得规模和效益优势的情况下，企业才能够获得更多的市场主动权，进而获取市场竞争中的经济利益。在面对不同省份之间企业和国际农业企业竞争的背景下，农业产业化中的企业只有加强自我内部联动效应、提高整体规模和效益，才能在市场竞争中占据主动地位，获得长远的发展。

第三节 粮食主产区建设中的农业生产方式转变

一 农业生产方式的变革是农业产业化发展的必然要求

农业产业化的实质是农业生产方式的转变。从结构的角度来看，农业产业化是由传统的劳动密集型产业向技术密集型产业的转变。由于仍然强调农业生产，所以农业产业化拉长了农业生产的链条，农业生产由单一的粮食种植结构向多样的农作物复合生产结构转变。从农业生产的组织形式来看，原来以农户为主体的个体经营，现在向"公司+农户"经营或者新型农村经济合作组织经营转变；从市场开发角度来看，以前相对封闭的地方市场向全国市场和全球市场发展，生产方式最终由传统农业发展方式转变为现代工业生产方式。用现代科学技术改造传统农业，用现代管理方式装备传统农业，最终形成以市场需求为导向、培植市场竞争力强的产品，实现区域化种植、专业化生产、企业化管理、社会化服务，实现传统农业向现代农业转变。

实现上述转变还需要一些方面的协调，首先是一个适应市场的制度创新和技术创新，并通过制度创新和技术创新实现传统农业区社会经济跨越式发展。从全国范围来看,粮食主产区建设要求大范围、跨行业的土地流转以及农村社会保障体系的完善,从而为农业生产方式转变提供条件。农业生产方式由传统到现代的转换,能够进一步解放农村劳动力,提高农民收入,并拓展农业的就业空间,逐步减少农民对土地的依赖性,增强农村生产要素的流动性,有利于从整体上提高农业企业的竞争力,为农业企业的扩充和发展创造有利条件,提高农业产业化中企业的自主性。农业生产方式的转变,也将提高区域工业化水平,加速区域工业化进程。以工业的技术来装备农业,以工业的管理方法来管理农业,以发展工业的理念来发展农业,会为最终实现农业产业化形成较为完善的机制,通过转变农业生产方式,更好地配合城乡一体化建设和农村综合配套改革。

二 推进农业生产方式转变,建设粮食主产区

1. 扩大投入,推广高新农业技术,改造中低产田

提高粮食综合生产能力是粮食主产区建设的重要内容,也是实现农业生产方式转变的目的。就全国而言,中低产田改造是一个重要的工程,是提高粮食综合生产能力的着力点之一,特别是对粮食生产大省而言,玉米、水稻等秋季高产粮食作物种植面积和单产可通过中低产田改造进一步扩大和提高,扩大其粮食增产潜能。以河南省为例,全省已经利用农业综合开发资金启动了高标准农田建设。中低产田改造一般以3年为一个建设周期,2008~2010年,河南省每个农业综合开发重点县获得的中央、省级财政资金投入分别为1000万元、1100万元、1200万元,年均建设高标准基本农田超过300万亩。在改造中低产田的基础上,重点加强粮食主产区农业生产体系建设,推进农业产业化经营,积极培育和扶持产业化企业。如果能够在全国范围内推广将粮食主产区作为投入和扶持对象,可进一步增加高标准农田的数量并提高其质量。

2. 培育和扶持市场竞争主体,发挥农村经济合作组织的作用

根据《国家粮食安全中长期规划纲要(2008~2020年)》的要求,河南省要大力发展农民专业合作组织,增加农民专业合作组织发展资金,重点扶持一批带动能力强、发展前景好的农民专业合作组织,切实提高农业

生产、流通的组织化程度，到 2020 年全省农民专业合作组织覆盖农户在 90% 以上。对粮食主产区而言，发挥农村经济合作组织的作用，要进行长期性的培育和扶持，在农村中形成一大批具有市场意识的独立经纪人主体，以及熟悉市场竞争态势、通晓相关法律和政策、具有相关业务操作能力的人员，来组织建设农村经济合作组织。建立健全法律和法规，处理好农村经济合作组织和农村基层政权组织之间的关系，减少和消除限制农村经济组织成长和发展的不利因素。通过深入研究农村经济合作组织和企业、政府等市场主体的关系，建立能够有效协调解决多方利益的科学有序机制，使农村经济合作组织真正成为农民利益的可靠保障。

3. 开拓市场，完善农产品营销网络

促进粮食主产区农业产业化，其中一个重要的环节是农产品的市场实现问题，要实现农业领域的实际利益，应该进行有效而快捷的业务和市场拓展，并通过这一环节实现要素所有者的分配利益。农产品市场实现还要面对竞争环境的不确定性，粮食主产区农业企业应该在市场拓展中采取如下举措。一是走差异化市场营销战略，考虑用农产品销售的新理念来指导产品营销。二是探索新技术和跨文化条件下的业务和市场拓展模式。信息化与工业化、信息技术与文化融合，已经成为全球技术交流和产业发展的趋势。一个具有全局眼光的企业应该积极探索信息技术在产品营销中的作用，重视文化交流对农业企业业务拓展的作用，并根据市场需要制定针对技术变革和文化交融的市场拓展计划。对企业员工及与企业相关联的农户进行必要的技术技能培训和文化交流培训，能够应对市场环境的不确定性，寻找合作机会来延伸产品的市场空间，并在此基础上建立基于物质利益驱动的符合市场规律的业务拓展奖励机制。

4. 协调企业间的合作与竞争

企业与市场的关系和经济行为的交易费用有关，根据西方经济学的企业理论，企业实际上是特定条件下对市场的一种替代。企业与市场的关系不但体现为企业在市场上的交易，而且体现为企业的边界扩张，企业扩张的边界处于内部交易成本和外部交易成本相等时的均衡状态，企业必须处理好规模和效益的关系，否则会导致替代市场的结果。一方面，企业为了增强竞争力，会进行战略扩张，进一步增大规模，这是基于其自身利益需要和整体经济社会发展要求来进行的；另一方面，企业必须防止盲目扩张带来的核心竞争力下降，避免在市场竞争中陷入被动局面。因此，农业企业更要积极研究涉农企业成长规律，借鉴国际上农业企业发展的成功经验，探索企业合作和竞争的适合模式，促成有效合作，消除恶性竞争，形成有序合作、多方共赢的企业组织格局。

三　农业生产方式转变的路径

转变农业生产方式、实现农业产业化需要统筹解决粮食主产区粮食生产、农民增收和农业企业竞争力提升等问题，并努力解决好这些问题之间的均衡关系。单纯强调发展农产品龙头企业而忽视农村综合改革可能达不到预期的目的。建设粮食主产区，统筹解决农村经济社会发展、城乡一体化进程以及土地流转问题，是实现农业生产方式转变的途径。就我国而言，政策因素和区域地理因素导致了国家区域经济发展不平衡，也导致了我国农业产业化发展在区域上形成不均衡的态势。我国粮食主产区农业产业化的进程需要从政策和地理环境两个最主要的约束因素进行考虑。

1. 争取国家政策支持

争取政策支持的目的是强化农业产业化的比较优势，政策支持要以争取资金支持为重点，包括争取国家农业综合开发资金，以及地方政府在农业发展方面的资金。争取更多的农业产业化企业和农村经济合作组织参与，统筹安排粮食主产区建设资金使用，提高资金使用效率。通过资金扶持，进一步在种植基地、养殖基地和农产品加工等方面加大项目建设，推进农副产品流通体系建设。除此之外，还可以利用资本市场的作用，筹集农业产业化发展所需资金，或者通过发行债券等形式向社会筹集资金，用于农业产业化的改造和发展。企业可以利用各类资本市场筹集资金，在条件成熟时引导企业与境外资本和大企业集团合作，通过并购、参股、控股等形式增强本土企业实力。

2. 统筹企业发展和农民就业

农村剩余劳动力转移就业是促进农业产业化的重要一环，鼓励涉农企业吸纳农业转移劳动力。可考虑通过降低或者减免龙头企业税收的办法来增加农民就业，将其作为评价企业社会责任的一个重要指标。在企业解决农民就业和政府与企业在税收减免之间形成某种协调方案，争取通过减免税的形式积极鼓励企业吸引农民工就业。形成切实可操作的程序，不但可有效促进转移农村劳动力的非农就业，而且可解决涉农企业的劳动投入问题，促进企业和农户建立更加紧密的合作，从制度层面上保障农民的切身利益。

3. 建立多元市场主体格局

在农业产业化发展过程中，有多个市场主体存在，建立由农业企业、涉农企业联合会、农村经济合作组织等主体构成的多元市场主体格局，增强应对市场竞争的能力。这需要按照责任分担、利益共享的原则，建立市场主体的对话和交流机制，充分沟通信息，增强应对市场不确定性的能力。在不同粮食主产区建立起适合地方优势的产品体系，走产品差异化战略，逐步形成具有地区特色的产品格局，如东部地区鲜活农产品、中部地区粮食加工品、西部地区牛羊肉产品等。在全国农产品整体市场格局中进一步增加相关省份的份额，特别是在省际利益协调和分配方面，要发挥农村经济合作组织的作用，协调好政府、企业和农户之间的关系，建立符合法律和政策的利益协调机制和纠纷调解机制。

4. 促进企业合作和整合

推进农业产业化的主导力量是企业，做大做强农业企业，要求能够探索区域农业企业整合、并购和重组，拓展企业的合作空间。我国地域广阔，各地区的地理环境条件差异较大，这成了区域经济差异的重要因素。不同的粮食主产区由于所处位置不同而具有不同的比较优势，可以根据各地的实际条件来实现企业合作，如河南省地处中国中部，属于内陆欠发达地区，要发展农业产业化，不但要发展农业企业，而且要求在产业化进程中突破区域空间限制，积极开发西部市场，和东部市场形成有效对接。但在构筑跨地域企业合作平台时，要注意选择具有成长潜力的企业进行战略合作，构建区域新的增长点。

5. 拓展市场范围

市场营销不单纯是一门技术，也是一门艺术，农业产业化进程中农业企业的竞争在很大程度上表现为市场营销能力的竞争。可考虑利用文化创意产业等新型产业发展形式建设农产品营销体系,以提高市场覆盖面、拓展农业企业的市场范围。在地域上也要进行有效整合,破除区域农产品市场分割,把不同地域的文化特色加入农产品的生产和营销,引导农产品的包装外形等由实用类向艺术类过渡。探索产品生产和消费的连接模式和方法,使产品能够适应不同年龄阶段、文化需求和社会发展背景消费者的需求。

6. 增强行业内部协调能力

如何促进行业内部协调也是非常重要的,这需要建立涉农企业之间在资金、技术和信息等方面的共享机制,可以通过建立农业企业协会等市场主体组织,增进市场主体间的了解,促进企业之间的互动,帮助协调企业、政府和金融机构的关系。在更大的范围内探索省与省之间农业企业市场风险共同应对机制,增强应对外部环境变化带来的风险。同时,在技术层面也能够发挥相关企业研究优势,在省级层面推进农业企业技术变革,注重引进和使用新技术。建立农业企业信息发布制度,将企业经营数据在一定范围内进行发布,为企业成长和发展研究提供资料。

7. 推进城乡一体化进程

城乡一体化的目的在于为农业产业化创造有利的外部环境。通过加速城乡一体化进程,将农村经济社会分散的要素向城市集聚,或者在乡村地域促进农村要素的集聚,可提高要素的流动性和结构性配置性能,提供更多的就业机会,也可进一步转变传统的生产方式和消费方式,提高社会对高质量农产品的需求能力。城乡一体化进程也能够将农村闲置土地置换出来,增大城市发展的土地供应空间,这等于给农业产业化进程的推进营造了良好的外部环境,夯实其发展基础。

8. 建立区域农业产业化评价指标体系

对农业产业化水平做出科学评价需要建立相关的农业产业化评价指标体系,基本思路是对相关区域的重点龙头农业企业进行跟踪研究,建立既包含企业内部管理指标体系,又包含企业社会责任指标的科学的农业产业化评价体系,并最终形成囊括农业产业化水平的经济效益、环境效益和社会效益综合评价体系。虽然就不同省份而言,由于基础不同需要对指标体系做出调整,但农业产业化中农业企业吸纳农民工的能力、农业企业对土地的利用效率、农业企业的资本运营效率、农业企业的技术使用和技术创新等指标应该优先被引入产业化评价体系，从而更好地反映企业所承担的经济社会责任和竞争力，也有利于企业从注重单纯的经济利润转变到经济利润和社会效益并重，从单一经营向多种经营模式发展，从以产品拓展市场到以品牌拓展市场，再到以企业文化拓展市场，进而增强社会影响力。

第四节 农业产业化的发展模式和案例

在一些农业产业化的文献里，一般将农业产业化模式概括为"公司＋农户"模式，这种模式在一些条件下是有益的，是市场主体根据环境变化形成的一种农户与企业的组织结构和合作秩序。"公司＋农户"模式在一定程度上和一定范围内也发挥了市场作用，增强了农村要素的流动性，在企业和农户之间形成了一定的利益共享机制，并形成市场主体在经济活动中的一类有效探索。在实际工作中，对于"公司＋农户"模式的基本结构、运作机制和经济效益，我们还缺乏正确的判断。为此，我们对粮食生产大省河南省部分农业企业进行了调研。调查结果发现，"公司＋农户"的组织结构和合作秩序还存在一些问题：一是政府介入的力度和政府的作用发挥不够，缺乏利益平衡保障机制；二是企业和农户还没有真正成为利益关联体，农户没有在农业产业化中发挥主体地位，农户和企业未能建立起长期的合作关系；三是如何确立农村经济合作组织和农户的主体地位还有很多工作要做，在实际的工作中，一些农户和企业的合作过程不够明确，即农户和企业交易的成本过高，其原因在于农村经济合作组织的主体地位不明确，在实际操作上存在边界模糊性和随意性，不利于农民获得其正当的利益。

为了更好地了解我国粮食主产区农业产业化现状，以及理解农业企业运行现状及如何处理企业、政府、银行关系，我们对河南省两家较有实力的农产品龙头企业进行了调研，另外，也对其加快农业产业化进程等问题进行了调查。

1. 郑州金苑面业有限责任公司

（1）企业介绍

郑州金苑面业有限公司是以面粉加工为主导，以方便面、挂面为精深加工的特大型粮油食品加工民营企业。公司创建于 1992 年 10 月，占地 150 余亩，注册资金 2000 万元。2001 年和 2004 年公司分别在郑州高新技术开发区、湖北省武汉市新建两个生产基地。目前，公司已拥有 5 条面粉生产线、10 条班产 12 万包方便面生产线和 3 条挂面生产线，年加工小麦 105 万吨，年产方便面 12 万吨、挂面 3 万吨；拥有产业工人 2000 余人，制粉专家、技术人员和各类管理人员 220 余人。从 1998 年起，公司年加工总量和销售总量连年居全国同行业前列。现在，郑州金苑面业有限公司是全国最大的普通小麦和国产优质小麦转化基地，在推动我国农业产业化进程中发挥着行业龙头企业的作用。

（2）产业化进程面临的主要问题

公司具有规模扩张的动机，也取得了政府在土地、融资等方面的优惠政策，但是缺乏一些基础性发展条件。目前，公司处于微利无亏损的运行状态，发展所面临的主要问题有以下四点：第一，原材料价格上涨带来流动资金运行压力。由于国家统一收购粮食，国有粮食收储企业再向企业出售粮食，导致市场流动粮食总量很少，公司在向国家购买粮食时，一般是先预付全部款项然后获得粮食，这挤占了企业很大部分的流动资金。第二，政府支持资金分散，到位率不高，难以发挥规模效应。政府支农惠农政策在实际执行时，采取均等化原则，各个企业都能够分享，但是不能真正发挥作用，这客观上造成了资金使用效率下降的问题。第三，农业经济合作组织的法律地位等不尽明确，合作过程中存在很多不确定因素。第四，面临境外著名企业的竞争压力。迫于竞争压力，河南一些企业利用挂靠境外企业品牌的办法获得发展，从长期来看，丧失了自己的品牌优势，处于竞争的不利地位。

（3）解决问题的途径和策略

一是积极向政府争取政策支持，增强企业流动资金数量。二是通过整体规模扩张来增强竞争力。三是采取其他措施降低发展过程中的不确定性。

2. 河南省南街村（集团）有限公司

（1）集团简介

河南省南街村（集团）有限公司原名河南省中原工贸公司，属村办集体企业。公司地处中原，位居河南省临颖县城南隅，紧靠107国道，临近京广铁路、京九高速公路，距郑州国际机场80公里，走高速公路50分钟，地理位置优越，交通便利。河南省南街村（集团）有限公司创建于1980年，形成于1984年，是一个产、供、销一条龙，农、工、贸一体化的大型集团实业公司、国家大型一档企业。总公司有26个下属企业（其中中外合资企业5个），产品有11大类100余种，现有职工11000多名，其中各类专业技术人员1348名。公司占地面积87.69万平方米，其中建筑面积53.75万平方米，拥有各种设备2980多台（套），现有资产总值10.28亿元。1996年实现销售收入7.8亿元，创利税7800万元；1997年实现销售收入8.4亿元，创利税8600万元。集团被列为"河南省科技巨星试点企业"和"河南省552211工程企业"之一，是农业部全面质量管理达标先进单位，河南省"重合同、守信用"先进单位。主要产品"颍松"牌方便面、龙须面获省优、部优产品奖，全国优质保健食品金奖、银奖，1993年国际保健精品金奖，全国A级畅销产品奖，1994年中国消费者协会金奖等荣誉称号。集团拥有一个博士后流动站，从事菌种优化等技术研发，并有望在近期向市场投放产品。

（2）产业化发展面临的主要问题

集团是村办集体企业，实行一种特殊的管理模式，即全集团将共产主义理念作为企业文化的精神纲领和行动原则。在全国农村发展中具有极为典型的意义。所属土地一律归集体所有，由几十人组成的农业队统一管理，全部实现了自动化生产。集团在发展中面临的问题包括：①受金融危机影响，市场融资难度增加，流动资金压力大。集团采取合作的方法和其他企业共同开发一些项目，例如，和日本企业合作建印刷厂等，在一定程度上缓解了资金压力。②人力资源开发和保护成本增加。集团为员工提供的各类培训、福利等，增加了支出，成为企业发展的一项负担。③人才引进还存在一些问题。集团目前需要在生物技术等科技领域具有高水平的人才来做研发，但是整体上还是供给不足，这也在一定程度上制约着集团技术的更新。

(3) 解决问题的途径和策略

由于信息的不对称,我们无法了解集团内部和市场进行交易的详细材料。因此,只能根据调研提出以下建议:①积极争取金融信贷支持,提高资金总量和利用率。②加快企业并购和合作进度,提高产业化水平。③利用高新技术装备农业企业,不断推进企业技术结构升级。

应该说,南街村农业发展的产业化程度很高,也取得了显著的经济效益。值得注意的是,虽然南街村和金苑两家企业在管理理念和经营规模上存在很大差异,但是也有很多相似之处,首先是核心管理团队都在5~10人;其次是资金约束都是发展面临的首要问题;最后是都有总量扩张的规划或者计划。两家企业都积极关注粮食主产区建设,并认为该工程将对企业带来发展机遇。

第五节 促进农业产业化、建设粮食主产区的政策

从更广的层面而言,农业产业化是国际上农业发展的共同趋势,利于推动一个地区的传统经济向现代化发展,其深层原因是农业生产的技术变革推进了农业经营和管理方式的变革。不可否认,目前国际上农业竞争态势也在发生深刻的变化,再加上世界粮食市场不确定因素增加,这要求我们从全球视野和战略眼光来判断、统筹和谋划粮食主产区建设与农业产业化问题。国家层面上对粮食主产区建设的重视为农业产业化发展提供了新的历史机遇。如果顺利实施国家粮食安全战略相关安排,随着粮食产量的增加和粮食安全的巩固,作为工业生产原料,农产品的价格水平会由此而在一定程度上降低或者保持相对稳定,这都将增强农业企业的比较优势和市场竞争力。如果把我国粮食主产区农业产业化进程放于全国总体农业产业发展格局和全球市场竞争的框架内考察,粮食主产区的建设不但会极大地促进农业产业化水平,而且会极大地增强农业企业综合竞争能力,增加粮食生产在全球市场中的份额,并拓展农业生产企业的利润空间。对政府而言,也

需要正确处理粮食主产区建设和农业产业化的关系，在制定相关政策措施时要注意到实际的市场经济环境。

一 粮食主产区建设为农业现代化提供了新的条件和机遇

推进粮食主产区建设不但极大地促进了粮食增产，维护了国家粮食安全，而且为农业产业化提供了重要机遇。首先，在一般理论体系内，产品产量的增长会影响产品的价格，粮食虽然是弹性小的产品，但是其产量的增长也会对粮食价格带来影响，平抑粮食价格的上涨，倾向于降低以农业产品尤其是粮食为原料的企业的生产成本，增强它们的市场竞争能力。其次，粮食主产区建设会对土地制度的变革带来动力，推进土地流转进程，从而解决企业发展中对土地、资本等方面的约束。进一步，粮食主产区建设会增强农地在更大范围内的流转，土地的规模经营将农民从土地中解放出来，促进农村剩余劳动力向城乡非农产业转移，土地流转也会为农业企业在其发展以及与农户合作的过程中，实现规模经营，降低成本，提高合作效率。再次，粮食主产区建设有利于农业生产要素的集聚，从而提供农业产业化的强大动力。从本质上说，农业生产要素集中是农业产业化的显著特征，为农业产业化提供了巨大便利。粮食主产区建设本身就是农业生产要素再集中的过程，农业企业依托这个过程完成规模扩张和竞争力提升。最后，粮食主产区建设有利于国家和地区增强应对粮食市场不确定性的能力，间接增强农业企业应对市场不确定性的能力。粮食综合生产能力的稳步增长，有利于进一步稳定农业产品市场、缓解企业的资金压力、进行有序的现代化转型。

二 正确处理农业现代化和粮食主产区建设的关系

1. 建立粮食主产区建设与农业产业化协调机制

在市场经济条件下，企业是市场运行的主体，政府则起到促进市场机制发挥的作用，承担处理各类市场主体关系的作用和责任。在粮食主产区建设和农业产业化过程中，政府积极发挥协调作用。粮食主产区建设和农业产业化是国家在粮食生产大省发展其经济社会全局问题上的重要举措，也是这些地区的企业抓住机遇提升自身竞争力的途径。如果考察单个的市场主体利益，可能与国家和地区经济社会发展目标存在某种矛盾和冲突，但总体上具有很强的内在一致性。政府应该在通过制定政策措施促成农业企业积极提高自身竞争力的同时，考虑到其行为对实现国家和地区经济社会目标的责任，这又涉及如下一些方面。

第一，强化企业和农户的合作关系，农户作为农业生产的主体，是传统农业生产的主要承担者，他们在从土地和粮食中获得收益的同时，发现也能够从与农业企业的合作中获得收入，包括与农业企业市场关联的收益和进入农业企业务工的收入。而企业也认识到在获得生产资料的同时，可以通过与农户合作获得充裕劳动力资源。粮食主产区建设和农业产业化双赢的关键在于能够正确处理企业和农户的合作关系，要让农户和农业企业成为基于共同利益甚至共同发展的合作体。政府可能在现有的法律和市场规则框架下，通过政策手段来加强农户和农业企业的合作关系，并保证农民在与农业企业合作中的利益。

第二，大力发展城镇化，推进农村要素向城镇的转移和集中。生产要素的分化导致了农村经济社会发展缓慢和落后，这是农村聚落形态分散的主要体现及结果。农村聚落的分散形式从另一层面上决定了农民的思维方式和活动方式，制约了生产要素的充分流动。通过推进城镇化促进农民集中，不但提供了促进土地流转的条件，进一步增加了农业土地供应，而且有效增强了农业用地的规模效应。农村城镇化进程会逐步改变农民生产和生活方式，实现要素充分流动，形成资源高效利用和价值得到充分实现的农村新型发展状态。

第三，农业企业在粮食主产区建设中不但要获取经济利益，还应该承担相应的社会责任。不能认为农业企业是单纯地参与市场竞争，它还可以通过与农户、政府及相关机构的交往和互动寻求社会各主体之间的利益平衡，并承担企业应承担的社会责任，利于企业可持续发展。在粮食主产区发展城镇化和工业化的进程中，企业是参与主体，政府不但要注重引导企业在粮食主产区建设中发挥积极作用，而且可以采取相关优惠政策措施引导企业服务社会的积极性。

2. 在区域经济社会发展整体规划中，处理好粮食主产区建设和农业产业化的关系

粮食主产区建设对城乡一体化进程和农村综合配套改革有积极影响，同时也受益于城乡一体化和农村综合配套改革，这就要求地方政府应站在统筹考虑区域经济社会发展全局的高度来处理粮食主产区建设和农业产业化的关系。这又包含三方面的内容：一是以工业化带动农业产业化，农业产业化不但包含推进农产品走向市场，而且包含通过工业反哺农业以提高农业产业化水平。在生产价值链的不同环节设计企业的生产和经营优势，用现代工业技术改造和提升传统农业。政府可能通过多种方式实现这个目的，包括使用财税优惠手段及政府安排下的对口支援。二是将粮食主产区的农业产业化作为战略规划，纳入地区经济社会发展规划，按规划有序推进。全国层面和各省级政府均应有统一的规划和指导，结合各地实际情况制订粮食主产区建设的农业产业化发展规划，并明确各级政府的责任目标和政策措施，鼓励工业企业参与粮食主产区建设。三是将促进地方人力资本形成与促进农民非农就业进行有效结合，人力资源是区域经济社会发展的重要战略支撑，在粮食主产区建设建设中，以促进农民非农就业为出发点，通过企业技术培训和社会培训，提高农民的知识和技能，为地方经济社会发展提供可持续的人力资源基础，有利于经济社会的可持续发展。

3. 建立市场主体之间的合作机制，拓展合作空间

处理各类社会主体间关系的目标是实现粮食主产区的可持续发展，这需要按照系统优化运作的原则来进行。首先，明确企业和农村经济组织市场主体的地位，政府不应也不能够替代企业和农村经济组织的市场主体地位，对各方的利益关系注重运用政策措施来平衡，对不同性质的主体同等对待，建立起市场主体间的对话机制和纠纷调解机制，最大限度地促成合作供应的局面。其次，发挥政府在宏观经济判断和政策上的支撑能力，以降低农业生产企业在农业产业化发展中的系统性风险。如政府可以通过增加中低产田改造投入和高产田开发潜力投入，提高粮食综合生产能力。再次，农村经济组织作为新型社会组织的功能要切实发挥。农村经济组织不但是市场竞争主体，对农民而言也是维权主体和管理主体。通过强化农村经济组织的市场主体和社会主体地位，将其活动建立的法律和理性的基础平台上，使其能够真正在维护农民利益中发挥作用。

4. 推动制度变迁，提供粮食主产区建设和农业产业化的保障条件

我国粮食主产区建设以及农业产业化的进程，都不能脱离我国农村社会经济结构变迁的背景而独立存在。我国乡村社会的变迁虽然是多方面的，但主要是从以传统农业生产为主向以工业生产为主的方向变迁，从分散的农村聚落向集聚的城镇变迁，从农耕乡土文化向城市市民文化变迁，这不但是我国农村未来长期发展的方向，也是传统向现代转型的普遍规律。就微观角度而言，制度变迁是经济社会主体各方在一定的组织结构中合作秩序的变迁。而从制度层面讲，粮食主产区的制度变迁主要面临的问题是制度供给严重不足，传统农业生产体系中的农村农民对制度的需求和理解仍然存在不足。因此，需要农业产业化中的各类主体之间进一步互动，以便形成更加科学的制度保障。在现实经济社会中，制度是特定文化环境中的结构，表现为社会中的法律体系、行为规则以及其他一些规范行为准则。当农民难以准确理解制度变迁及其含义时，应当采取诱导性制度变迁和强制性制度变迁相结合的方式，以推动制度变迁来推进乡村经济社会发展，从而提供粮食主产区建设和农业产业化良好的制度保障，降低发展的社会成本。

三 协调处理粮食主产区建设和推进农业现代化的政策建议

1. 注重引导农业产业化龙头企业参与粮食主产区建设

粮食主产区建设是一个系统工程，关系到农村经济社会发展各个方面，依赖于农产品龙头企业的竞争力。因此，建设粮食主产区不仅需要依赖政府，与国家和地方政府的利益有关，而且与涉农企业及相关农民相关。引导具有市场竞争力的农业龙头企业直接参与粮食主产区建设，发挥市场主体的作用，将更加符合市场经济运行规律。对政府的政策而言，可以进行如下设计，政府提供税收、信贷、土地等方面的优惠政策，积极引导农业企业参与粮食主产区建设；鼓励涉农企业给农业剩余劳动力提供更多岗位，促进农村剩余劳动力就地转移，逐渐解除农民对土地的依赖；涉农企业也可以直接参与粮食主产区建设的一些重要工程，政府可为其提供相关技术和资金支持，允许其享受粮食产量增长带来的相关利益；对于粮食主产区创办新企业的，可给予更多的政策优惠。通过以上综合措施，必然能够调动农业企业参与粮食主产区建设的积极性，进一步加强农户和企业的合作秩序，推进粮食主产区建设。

2. 增强要素流动性，促使农民参与农业龙头企业发展

促进农民在粮食主产区建设的主体作用，有效利用农村经济合作组织，推进农地大范围、跨行业流转，让土地切实成为体现要素价值的市场主体要素。在目前条件下，按照人地分离原则，让农民通过经济合作组织与农业企业互动，如尝试以土地入股的形式，按照入股的土地数量得到农业企业相应的收益分配。引导农民进入当地的农业企业务工，使企业和农户成为利益联合体。

3. 积极培育农村经纪人市场

培育农村经纪人也是注重发挥农村经济合作组织的重要手段，切实发挥农村经济合作组织在政府、企业和银行等经济社会主体间的作用，农村经纪人制度是通过农民自身力量来谋求利益的一种模式。将农村经纪人视为农村经济合作组织的骨干，通过确立农村经济合作组织的合法地位，使其成为农民利益的代言人，在市场行动中独立自主地行使职权。政府要切实负起责任，有计划地组织农村经纪人培训，提高农民对市场的判断力，带动农民直接参与市场活动，实现农民从传统到现代的身份转换。

粮食主产区建设虽然是保障国家粮食安全的战略举措，但这一过程的意义会更广阔，为农业企业和农户建立更加紧密的合作秩序提供了条件。我国粮食主产区分布范围广，情况复杂，粮食主产区的农业产业化进程面临不同的外部环境和内部环境，各级政府通过采取综合措施实现粮食主产区建设和农业产业化的双赢是可行的。将农业产业化置于地方经济社会发展特别是工业化和城镇化进程来考察，建立政府和企业、企业和农民、农民和政府之间的合作秩序，能进一步形成均衡的市场主体格局和利益调整机制。

第四章　农业机械化与粮食主产区粮食生产

第一节　绪论

一　研究背景和意义

我国拥有960多万平方公里的陆地面积，仅次于俄罗斯、加拿大，位列全球第三，但由于我国是世界上人口最多的国家，人均耕地面积远远低于国际平均水平，我们利用有限的土地创造了一个又一个举世瞩目的奇迹。随着改革开放的深入，我国经济快速发展，城市扩张的步伐越来越快，城镇的边界也越来越不明显。经济发展过程中人们对利益的追求，使我们在农村可以看到越来越多的农村劳动力脱离农业，转向其他产业。农村劳动力的减少造成了我国农村出现了大量土地被荒置、大片土地粗放经营的现象。这一系列现象导致了我国农村经济发展滞后、农业生产效率不高。

我们把视线从经济高速的发展转移到乡村。农村土地制度的基础是农村集体土地产权。《中华人民共和国宪法》规定："农村和城市郊区的土地，除由法律规定属于国家所有的以外，属于集体所有；宅基地和自留地、自留山，也属于集体所有。""任何组织或者个人不得侵占、买卖或者以其他形式非法转让土地。"在中国，农村土地归农村集体所有，其产权也归农村集体。土地的产权是包括了经营权、承包权、收益权、所有权、处分权在内的众多权利。农村土地归农村集体所有，而农村集体到底是什么，至今也没有一个完善的定义，这就造成了我国农村对土地的管理混乱无序。由于农村土地归农村集体所有，乡镇一级政府在代表集体行使所有权的时候，往往没有考虑到农民的利益，使农民承包土地的经营权遭受侵害。农地产权主体的不明确造成土地进行流转障碍较多、土地流转市场发展滞后，进而引发我国农村经济落后、人们对农业生产的积极性不高，随之而来的就是较低的土地利用率。

农业机械化是农业进入现代化的首要动力，更是农业实现现代化的体现。离开了农业机械化，农业的现代化就是空谈。农业机械化不仅是农业生产条件的现代化，而且是农业生产手段的现代化。农业机械在农业生产中的应用，节约了劳动力，农业人员从繁重的农业生产劳动中得到了解放，从而离开第一产业转向第二、第三产业，社会劳动生产率得到了大幅度提高，社会劳动生产率的提高也必然引起经济效益的增加。农业机械化对农业生产有着巨大的作用：第一，农业机械化的推广应用促进了农业劳动生产率的提高，农业生产所得的商品也大幅度增加；第二，农业的机械化促进了农地的高产高效；第三，机械化推动了农业社会化和商品化大生产；第四，机械化促进了农业与非农业的协调发展；第五，机械化促进了农业新技术的发展；第六，可加快实现农业产业化；第七，实现农业可持续发展。我国的农业机械化水平较低，而且家庭联产承包责任制将土地分割成小块，难以形成规模化经营，这也限制了农业机械化程度的进一步提高。

土地是进行粮食生产的重要前提。王友明（2009）指出，农村土地产权制度是指构成土地产权结构和产权关系的制度安排。新中国成立以来，我国先后经历了四次土地制度变革，每一次变革的发生都对粮食的生产以及机械化的推进产生了影响。改革开放三十多年以来，我国现行的农业土地制度在改革开放初期对社会和经济的发展产生了正面的影响，但随着经济和社会的发展，家庭联产承包责任制越来越不能适应社会经济的发展，客观上造成了农业经营上的高投入、低产出、低效益。

就我国当前的形势而言，城市在高速发展，人口数量也在增加，这就要求我们向土地要更高的产出。在这一背景下，本文将试图把农业机械化、农村土地制度和粮食产量结合起来，寻找它们之间的联系，进而寻找出提高粮食产量的最佳组合途径。这对我国在目前形势下提高粮食产量、确保粮食安全、平抑国际粮食价格都具有极其重要的理论意义和实践意义。

二 国内外研究现状

国外农业机械化的发展较早，美、英、加等经济发达国家在 20 世纪中叶之后，历经几十年的发展，到了 20 世纪末，农业已经进入农业机械化高度发达的时期。农业机械正迈向大型、高效、低能源消耗、操纵高度自动化和智能化。世纪之交，美国工程院把农业机械化誉为 20 世纪影响人类最大的工程技术。这表明农业机械化的存在不仅对发达国家，而且对整个世界产生了极其深远的影响。

纵观全球，各个发达国家在 20 世纪相继完成了农业机械化，但从研究的类别上看，单纯研究农业机械化的并不多见。大部分关于农业机械化研究文章的发表时间，是在 20 世纪 80 年代之前。不同的国家，对农业机械化的研究方法也不尽相同，西方发达国家重点是怎样对机械化进行优化，而发展中国家重点是如何制定相关政策。时代在不断进步，科技也在不断发展变化，发达国家通过一般均衡模型分析某一国家或者地区每一种生产要素投入对经济的影响，通过技术增长模型研究科技发展与经济发展的关系。

国内对农业机械化的研究最早始于清末。20 世纪初学习西方进行实业兴国，把机械当做改造社会的杠杆。20 世纪二三十年代出现了农业复兴说，其重要内容就是引进、改良、制造和推广农机具。我国农业工程的开拓者刘仙洲成功研制了利用人工与畜力提水的新型水车。1930 年，张鸿钧发明、改良了农具。唐志（1933）在《改良农器法》中提出要采用适合我国农业的美欧农业机械，当时江苏还建立了农具制造所。1939 年，沈鸿在延安建立边区农具厂，支持了边区农业的发展。1959 年，毛泽东主席提出了"农业的根本出路在于机械化"的著名论断，这对我国的农业机械化发展产生了极大的推动作用。孙福田、王福林（2005）认为农业机械化不仅提高了劳动生产率和农产品商品率，而且提高了土地产出率和资源利用率，对改善农业生产条件、减灾抗灾、挽回损失、降低农业生产成本、减轻劳动强度等起了积极作用，并且加快了劳动力转移，促进了农村经济结构调整，拓宽了农民增收渠道，促进了农业技术的发展。段洁利、李志伟、杨洲（2002）认为农业机械化是农业现代化的应有之义，它的发展和建立标志着农业现代化的成功。农业的机械化不仅是农业生产条件的现代化，而且是农业生产手段的现代化。农业机械化的实现，使农业生产力得到了大幅度提高，减少了农业生产所需要的劳动力，这就解放了大量的农村劳动力，使其能够向其他产业转移，促进了社会生产率的提高，进而使社会经济得到快速发展。何宝军（2012）认为农业机械化是农业现代化的必由之路，发达国家在实现农业机械化的过程中具有的共同特点是采取了保护和扶持政策。以机械代替人畜进行农业生产是大幅度提高农业生产率的重要原因。刘光辉、陈莉（2007）据2003~2004年我国27个省份农、林、牧、渔业数据进行灰色关联解析。劳动力对农业经济增长的灰色关联度第一的地区是我国的东部地区。就中部地区而言，大多数中部省份人口众多，因而劳动力因素对经济增长的影响最大，其关联度达到了0.919038。而我国的西部地区面积广大，耕地面积对农业增长的影响最大，其关联度为0.747726。但可以看出，劳动力是有限的，土地也是有限的，单单依靠这些来拉动农业经济增长是不可行的。这进一步说明了我国机械化水平较低，参与农业生产的人口比例过多。土地的数量是有限的，不能过多地依赖土地和劳动力的高投入来换取农业经济的增长。

第二节 农业机械化与粮食生产的关系

农业机械化是现代农业的灵魂，是现代农业发展的首要推力。一个国家的农业先进性与否，不仅要看它的粮食产量，而且要看它的农业机械化程度。国外先进农业的发展表明，农业高度机械化不仅节约了劳动力，而且提高了农业的劳动生产率，促进了农业经济的发展。但我们更应该注意到，国外农业机械化的高速发展是在土地私有化的前提下进行的，大规模的农场经营促进了农业机械化的推广和应用。而我国是社会主义国家，土地实行国有和集体所有。土地的所有权不在个人手中，再者，我国是世界上人口最多的国家，耕地面积虽然广大，但人均土地面积很小，不能实现农业的规模经营。农业机械一般价格昂贵,在小规模经营的情况下,购买农业机械成本过高。这就制约了我国农业现代化的发展,粮食产量虽然由于其他因素实现了连续数年的增长,但依然潜力巨大。

一 农业机械化对农业发展的作用

农业机械化顾名思义,就是把包含先进技术的农业机械应用于农业生产的全过程,利用农业机械改善各种农业条件、提高农业生产力、增加经济效益、促进生态和谐。它包括粮食和经济作物生产、养殖、农业产品加工、农田水利工程等方面的机械化。

农业现代化的前哨就是农业机械化。世界各国的农业现代化进程证明,只有农业机械化发展才能实现农业现代化。换句话说,农业机械化是农业现代化的基础。在历史的长河中,每一次时代的变革都蕴涵着生产力的发展,在农业上尤其显著。在传统农业向现代农业转变的进程中,农业机械化功不可没。在当前时期,为了实现农业现代化、提高农业产品在国际市场上的竞争力,首要任务就是发展农业机械化。

农业机械化是对人类社会生活影响最大的工程技术,它一方面是指农业生产条件的现代化,另一方面是指生产手段的现代化,只有两者同时具备,现代农业技术才能得到实施。在实现农业现代化的道路上,农业机械化是不可逾越的阶段。世界农业的发展史也是一部生产手段和生产条件不断变化的历史。从简单生产到畜力耕种,再到机械生产,在不同的历史时期,农业生产都发生了根本性的转变。在农业已经实现现代化的国家里,农民生产进程中的机械化水平比制造业工人的机械化水平高,这就使得农业的生产条件及手段得到了根本转变。农业机械化也反映出社会进步——农业机械化把农民从繁重的体力劳动中解脱出来,节省了劳动力,从而使这部分劳动力可以转移到其他产业,在社会劳动生产率得到提高的同时,也增加了经济效益。

1. 为发展现代农业提供物质基础

现代农业的主要标志和重要内容就是农业机械化,这是生产方式划时代的伟大变革。人类历史上,每一次社会生产力的发展和提高都伴随着生产工具的革新。马克思曾指出，我们界定一个时代的生产力是否发达，不看它生产什么，要看它的生产方式是什么样的，它是用什么生产工具进行生产的。农业机械化的出现，使人和牲畜突破了生理和农业生产规模以及效率的限制，过去不能实现的，因为农业机械化的应用现在都实现了。它的应用使得农业生产率和生产力水平得到了空前提高。农业机械化带来生产方式变革，增加了农民的收入，也改变了农民的生产条件，提高了农民生活水平，农业劳动生产率也快速提高，农村经济也因而得到迅速繁荣。

2. 提高了农业劳动生产率以及增加农业经济效益

发展农业机械化、实现现代农业，就是为了提高农业劳动生产率，从而使农业生产的产量更高、质量更好、效率更优。农业机械蕴涵了现代的先进科学技术，它是否得到广泛应用是衡量一个国家农业综合生产力是否先进的标准。农业机械化应用于农业后，农业劳动生产率提高了，生产成本减少了，土地的产出率更高了，农产品的质量更好了。农民也从其应用中得到了真真切切的实惠，粮食产量高了，收入也增加了。另外，农业机械化的应用深入挖掘了农产品的价值，扩充了产业链。因此，发展农业机械化对农业劳动生产率的提高和农业经济效益的增加有极大的推动作用。

3. 可以促进农业可持续发展

和谐社会要求可持续发展，在农业上的表现就是生产发展可持续化，这也是现代农业的一个基本发展方向和内涵。农业机械化的推广应用，可以有效地利用农业资源，重视生态效益，节约资源，使农业得以可持续发展。也可以看到，每年秋收之后，大部分地区都有焚烧秸秆的现象。为了减少污染，可以利用农业机械将秸秆还田，这样可以增加土壤肥力，使粮食产量提高。新的科学技术在农业机械上的发展，可以使农业机械耗能越来越低，节约能源；大范围使用农机进行节水灌溉，对当前形势下缓解我国水资源短缺有着重大的意义；化肥深施，再配以农业机械复式作业，可以节省肥料肥、增加粮食产量；耕地上使用保护性耕作技术，可以有效防止水土流失；高新技术在农业机械上的使用，发展出资源节约型农业机械，这种机械的使用可以节约资源，改善农业生态环境，增加农业效益，更能使农业实现可持续发展。

4. 农业机械化的推广应用能够提高农村劳动力素质

机械需要人来操作，农业机械化的推广应用必然对农业从业人员提出更高的要求。舒尔茨就曾指出："在解释农业生产的增长量和增长率的差别时，土地的差别是最不重要的，物质资本的差别是相当重要的，而农民的能力的差别是最重要的。"农业机械是现代农业科技的载体，为了加快推进农业机械化，必须使大部分农民懂得如何使用、维护农业机械，这就要求农民要加强对科技文化知识的学习，进而使农村劳动力的素质得到提高。

5. 可以促进农村劳动力转移，增加农民收入

农业机械化的实现，随之而来的就是很高的农业劳动生产率。大批农村劳动力就能从农业生产中脱离出来，进而促进农村劳动力转向其他产业。中国最主要的问题是农民问题，要想达到小康社会，必须以农民的物质财富为依托。在经济学上，每个人都是"理性人"，为了增加个人收入，农民会从低收入的农业转移到其他高收入产业。这种劳动力转移是每个国家工业化和现代化建设中都有的现象。农业机械对农产品的深加工，充实了产业链，接收了因为农业机械化的推广所转移出来的农村劳动力，在一定程度上也加速了城镇化进程。

二 我国农业机械化发展历程

我国农业机械化的真正发展始于新中国成立后，并随着制度变迁发生了一些大的变化。家庭联产承包责任制的推广实行，使农业生产实现了以市场需求为要求的基本特征，农业机械也作为商品进入了流通领域，农民拥有和经营的农业机械数量得到了大幅度增长，这就为农业机械化发展增添了巨大动力。我国的农业机械化发展也可分为四个阶段，具体如下。

第一阶段（1900～1949年）。20世纪初学习西方进行实业兴国，把机械当做改造社会的杠杆。到20世纪二三十年代，出现了农业复兴说，主要就是引进国外农业机械，改良本国的农业机械，制造和推广农机具。其中，刘仙洲发明了利用人力和畜力进行提水灌溉的新型水车；唐志提出了要根据我国农业的实际情况，采用适应我国当时农业生产状况的美国和欧洲的农业机械。在那个时候，江苏还建立了农具制造所。1930年，张鸿钧发明、改良了农具，因此受到了张学良将军的重视。1939年，沈鸿在延安建立边区农具厂，支持了边区农业的发展。这个阶段，我国的农业机械主要是引进西方的农业机械进行改良，但未能大范围推广。

第二阶段（1949~1978年）。新中国成立初期，祖国大地满目疮痍，农业凋敝。为了加快恢复农业生产，在进行土地改革的同时，注重了增加和补充原来生产的农具，并推广新式农具。1950年5月，我国政府在中南海举办了新式农具展览会，这在世界农机历史上是非常少见的。20世纪60年代末，毛主席就曾指出"农业的根本出路在于机械化"，这对当时我国农业机械的发展有重大影响。历时十年的"文化大革命"对国内许多生产部门造成了破坏，可农业机械化在此期间得到了发展。随后，在十年时间中，我国政府会同相关部门先后进行了三次全国农业机械化会议，明确了到1980年，要基本实现农业机械化。1978年12月，党的十一届三中全会立足我国农业现实状况，放弃了1980年基本实现农业机械化的目标，这标志着我国的农业机械化进入农业机械发展的新时期。在这个时期，我国还是依照苏联的经济模式，实行计划经济体制，农业机械归国家和集体所有，由国家和集体掌管。在这一时期，虽然政府通过一些行政命令、各种优惠政策推动了农业机械化发展，但受限于当时的政治环境，人们对农业机械化的认识仍比较浅薄，缺乏系统、正确的认识。

第三阶段（1978~2003年）。十一届三中全会的召开拉开了改革开放的序幕。实现家庭联产承包责任制之后，农村土地按人口进行平均分配。我国人口数量庞大，耕地面积有限，这就造成了土地经营规模小、农业机械化发展减慢甚至倒退。1982年，国家允许农户私人购买农业机械，发展小型农业机械。两年之后，也就是1984年，国家允许私人拖拉机进行营业性运输，农业机械化才得到活力，继续发展。20世纪末，农机结构发生的重大变化使得个体经营发展迅速，农民对农业机械投资得到了大幅度提升，农业机械化健康发展。

第四阶段（2004年至今）。《农业机械化促进法》的颁布实施，促进了当前时期我国农业机械化规划的制定，农业机械化发展战略得以确定，一系列服务于农业机械化的发展方案也被制定。这部法律改善了农业机械化的发展环境,使得农民积极购买和使用农业机械,农机新技术得以大范围推广和应用,我国的农业机械化进入快速发展时期。

三 我国农业机械化发展的现状

我国是一个农业大国,总体上还是以传统农业为主,虽然经历了长时间的发展,但还存在着生产结构不合理、小块土地难以集约化经营、生产技术落后等诸多弊端,这就造成了我国生产的农产品和发达国家相比,不论是价格还是品质,都存在着不小的差距。在加入世贸组织之后,农产品的进出口关税降低,各种对国内农业的补贴及扶持待遇也取消了。面对质量高、价格低的国外农产品,我国农业面临的形势是严峻的。因此,必须加快实现由传统农业向现代化农业的转变。

新中国成立之前,我国基本上没有农业机械化可言,新中国成立之后,尤其是改革开放三十多年来才取得了巨大进步。在这三十多年里,我国农业机械装备总量不断增加,机械化水平得到了巨大提高,小麦主产区基本实现了生产过程机械化,水稻生产过程的机械化水平也得到了提高。农机市场交易活跃,服务也市场化。农机作业领域也得到了扩大,由传统粮食作物向经济作物、由大田农业向设施农业、由农业生产向再加工领域不断发展。农业机械的推广提高了生产率,增强农作物的抗旱抗灾能力。

但是我国的农业机械化总体水平还不高,呈现出北高南低的态势。在《中国农业机械工业年鉴》(2011)中,农业机械总动力排前十位的是山东、河南、河北、安徽、湖南、江苏、江西、黑龙江、湖北、四川。我国北方的山东、河南等,都是传统农业大省,对农业机械化比较重视;南方由于沿海,经济发展水平较高,再加上受地形影响、对农业生产不重视,农业机械化发展缓慢。另外,农机产品结构性过剩,有效供给不足。虽然在我国农业生产过程中,耕种环节的机械化水平高,但是收获环节的机械化水平低;粮食作物机械化水平高,但经济作物机械化水平低。这在市场经济条件下就导致了农业机械化水平的提高并没有给农业带来更大的经济效益。

四 农业机械化对粮食增产的影响

结合表4-1可以看出，新中国成立之后我国农业机械动力总功率持续增加，粮食作物面积基本保持稳定，得益于农业机械化的发展，粮食产量也稳步增长，为我国的粮食安全和工业化建设提供了保证。农业机械化的广泛推广使得粮食单产得到了大幅度提升。在如今耕地面积有限的情况下，依然创造了用仅占世界耕地面积7%的土地解决了占世界人口19%的人民的温饱问题。新中国成立之初到1952年，虽然粮食产量有所增长，但农业机械化水平较低，粮食作物面积虽然很大，但每公顷单产和总产量水平较低，温饱问题依然没有得到解决。由于国家的鼓励和政策的倾斜，我国的农业机械动力总率水平持续增加。粮食每公顷产量在得到大幅度增长之后步入缓慢增长阶段。可以看出粮食产量的增长与农业机械化是正相关的。由数据计算，先进农业机械技术的应用，对粮食产量增加的贡献率在10%以上，更有甚者达到20%，农产品的加工也使得其价值得到了倍增。农业机械化对抗击自然灾害和农作物抢收上也起着很大作用。使用机电排灌能够有效降低旱灾、水灾成灾面积，使用机动植保机械可有效降低病虫害危害程度。我们要注意到的是，在1978年实行家庭联产承包责任制之后，农业机械化程度在某种程度上是下降的，之所以粮食产出会得到增长，是因为农民自己经营自己承包的土地，彻底抛开了人民公社时期吃"大锅饭"的心态，土地制度改革激发了农民的生产积极性。

表4-1 新中国成立以来农业机械动力总功率与粮食总产量

年份	机械动力总功率（万千瓦）	粮食产量（万吨）	每公顷粮食产量（公斤）
1949	8.1	11318.0	1029
1952	18.4	16361.5	1322
1957	121.4	19504.5	1460
1962	757.0	15441.0	1270
1965	1098.9	19452.5	1626
1975	7478.6	28451.5	2350
1978	11749.9	30476.5	2527

续表

年份	机械动力总功率（万千瓦）	粮食产量（万吨）	每公顷粮食产量（公斤）
1979	13247.8	31266.0	2530.5
1980	14745.7	32055.5	2734
1981	15680.1	32502.0	2827
1982	16614.2	35450.0	3124
1983	18021.9	38727.5	3396
1984	19497.2	40730.5	3608
1985	20912.5	37910.8	3483
1986	22950.0	39151.2	3529
1987	24836.0	40297.7	3622
1988	26575.0	39408.1	3579
1989	28067.0	40754.9	3632
1990	28707.7	44624.3	3933
1991	29388.6	43529.3	3876
1992	30308.4	44265.8	4004
1993	31816.6	45648.9	4131
1994	33802.5	44510.2	4063
1995	36118.1	46661.8	4240
1996	38546.9	50453.5	4483
1997	42015.6	49417.7	4377
1998	45207.7	51229.3	4502
1999	48996.1	50838.8	4493
2000	52573.6	46217.5	4261
2001	55172.1	45263.8	4267
2002	57929.9	45705.8	4399
2003	60386.5	43069.5	4333
2004	64027.9	46946.9	4621
2005	68549.4	48402.2	4642
2006	72636.0	49804.2	4716
2007	76878.7	50160.3	4748
2008	82190.4	52870.9	4951

资料来源：《新中国农业60年统计资料》，其中1979年各项数据为同类数据中1978年与1980年平均值。

农业机械化对粮食的产出在农业现代化的理论中是至关重要的，但土地是农业的根本，离开了土地就没有农业，所以说粮食种植面积对粮食产量来说也是关键性因素。下面用格兰杰（Granger）因果分析的方法来寻找农业机械化与粮食种植面积之间的关系。

格兰杰因果关系检验是一种分析变量之间因果关系的办法，它是由诺贝尔经济学奖得主克莱夫·W. J. 格兰杰（Clive W. J. Granger）发明的，是"依赖于使用过去某些时点上所有信息的最佳最小二乘预测的方差"。在建立时间序列之后，利用格兰杰因果分析法定义两个变量 X 和 Y。如果单是 Y 的过去信息对 Y 进行预测的效果没有包含 X 和 Y 的过去信息对 Y 预测的效果好的话，就可以认为引致 Y 的格兰杰原因是 X。格兰杰因果关系检验的原假设是自变量 X 不是因变量 Y 的格兰杰原因。本文基于《新中国农业60年统计资料》，对比1973~2008年的年度数据，并选取农业机械总动力和粮食作物种植面积作为变量进行格兰杰因果关系检验。首先利用 Eviews 6.0 软件对所有变量取对数，并在水平值（level）下进行 ADF 单位根检验。单位根检验结果如表4-2所示。

表4-2 ADF单位根检验结果

变　　量	t 统计量	P 值	平稳性检验
ln la	-4.114903	0.0145	平　稳
ln me	-5.765218	0.0008	平　稳

因为格兰杰因果关系检验必须建立在变量平稳或变量之间具有协整关系的基础上，由表4-2可以看出，两个变量都平稳，所以可以对两个变量进行格兰杰因果关系检验。点击 Quick，选择 Group Statistics 中的 Granger Causality Test，选取滞后阶数为4阶，格兰杰因果关系如表4-3所示。

表4-3 农业机械总动力与粮食种植面积的格兰杰因果关系检验结果

Null Hypothesis	Obs	F - Statistic	Prob.
lnme does not Granger Cause lnla	32	3.99187	0.0133
lnla does not Granger Cause lnme	—	0.43246	0.7837

从表 4-3 可见，农业机械总动力在 5% 的水平下拒绝原假设，说明农业机械总动力是粮食作物种植面积的格兰杰原因，而粮食种植面积不是农业机械总动力的格兰杰原因。以农业机械总动力的对数（lnme）为自变量，以粮食耕地面积的对数（lnla）为因变量，建立回归方程，方程格式为

$$\ln la = \beta_0 + \beta_1 \ln me + \varepsilon_t$$

由表 4-4 的 R-squared 可以看出，农业机械总动力解释了粮食耕地面积 77.7% 的变化，lnme 的回归系数为负值，说明农业机械总动力的提高会使粮食耕地面积的使用减少，农业机械总动力每增加 1 万千瓦，粮食使用的耕地面积会减少约 60 公顷。方程的各回归系数都在 1% 的水平下通过了显著性检验，方程整体也通过了 F 检验，拟合较好。

表 4-4　农业机械总动力和粮食耕地面积的回归结果

Indexes	Coefficient	Std. Error	t - Statistic	Prob.
C	12.23970	0.056650	216.0575	0.0000
lnme	-0.060338	0.005542	-10.88842	0.0000
R - squared	0.777134	Mean dependent var		11.62450
Adjusted R - squared	0.770579	S. D. dependent var		0.051552
S. E. of regression	0.024692	Akaike info criterion		-4.510687
Sum squared resid	0.020730	Schwarz criterion		-4.422714
Log likelihood	83.19237	Hannan - Quinn criter.		-4.479982
F - statistic	118.5577	Durbin - Watson stat		0.514514
Prob（F - statistic）	0.000000	—	—	—

从以上的分析可以看出，农业机械总动力的增加会在短期内减少粮食生产使用的土地面积，长期来看对粮食耕地面积没有太大的影响。随着城市化的发展，用地矛盾越来越突出，促使我们必须向土地要更高的产量。但土地面积是有限的，农业的激励机制在当前的时代背景下，作用也是有限的，唯有大力发展农业机械化，才能实现在有限土地的条件下提高粮食产量。

第三节　农业机械化与粮食主产区粮食生产的实证研究

一　样本与数据

粮食主产区是指土壤、气候以及技术等适合种植粮食产品，农业资源富饶，农业生产过程中机械化水平较高，科技实力相对雄厚，适合作物生产且具有一定比较优势的地区。

对我国而言，一般来说，单个省份粮食产量超过全国平均产量5%的就可以认为它是粮食主产区。依据这些指标，我国现在共有13个粮食主产区。据2008年数据，13个粮食主产区粮食种植面积为7747.242万公顷，占当年全国粮食种植面积的72.5%。国家粮食局2011年的数据显示，我国这13个粮食主产区省份粮食的总产量占全国总产量的75.4%，商品粮产量占全国总产量的八成以上，而且全国粮食增产量的约95%来自这13个粮食主产区省份。可以说，13个粮食主产区养活了中国大部分人。这13个省份分别是辽宁、河北、山东、吉林、内蒙古、江西、湖南、四川、河南、湖北、江苏、安徽、黑龙江。正因为这样，13个粮食主产区的农业现代化水平就全国而言代表了我国最先进的农业现代化水平，下面对这13个粮食主产区进行分析。

本部分通过查阅《新中国农业60年统计资料》，选取了1978~2008年13个粮食主产区的粮食产出（output）、耕地面积（land）、农业机械总动力（mech）、农业从业人员（popu）和农村固定资本投资（inve）的数据进行面板数据的计量分析。在农业机械化还未开展的时候，粮食产出除去天气以及灾害的情况下，粮食产出的多少与耕地面积以及农业从业人员的多少直接相关，而当农业机械化的因素加进来，农业机械化对粮食产出的提高作用不容小觑，农村固定资本投资的多少反映了一个时期农业的发展状况，决定了农业的发展是否拥有充足的资金支持，进而也在一定程度上影响了粮食产出。

二 混合截面回归及结果

利用 Eviews 6.0 软件,对 1978~2008 年的粮食产出、耕地面积、农业机械总动力、农业从业人员和农村固定资本投资数据取对数后进行平稳性检验,检验后发现粮食产出的对数为平稳序列,其他数据均为一阶单整序列。对其计算增长率,在一般经济数据中,增长率均为平稳序列,这样做可以避免伪回归现象。选择 1979~2008 年各变量的环比增长率进行面板数据分析,各变量的单位根检验如表 4-5 所示。

表 4-5 各变量增长率数据单位根检验

指标	Levin, Lin& Chut* 检验统计量	P 值	lm, Pesaran and Shin W-stat 检验统计量	P 值	ADF-Fisher Chi-square 检验统计量	P 值	PP-Fisher Chi-square 检验统计量	P 值
粮食产出	-18.8495	0.0000	-19.0888	0.0000	286.315	0.0000	308.862	0.0000
耕地面积	-17.8420	0.0000	-16.3732	0.0000	247.257	0.0000	255.547	0.0000
农业机械总动力	-8.56445	0.0000	-14.7083	0.0000	222.757	0.0000	268.687	0.0000
农业从业人员	-33.6323	0.0000	-20.5004	0.0000	174.191	0.0000	186.683	0.0000
农村固定资本投资	-14.1838	0.0000	-15.0858	0.0000	226.788	0.0000	275.507	0.0000

由表 4-5 可以看出,各变量的 P 值均在 1% 的水平下通过了单位根检验,说明数据是平稳的,可对各变量进行混合截面回归。以粮食产出 (output) 为因变量,耕地面积 (land)、农业机械总动力 (mech)、农业从业人员 (popu)、农村固定资本投资 (inve) 为自变量,建立回归方程:

$$output_{it} = \beta_0 + \beta_1 mech_{it} + \beta_2 land_{it} + \beta_3 popu_{it} + \beta_4 inve_{it} + \varepsilon_{it}$$

以粮食产出为因变量，其他四个变量为自变量，进行混合截面回归。常数项（C）、农业从业人员（$popu$）和农村固定资本投资（$inve$）的参数估计值不显著，没有通过显著性检验，因而将这两个变量剔除（见表4－6）。再以粮食产出为因变量，耕地面积（$land$）、农业机械总动力（$mech$）为自变量进行混合截面回归，并选择截面加权（加权的目的是消除异方差现象），发现回归结果如表4－7所示。

表4－6　四个变量回归结果

Variable	Coefficient	Std. Error	t - Statistic	Prob.
C	-0.009678	0.006143	-1.575426	0.1160
$land$	0.339776	0.060081	5.655270	0.0000
$mech$	0.497719	0.036996	13.45325	0.0000
$popu$	0.080253	0.048819	1.643901	0.1010
$inve$	0.013147	0.008824	1.489888	0.1371

表4－7　加权效果

Variable	Coefficient	Std. Error	t - Statistic	Prob.
C	-0.011285	0.004077	-2.767738	0.0059
$land$	0.420507	0.036659	11.47078	0.0000
$mech$	0.442260	0.025239	17.52321	0.0000
R - squared	0.480749	Mean dependent var		0.017132
Adjusted R - squared	0.478066	S. D. dependent var		0.156116
S. E. of regression	0.112869	Sum squared resid		4.930175
F - statistic	179.1523	Durbin - Watson stat		2.398226
Prob. (F - statistic)	0.000000	—		—

从表4－7可以看出，常数项（C）、耕地面积（$land$）和农业机械总动力（$mech$）的回归系数均通过了显著性检验。从拟合优度检验（R - squared）来看，耕地面积和农业机械总动力两个变量只能解释粮食产出的48.07%。从方程整体性检验（F - statistic）来看，方程拟合是成功的。耕地面积的回归系数为0.42，说明粮食播种面积每增加1000公顷，粮食产量增加0.42万吨；农业机械总动力的回归系数为0.44，说明农业机械总动力每增加1万千瓦，粮食产量增加0.4万吨，这两个变量都对粮食产出有促进作用。

三 因子分析及综合排名

多变量、大样本往往为分析提供了大量的信息（见表4-8），但也增加了分析的复杂性。如果用传统计量放大往往会存在多重共线性，这里利用 SPSS 软件，采因子方法进行降维，计算出粮食主产区各省份的综合得分情况，从而得出我国 13 个粮食主产区的排名情况。

表4-8 粮食主产区原始数据

地 区	粮食作物播种面积（千公顷）	有效灌溉面积（千公顷）	化肥施用量（万吨）	农业总产值（亿）	机械动力（万千瓦）	粮食产量（万吨）	人均粮食（公斤）
河 北	6286.1	4596.6	326.3	2775.3	10349	3172.6	439.85
内蒙古	5561.5	3072.4	176.9	1057.8	3172.7	2387.5	964.2
辽 宁	3169.8	1588.4	144.6	1307.2	2399.9	2035.5	464.85
吉 林	4545.1	1807.5	195.2	1020.4	2355.0	3171.0	1154.0
黑龙江	11503.0	4332.7	228.4	1801.8	4097.8	5570.6	1453.50
江 苏	5319.2	3817.9	337.2	2640.9	4106.1	3307.8	419.64
安 徽	6621.5	3547.7	329.7	1714.8	5657.1	3135.5	526.18
江 西	3650.1	1867.7	140.8	917.8	4200.0	2052.8	458.97
山 东	7145.8	4986.9	473.6	3843.6	12098.0	4426.3	460.68
河 南	9859.9	5150.4	673.7	3599.9	10516.0	5542.5	589.93
湖 北	4122.1	2455.7	354.9	2299.3	3571.2	2388.5	416.07
湖 南	4879.6	2762.4	242.5	2391.7	4935.6	2939.4	446.57
四 川	6440.5	2600.8	251.2	2454.3	3426.1	3291.6	409.10

资料来源：《中国统计年鉴》(2012)。

第一步，对单位矩阵进行 KMO 和巴特莱特（Bartlett）球度检验（见表4-9）。

表4-9 KMO 和 Bartlett 球度检验结果

KMO 和 Bartlett 球度检验		
取样足够度的 KMO 度量		0.645
Bartlett 的球度检验	近似卡方	86.146
	df	21
	Sig.	0.000

由表 4-9 可看出，KMO 检验结果为 0.645，Bartlett 球度检验的 P 值为 0，拒绝原假设，表明可以做因子分析。

第二步，采用主成分法对矩阵进行分析，发现有两个特征值，均大于 1，并且这两个特征值的累计贡献率在 90% 以上，故有两个主成分（见表 4-10）。

表 4-10 解释的总方差

成分	初始特征值			提取平方和载入			旋转平方和载入		
	合计	方差的百分比	累积百分比	合计	方差的百分比	累积百分比	合计	方差的百分比	累积百分比
1	4.518	64.543	64.543	4.518	64.543	64.543	3.985	56.928	56.928
2	1.817	25.957	90.500	1.817	25.957	90.500	2.350	33.572	90.500
3	0.291	4.163	94.663	—	—	—	—	—	—
4	0.169	2.416	97.079	—	—	—	—	—	—
5	0.107	1.524	98.603	—	—	—	—	—	—
6	0.081	1.160	99.763	—	—	—	—	—	—
7	0.017	0.237	100.000	—	—	—	—	—	—

第三步，采用最大方差旋转法对矩阵进行旋转，其目的是使因子的表述更加清晰。旋转后的成分 1（农业后天条件）代表机械动力、有效灌溉面积、粮食产量、农业总产值、化肥施用量，成分 2（农业先天条件）代表粮食作物播种面积、粮食产量、人均粮食。

表 4-11 旋转结果分析

旋转成分矩阵 a

指标	成分 1	成分 2
粮食作物播种面积（千公顷）	0.455	0.858
机械动力（万千瓦）	0.910	0.078
有效灌溉面积（千公顷）	0.828	0.467
粮食产量（万吨）	0.569	0.790
农业总产值（亿元）	0.957	0.022
人均粮食（公斤）	-0.442	0.862
化肥施用量（万吨）	0.911	0.150

提取方法：主成分分析法
旋转法：具有 Kaiser 标准化的正交旋转法
a. 旋转在 3 次迭代后收敛

第四步，得出各因子得分，并且计算综合得分。由表4-12可以看出，因子1（农业后天条件）得分排前三名的是河南、山东、河北，表明这些省份具有较好的后天优势，农业机械化水平较高，化肥施用量也大。因子2（后天条件）得分排前三名的是黑龙江、河南、吉林，说明其先天优势较好，粮食作物播种面积大。综合得分排前三名的是河南、山东、黑龙江。河南、山东历来是农业大省，粮食作物播种面积大，人口众多，再加上农业机械化的推广，使得其综合得分较高。黑龙江位于我国的东北部，土地肥沃，其排名靠前也理所当然。

表4-12 粮食主产区得分情况

省 份	因子1得分	排名	因子2得分	排名	综合得分	排名
河 南	1.85107	1	0.85102	2	1.4810515	1
山 东	1.70543	2	-0.05369	5	1.0545556	2
黑龙江	-0.59017	9	2.75676	1	0.6481941	3
河 北	0.91597	3	-0.36215	8	0.4430656	4
江 苏	0.32479	4	-0.40837	9	0.0535208	5
安 徽	0.05215	5	-0.05871	6	0.0111318	6
四 川	-0.07945	8	-0.31088	7	-0.1650791	7
湖 南	-0.03028	6	-0.59597	10	-0.2395853	8
湖 北	-0.03271	7	-0.91781	12	-0.360197	9
内蒙古	-0.99712	12	0.34473	4	-0.5006355	10
吉 林	-1.32345	13	0.56387	3	-0.6251416	11
江 西	-0.86442	10	-0.85484	11	-0.8608754	12
辽 宁	-0.93181	11	-0.95395	13	-0.9400018	13

第四节 结论与政策建议

一 制约我国农业机械化发展的因素

农业机械化的建立和高度发展是一个国家实现农业现代化的标志。《农业机械化促进法》颁布实施以来，国家在农机购置补贴等方面的强农惠农富农政策力度不断加大，农民购置农业机械的热情高涨，农业机械化水平也得到提升。但在看到这些令人欣喜状况的同时，也要清醒地认识到我国农业机械化水平同世界先进农业国之间的差距依然明显，主要表现在以下几方面。

1. 机械化水平仍然较低

世界上完成了农业机械化的国家，其从事农业的人口占本国人口的比例都低于5%，以很少的农业人口规模进行农业生产，但其粮食产出供养了大部分的社会人口，这其中就要归功于农业机械化。以1999年的数据为例，日本农业从业人口只占全国总人口的4.3%，美国的比例更低，只有2.2%。再看我国，我国参与农业生产的人口占全国总人口的65%。

2. 个体农民土地经营规模较小

家庭联产承包经营实现了土地的所有权和使用权分离，这极大地调动了农民的积极性，为农村经济的繁荣发挥了巨大的作用。但同时它也有很大的局限性：按人口平均分配土地，人均耕地面积小，以至于现代化的机械耕作方式很难推广，使很多地方仍然保持原始的耕作方式。土地的分散也就不能进行农业生产的规模经营，不能获得规模效益。农业生产规模的不经济制约了农业机械化的发展。

3. 农民收入水平不高

目前，中国农民的收入非常低，农民作为一个整体，其取得的收入刚刚能够维持生存，从其发展趋势来看，农民收入增长缓慢，城乡居民收入差距逐渐拉大。农民收入增加减缓引发了不少严重的社会经济矛盾，包括农民对农业投资的积极性降低、农业的基础地位减弱，严重影响了农民购买力的提升，不利于市场经济条件下农村市场的发展，也不利于农业机械化水平的快速提升。

4. 农业机械价格水平高

相对于动辄几万元、十几万元的农业机械，农民的收入水平不能轻松承受。农业机械高销售价格也阻碍了农业机械在农村土地上的大规模使用，进一步减缓了农业机械化的发展步伐。

5. 农业剩余劳动力过多

农业生产的实践性和空间分散性对劳动力的要求有着较大的不确定

性。耕地面积是有限的，大量的农村劳动力必然造成土地分散经营的结果，因为土地是平均分配，农业人口越多，人均土地的规模越小。而土地的小规模经营会因为农业现代化水平的提高使农业生产成本增加。农民的边际劳动生产率为零或者负的时候，就会出现农民不愿意多种地甚至不种地的现象。农地的弃耕会影响农产品的供应，威胁到我国的粮食安全。经济越发达，生产力水平提高就越快。大量农村剩余劳动力的存在，如果不能及时转移，就不能形成对农机的有效需求，最后就会严重影响农业机械化的推进。

二 促进农业机械化的对策

由以上几章的论述和分析可以得到一个清晰的结论：农业机械化在现在这个时代是农业发展的主要动力，它的发展与农业的发展息息相关。但我国现有的农村土地制度限制了其发展，农村土地制度在当前的时代背景下，已经不能适应生产力的发展，为了适应发展，应该对其做出一些改革。农业机械化本身还和农村粮食种植面积存在着负相关关系，农业机械化的发展也需要农村土地制度进行改革予以配合。为加快提升农业机械化水平，改革农村土地制度以适应当前生产力的发展，要做的还有很多。

农业机械化是一个国家农业科学技术进步的集中体现，是当前我国土地基本国情下提高粮食产量、确保粮食安全的首要手段。2012年2月1日发布的《关于加快推进农业科技创新持续增强农产品供给保障能力的若干意见》，给农业机械化的发展又一次增添了发展动力。要立足基本国情，借鉴发达国家农业机械化发展经验，遵循规律，目的就是增加粮食产出、提高生产效率、使资源得以合理利用。要以农业机械化带动农业产业化，实现农业增产、农民增收。利用现代科学技术，对农业的生产和经营进行科学管理，努力构建一个农业产出高、产出质量好、产出效率高、注重生态、安全有保证的农业发展技术体系。

1. 借鉴发达国家农业机械化发展经验

纵观世界发达国家农业机械化发展历程，为加快农业机械化的推广，许多国家在这个进程中采取了一系列的保护和扶持措施。通过立法，对如何促进农业机械化的发展进行了确定，其中包括财政补贴、在贷款上提供优惠、减税或者免税等各种方式，为加快农业机械化的建设提供了一系列有利条件。

2. 加快推进前沿科学技术研究

农业现代化的发展，科研先行。我国在推进农业机械化进程的同时，应建立起完善的农机研究及开发体系，要有专门的机构从事农业机械研究。农业机械生产的企业也应该加大科研力度，在单位内部建立科研机构，利用科学技术不断创新。要建立一大批农业机械研究机构，科研设备也要与世界先进技术比肩，为科研人员进行研究创新提供便利条件。

3. 培养、提高我国农业从业人员素质

要提高我国农业从业人员的素质，培养一大批专业性和技术性人才，对农民进行免费的技术培训，通过教育和培训，增加农民的知识，让他们掌握现代化的农业机械设备如何使用、如何维护、如何修理。鼓励农民学习计算机知识，依靠现代化的技术手段，使其能够掌握更多的农业知识，在提高工作质量的同时，也提高工作效率。农业从业人员的素质提高了，修养也就提高了，知识面也就更宽广了。这也为农业生产结构的调整、技术的选择和决策提供了前提，将促进农业生产率的大幅度提高。

4. 建立完善的农业机械服务体系

要建立完善的农业机械服务体系，设立服务组织。这些组织不仅代表农民，而且要代表农业机械生产企业。在推进农业机械化的发展进程中，这些组织要反映农民的需求，要做好政府和农民之间的沟通工作，要为农民尽可能地提供各类专业化服务。在农业生产中，要做好农业机械的使用与保养。遇到问题要及时与农业机械企业技术人员沟通，在解决问题的同时提高对农业机械的了解。要充分利用农业机械，促进农业生产，提高规模经营效益。

5. 在财政支持上，应加大对农业的补贴

进一步加强政府对农民购置农业机械的补贴力度，加大国家财政对农业的扶持力度，对农业机械生产企业进行补贴，引导社会资本投入农业机械生产领域。政府促进农业生产的发展，农业机械化发展应树立全面、协调、可持续的科学发展观，通过加强宏观调控，持续、快速、高效地推动我国农业机械化健康发展。

虽然我国历年来对农业的投入大幅度增加,但还是要进一步加大支持力度,对农业的支出以及对农村的固定资本投资也要加大。加大农业科技研究经费投入,引导社会资本参与对农业的投资。在财政政策上,要进一步加大补贴力度,对农业产出较大的省份、农业合作社、个体给予奖励和补贴。增加农业的直接补贴,直接补贴到农民个人,根据经济和农业发展的状况,适时提高补贴额度。对农业机械购置进行补贴,不断完善农业机械购置补贴机制。

第五章 农业土地制度创新与粮食主产区建设

第一节 绪论

一 研究背景和意义

农业一直是国民经济的基础,改革开放以来,国家对农村发展一直给予了足够的重视,农村的改革发展一直是国家经济社会发展的重点。而农村改革发展的起点就是土地制度,1978年秋,安徽省凤阳县小岗村农民签订一纸契约,做出"包产到户"的选择。从当时的"生死契约"到后来的家庭联产承包责任制,农村生产力在土地制度的不断改革和完善中得以解放,为我国经济总体实力的恢复和发展奠定了坚实的基础,这使我国能够在促进农业发展的同时实现总体经济的快速发展,同时通过调整国民收入分配格局,统筹城乡经济社会同步发展。2004~2012年,国家连续出台了九份指导农业农村工作的中央一号文件,提出了解决我国"三农"问题的全新政策体系,在不同程度上使我国经济快速发展时期凸显的"三农"问题得以解决,提高了广大农民的积极性,逐渐改善了我国农民的生存现状,促进了农村经济社会和农业生产的发展。2007年底,国务院又出台重要政策,全部免除农村中小学生的学杂费,让7.3亿农民参加新型农村合作医疗,3400多万名困难群众被纳入农村最低生活保障。[1]到2008年,我

---

[1] 回良玉:《切实加强农业基础建设,进一步促进农业发展农民增收》,《人民日报》2008年2月19日。

国农垦经济实现生产总值2286亿元，连续六年增速保持在12%以上，人均收入达6250元，六年年均增长9%以上，粮食产量达到5250亿公斤，创历史最高纪录，使我国40年来连续五年实现粮食增产增收，农民人均纯收入快速增长，到达4761元。[①] 与此同时，我国农村基础设施建设也取得了较大的发展，农村交通、通信、电力、沼气、农机、水利和农田基本建设步伐的加快，也为农村农业发展奠定了更加稳固的基础，坚定了人们对中国经济社会发展的信心。

即使如此，我国的"三农"发展现状仍然不容乐观，农业、农村和农民问题仍将在长期内制约国家经济社会发展的诸个战略方面，如农村发展滞后存在的诸多现象和问题的解决存在多方面困难、农民收入增长不稳定、农村公共事业发展滞后、城乡经济发展失衡并继续呈扩大趋势等。粮食问题是农业问题的核心，以粮食生产大省河南省为例，河南省是我国粮食生产具有优势的省份之一，肩负着维护国家粮食战略安全的重任。自2000年以来，河南省粮食总产量已经连续八年位居全国第一，用全国1/16的耕地，生产了全国1/4的小麦、1/10的粮食，粮食生产已经突破500亿公斤，特别是夏粮生产优势明显，2008年夏粮产量首次突破300亿公斤大关，达306亿公斤。但是河南省仍然存在较为突出的农村农业和农民问题，河南省作为全国最重要的粮食产区，一直面临着粮食亩产低、经济效益不明显的窘境，土地分散化突出，规模效益不显著，土地流转难度很大，加上农村消息闭塞，农民生活水平长期得不到改善。由于依赖土地收入增长缓慢，大量劳动力外出打工，这又导致土地闲置撂荒问题突出，农民利益得不到有效保障，进而影响社会稳定大局。此时，随着全球粮食安全不确定性因素增加，我国的粮食安全也再次受到重视。从2006年下半年开始，全球粮食价格已经出现上升趋势，随着2008年国际金融危机的影响，世界范围内的粮食价格上涨问题也在金融危机作用下凸显出来，导致世界粮食供求矛盾日益激化，粮食库存消费比大幅度下降到13%，并一直在17%~18%的安全区间以下。由于粮食价格成倍暴涨，全球范围内贫困地区的人们买不起粮食，在一些国家发生了粮荒，甚至引发社会骚乱，全球每天有

---

① 中国农业网，http://www.agronet.com.cn/。

10亿人缺乏足够的粮食。进入2009年后，虽然因石油价格下降使粮食海运费用降低，粮食价格出现一定程度的回落，但世界粮食形势依然不容乐观。

在国家总体粮食安全战略下，粮食主产区面临全球性的粮食问题，在努力增加粮食产量的同时，应该着重强调走出一条粮食增产和工业化、城镇化统筹兼顾、齐头并进的新路子，不能为了工业化结构升级而削弱农业产业化和农村综合发展，这就要求在进行粮食主产区建设时，从更高的角度入手，在区域经济社会协调发展、城乡一体化进程和农业农村经济增长方式转变的框架内进行通盘考虑，而联系这些方面的关键就是土地制度问题，农业用地的制度问题和农业产业化问题及其解决，对粮食主产区建设的总体布局紧密相关。

目前来看，农户对土地流转的意愿是在进行制度设计时要考虑的，粮食主产区建设中农户土地流转的意愿表现在哪些方面，如何调整流转意愿的供求平衡，选择什么样的促进土地流转制度，都是在理论研究和政策分析中要关注的。本章以粮食生产大省河南省为例，选择濮阳、新乡、洛阳、开封、漯河、南阳、信阳七个地级市的代表性村庄进行实地调研，对粮食主产区建设中的农村土地流转问题进行深入调研。

二　国内外研究现状

对土地的研究由来已久，古典经济学家就曾对土地做过详细研究，其中的代表人物有亚当·斯密、威廉·配第、李嘉图等。作为社会主义的伟大导师，马克思和恩格斯系统、深入地研究过土地的流转，这在历史上是第一次。

自人类诞生以来，土地在人类世界的活动中是一种生产要素，它的作用就是充当劳动资料和人类劳动的对象。土地是一种生产资料，它与机械性设备不一样。投在机器等上的固定资本并不会因为使用而得到改良，反而会因为经常使用而有所磨损。不可否认，创新会使机器得到改进，而生产力发展到某一程度之后，机器经历岁月的侵蚀、日久天长的使用，必然会磨损、陈旧。科技发展的结果就是生产力的提高，从前使用的机械理所当然地会被更新，被效率更高的新型机械替换，换句话说，旧的机械没有了使用的价值。而土地与机械不同，在新技术、新发明推动下，这些新的科技成果就会蕴涵在土地里。持续的投资不会因为时间遭受损失，而能创造出更多的、连续的经济效益，之前对土地的资本投入也没有丧失作用，这就是土地所显现出来的优点。在《资本论》中，马克思就解释过土地的所有权：一种是土地作为一种天然的存在，具有禀赋，在此基础上形成的所有权；另一种是由于对土地的资本投资或劳动投入产生的固定资本和土地肥力。土地所有权是法权，它在经济上也必然有其实现形式，这种形式就是地租。市场经济必然会引起经济价值的流转，在这种流转中，生产资料和生活资料是主要的。对人类来说，土地是最主要的生产资料，它是固定的，但是其产权主体是可以变动的。马克思地租理论的基础就是土地产权是一种法权，其在经济上的实现形式就是地租。虽然社会发展到现在已经高度市场化，但马克思和恩格斯的相关理论并未过时，其中的地租理论依然对我国的农村土地制度改革具有重大意义。

Brandt 等（2002）认为，在不同的经济环境下，底层领导的一些作为会造成不同情况下农村集体土地产权的行使也不一样，民主因素的存在将会对其产生很大的影响。从更深意义上讲，官僚体系的存在给农村土地流转市场造成了障碍，其发展得不到壮大，产权的不确定以及使用权的不稳定不能使土地资源得到有效生产和利用。在他们看来，确定土地的产权主体很重要，认为土地私有化是最好的解决方法。

Kung（1995）认为，在农村集体土地所有制条件下，农民会有更多的保障。而在中国，对农村土地制度进行改革有很大的难度，政府和农民对自我利益的保护造成了农村土地制度改革很难开展。由此，在中国的土地制度改革中，中央、地方政府以及农民纠葛其中，农民无法做出抉择，农村土地制度改革只能依靠三者的系统性偏好（Shouying Liu, et al., 1998）来解决。

市场经济条件下，资源总是从生产效率低的部门流向生产效率高的部门。农村土地作为资源的一种也是一样的。农村土地的流转使得土地流向生产效率高的农民，农地的利用率高了，多余的农村劳动力向其他产业转移也促进了其他产业的发展。可是，产权的不稳定、市场自由度低、转让市场发展不完善都造成了农村土地制度需要改革。

处理农村土地流转问题的核心是土地产权制度的安排，因为农村土地流转的主要内容是土地产权的变换。在我国，也有大量学者对农村土地制度做了很多研究。

对于国有永佃制，韩俊（2004，1999，1989）、蔡昉（2003）等人是这个观点的代表人物。在中国，土地所有权主体不能得到确定，集体土地权利的实现有很多阻碍因素，农村土地集体所有制徒有其表；与此同时，寻找新的所有权主体的想法也行不通。根据建设有中国特色社会主义市场经济必须坚持以公有制为主体的原则，不能实行土地私有制。因此，我国农村集体土地实行永佃制是唯一的解决方法。

与永佃制相反，文贯中（2008，2004，1988）、李成贵（2008）等人倡导土地私有。在他们看来，家庭联产承包责任制只能在短期内激发农民的生产积极性，但就长期而言，它不能使农户对土地投资保持长期增加，持续下去的结果必然是造成农业生产效率低下。

周诚（1996，2001）、周铁军（2007）、林善浪（1999）等认为，国有永佃制在我国不能实现，土地私有又与我国社会主义性质相违背，根本行不通。在日本和中国台湾的实践证明，小规模的土地私有只会阻碍土地流转。那么，我们就对现有的农村土地集体所有制进行发展和完善。土地如果收归国有，就等于剥夺了农民的生产权，政府财政也没有那么多的收入来付清收购土地的资金。

最后一种观点是土地混合所有制。持这一观点的学者主张土地应该由国家和人民来分配，国家是最终权利的主体，农民可以使用土地，可以从自己对土地的劳动中得到收益，可以转让。

第二节 粮食主产区建设对土地制度创新的要求

一 社会主义市场经济条件下土地制度创新的地位

农村土地制度改革关系到我国8亿农民的切身利益，其主要目的是提高农民对土地的财产权。同时，从经济理论来看，制度变革是经济增长的内在驱动因素之一。我国当前的农业和农村经济发展主要受两个矛盾制约：一是人地关系高度紧张的基本国情；二是城乡分割对立的二元社会经济结构体制矛盾。这两个矛盾之间也存在相互推进的性质，第二个矛盾又加剧了第一个矛盾。土地对农民来说，既是生产资料，又具社会保障功能，随着时间的推移和人口的增加，其社会保障功能有逐渐加大的趋势，在分配土地时就必须兼顾公平和效率。土地问题对国家经济发展意义重大，有效的土地政策应当能够在更长时期内保持稳定，当具有稳定的土地制度关系时，整个社会阶层和利益结构就会因此而稳定，进而直接促进社会稳定和经济发展。

目前来看，现有的农村土地制度结构难以持续提高土地的利用效率和价值，土地制度创新对我国建立社会主义市场经济体制而言是一项基础性任务，存在诸多困难。从现实意义来看，土地制度创新是建立公开、公正、公平、规范有序的土地市场体系的根本途径，这是与社会主义市场经济体制相适应的，通过创新土地制度来解决我国农业经济问题也具有可行性和可靠性。从历史来看，中国的农业经济史其实就是土地制度创新的历史。在相当长的历史时期，土地一直是中国农民获得经济收入和社会保障的主要途径，农民对土地的生存依赖性超越了将土地仅作为生产资料的意义，一些时间出现的土地撂荒现象就折射出了农民对土地收益流失和使用权不稳定的不满，但农民不会轻易放弃土地。由于土地资源具有稀缺性，在人口持续增长和非农就业机会缺乏的双重压力下，其价值更为突出，难以在短期内得到缓解。特别是在传统的农业生产区域，土地作为人们唯一的生存依赖，摆脱不了经济收入和社会保障的双重功能，农民对土地的依赖无法得到缓解。

显然，土地制度直接关系到农业、农村经济的发展，进而影响经济社会整体的稳定与可持续发展。中国农村土地制度创新在当前的经济社会发展进程中具有时代性和可行性，如何从土地制度创新中找出一条合适的道路，需要多方研究，进行成本和风险的比较，选择一条既维护农民利益，又符合市场经济规则的道路，在实践中维护好8亿农民的经济利益，并对我国经济长期持续发展和社会安定起到重要作用。

二 粮食生产与土地制度创新

粮食主产区建设的核心是提高粮食综合生产能力，这需要以进一步创新土地制度结构为基础性条件。我国现行的土地制度在一定时期起到了促进粮食生产的积极作用，但随着改革开放的深入发展，原有的制度依赖基础发生了转变，已有制度的弊端也逐步显现出来，并对农村经济发展和农民增收产生了制约作用。其弊端主要有如下表现：一是对农民的土地权利不够重视。我国宪法中明确规定"公民的合法的私有财产不受侵犯"，但同时又规定"国家为了公共利益的需要，可以依照法律规定对公民的私有财产实行征收或征用并给予补偿"，这导致农民对土地的权利存在不确定性。随着城市化的不断发展，为了促进城市化而征用农村土地越来越严重，这在一定程度上制约了农村的经济发展和农民收入的增长。二是公共利益的界定不明确，征地程序缺失。更有甚者，一些地方政府为了提高地方收入滥用权力，在征地过程中使农民完全处于被动地位，甚至不了解一些程序就强制征地。三是补偿的标准偏低。征地补偿标准不是由农民和征地主体通过谈判来确定，而是由政府主管部门单方面决定，这会在一定程度上影响农民的利益。土地本身具有农民生活资料和生产资料的双重基本保证特征，国家发放的补偿金很难满足农民的基本生活需要和长期发展要求。

现有土地制度与当前经济社会发展的需求不相适应也是制约粮食增产和影响粮食安全的一个因素，所以需要按时代要求进行土地制度的创新。良好的制度环境是促进创新的重要条件，营建创新型的制度、创新型的文化。目前，我国粮食主产区土地制度创新面临诸多体制、机制、政策、法规等问题，这些问题的解决很大程度上依赖于中央和地方政府能否更高效和务实，并转换工作思路和作风，从经济活动的主角意识转为服务意识，努力创造优质、高效和廉洁的政策环境，完善促进土地制度创新的综合服务体系，充分调动各方面的积极性，制定和完善促进土地制度创新的政策措施，对政策的执行进行有效的监督和管理。土地制度的变革要求制度创新诸方面共同推进，改革的目的是促进制度创新。粮食主产区的建设需要创新机制,通过土地制度创新来加快粮食主产区的建设,提高农村土地的利用率,使其更稳更快发展。在制定制度促进土地流转方面,虽然目前没有更大面积推行,但部分地区的试行已经体现出其积极性,以此来促进农业发展规模化,扩大农民土地权益的自主性,解决现有土地征用制度上的一些不足。我国粮食主产区的粮食生产面临的一个亟待解决的问题是农村土地利用率低,特别是我国中西部的粮食主产区,由于传统生产方式的长期积淀,改革开放以来虽然经济结构调整有很大进展,但和东部地区相比仍然较为落后。土地收益的下降也导致农民就业和生活保障无法得到满足,农民为了生存不得不选择外出务工。如果能够进行土地制度创新,促进土地流转,实行规模化经营,既可以提高土地利用率,又可为粮食主产区的制度建设提供坚实基础。

三 粮食主产区土地制度创新的方向

制度创新总是具有一些总体方向,对农村土地制度创新而言,这个方向就是进一步提高土地资源的使用效率和价值,以增进农民的自由选择和福利。粮食主产区土地制度创新的根本方向是实现土地的利用效率和价值。

1. 创新土地制度以稳步提高粮食产量

我国粮食安全问题的由来除了市场不确定性之外,主要来自中国人口的快速增长。2007年1月11日公布的《国家人口发展战略研究报告》提出,到2020年,人口总量控制在14.5亿以内,到21世纪中叶,人口控制在15亿左右。再观察我国粮食生产的历史波动,1961~1974年,我国粮食生产的波动性得到了有效控制,人均粮食产量的平均波幅从18%降到4.7%并稳定下来,这意味着社会已经适应了稳定性的粮食供应。以家庭为主进行粮食储备的模式已被商业储备模式取代,一旦人均粮食产量的平均波幅超过8%,现有的粮食储备模式必须有能力应对,这对现有的商业粮食储备模式带来很大考验,否则会引发社会的不安,影响经济社会发展的稳定性。1996年我国人均粮食产量为385公斤,作为趋势线大体上可以代表这一时段的平均水平。与之相对,当年的通道下沿为356公斤,这一数据被视为人均产量的警戒线，人均粮食低于这一水平将危及社会安定。其通道上沿大致位于 414 公斤，如果过高也会导致市场供应过多，价格免不了下跌，使农民利益受损。由此，根据人口预测，我国人口数量到达峰值时，粮食产能相比于 2005 年应提高到 19.31% 左右，如果增长率低于 10.33%，可能出现供应危机；反之，如果要实现充分的供给，粮食产能则需提高到 28.3%。从另一个角度来看，依赖进口也不能解决问题，世界粮食市场的贸易量多年来每年在 2.3 亿~2.5 亿吨，按 10% 的增长率计算，需要每年新增 0.95 亿吨左右的粮食贸易量，这不仅会冲击整体粮食贸易结构，而且会导致我国与其他粮食贸易国之间的关系复杂化。亚洲开发银行数据显示，2007 年，国际小麦、大米和燕麦的出口价格分别增长了 130%、98% 和 38%，粮食价格上涨导致粮食危机凸显。虽然我国受粮食危机影响不大，但是也对我国的粮食安全提出了要求，作为一个粮食消费大国，如果粮食需求增长主要靠扩大进口满足，会进一步抬高国际市场粮食价格，影响全球粮食市场的稳定性，并对国内粮食生产和供应产生不利影响。

因此，应该寻求内在的促进粮食增产的途径，而土地流转是促进粮食产量稳定增长的主要方法。粮食产量的增长应该成为衡量土地流转效率的标志，这就需要进一步探索农村土地流转的机制、程序和效率。在不改变农业土地用途的基础上，建立保障粮食产量稳步增长的土地流转机制。

2. 实现农村土地规模化和跨行业流转

《中共中央关于制定国民经济和社会发展第十一个五年规划的建议》提出了建设社会主义新农村的目标，这也为我国粮食主产区建设、促进农村土地流转提出了目标。从劳动力土地承载量来看，据测算，我国的土地最多只需要 1 亿农业劳动力，而目前我国总计有农业劳动力约 5.5 亿，以此计算尚有近 3 亿剩余劳动力。以当前的人口增长速度和农村剩余劳动力向城市非农产业转移的速度来计算，至少未来 40 年我国还将长期面临严重的劳动力过剩问题。当过多的农业劳动力无法在农村内部消化时，只能选择向城镇转移，如何解决超过 3 亿人口的就业，成为中国经济发展中面临的重大问题。从另外的角度来看，目前维持小农家庭经营又需要依赖农民的工资性收入，农民在现代化的进程中陷于在城乡之间钟摆式就业的困境之中不能自拔，这也为我国实现经济社会的转型和持续发展增加了不确定性。

农村土地实现大范围、跨行业的流转是解决以上问题的有效途径，土地流转的重要职能是促进要素进一步集中，使农民和土地适度分离，从中获取土地经营的规模效益。粮食主产区建设的目的之一是稳步提高粮食综合生产能力，在竞争市场条件下，生产效率低的生产者会在市场竞争中失败而被迫退出市场，生产效率高的生产者则赢得市场。在这一过程中，当具有更高生产效率的生产者进入市场参与竞争时，生产效率更高的生产者则会在新一轮的市场竞争中取胜，而这一过程的关键在于能否运用竞争市场的机制促使生产者充分发挥自己的积极性和主动性，促使微观经济运行保持高效率。市场竞争不但可以提高生产效率，而且能够促使生产者以低成本进行生产，节约资源利用。如果每个生产者都努力使其生产达到最高效率，其结果必然体现在全社会的产出能够处于高位，进一步促进社会公共利益的增加，形成粮食生产者与粮食增产之间的多赢格局。

3. 构筑以市场为导向的土地流转平台

随着我国市场经济的逐步发展，提高土地的使用效率成为促进粮食增产的重要因素，也使这一途径成为可能。这就要求我们以市场为导向，构筑能够促进土地健康流转的发展平台，以实现粮食生产与市场结合、生产和流通结合、要素和资源结合，形成粮食生产的品牌，达到粮食生产和市场实现的优质优价，利用更好的市场平台销售出去，并在市场竞争中提高粮食的商品率和市场占有率。

完善土地流转体系的关键是要培育土地流转的中介组织，在市场经济运行中，依赖土地很难满足当代农民的基本生活需要，农民外出务工时对农村土地的处置存在诸多困难，他们即使有将土地流转出去的想法，也可能找不到合适的或可信赖的途径。由于土地流转的程序比较复杂，土地流转的交易费也会阻碍农民的土地流转。如果能够建立土地使用权市场信息、咨询、预测和评估平台，发展相关中介组织，培育农村土地经纪人，就可能有效降低土地交易费用（唐文金，2008）。当前，农村土地流转时获取土地信息难度比较大，农村的土地流转中介机构又特别匮乏，因而建立健全土地流转平台是完善农村土地流转体系的重要环节。在实际的操作中，可依托农民较信任的乡政府和村委会建立中介机构，同时便于建立土地流转的档案，方便土地数据查询。中介机构负责收集和整理土地流转相关信息，以便让农民有一个专门的机构来进行咨询和土地流转。在此基础上建立土地价格评估体系，使农民在土地流转时可以进行有效衡量。

4. 依托土地流转提高农业产业化水平

农业产业化能够迅速有效地推进土地流转，而土地流转也将促进农业产业化进程。土地流转不但利于促进土地要素集中，而且可极大提高土地资源的流动性，为农民生产和农业企业高效利用土地提供条件。涉农企业适度参与土地流转，利于加速土地要素集中和流转，发挥土地规模经营效益。但这一过程也存在诸多问题，以粮食生产大省河南省为例，目前河南省的农业产业化面临外部市场竞争环境激烈和内部结构优化问题。从区域经济社会发展看，农业产业化和城乡一体化没有与农村综合配套改革进行有机衔接。而从产业整体发展来看，农村产业的整体竞争力和联动效应不强。所有这些，不但对土地的流转提出了新要求，而且为加快土地大范围、跨行业流转提供了有利契机。农业生产企业大多规模较小，均面临规模扩张的发展要求，对土地资源的需求也呈现增长趋势，这客观上要求把分散分布的土地进行有效的集中以发挥规模优势，土地资源要素的集中是其他要素集中的先决条件。

5. 促进土地流转和工业化、城镇化进程有机统一

工业化和城镇化将显著改变农民生活方式，也将改变农村居民点的聚集模式。对农户土地流转意愿的调查分析表明，农户在土地流转过程中的意愿和行为受到环境的影响。一般来说，处于农村环境中的农民对要素流动意识显著低于处于城市的农民。工业化和城镇化水平的提高，推动更多的农民由农业农村向城市非农产业转移，这将显著改变农民的居住和生活条件，并影响他们的行为选择，促进土地流转的效率和价值实现。

6. 降低土地流转的交易成本

农民之所以在土地流转中持保守态度，另一个重要原因是他们担心土地流转过程中增加交易成本，面临交易风险。土地制度变迁应该能够形成一个有利于持续降低交易成本的框架结构。这就需要首先形成有利的制度环境和与这一制度环境相适应的组织结构及合作秩序，而组织结构与合作秩序又和农村的区域文化传统紧密相关。一般来说，要素集中能够大幅度降低市场交易风险、增强各主体的保障，当把这一因素与土地作为不动产的特性联系在一起时，就能够为农民的风险承受能力提供保障。

第三节 粮食主产区农业土地制度变迁的基本趋向

一 制度变迁理论

1. 西方制度变迁理论

制度变迁即适应经济社会发展的新制度对不适应经济社会现实的旧制度进行替代的过程。西方的制度变迁理论主要来自诺思和戴维斯对科斯交易费用理论所蕴涵的制度选择与演化思想的运用与创造。制度变迁的根本原因仍然源于利润，在于经济主体希望通过制度创新来规避现行制度的弊端，并且最大限度地获得新制度的潜在利润。诺思是制度变迁理论的重要提出者，他通过对制度变迁的系统研究，阐述了制度变迁对经济增长的作用，总结了制度变迁的内在动力和制度变迁的规律。在其名著《制度、制度变迁与经济绩效》一书中，诺思对制度变迁理论有系统的解释。总体来看，西方经济学家认为，制度对经济增长的作用主要在于可以降低交易的不确定性，为价值创造和福利提高提供有利条件。同时，在制度的产生和变迁中会产生成本，降低制度变迁中的成本、形成更加富有效率和价值的制度结构是制度变迁研究的重要内容。在西方经济学的理论研究中，对制度形成和制度演化的过程关注更多的是交易成本的持续降低和对不确定性的消除。

2. 马克思主义经济学的制度变迁理论

马克思主义经济学也有其相对系统的制度变迁理论，马克思主义经济学认为，生产关系是所有制中的本质制度。生产资料所有制关系体现的是人与人之间的关系，在不同的所有制下就有不同的生产关系，它们之间是相符合的。对于制度变迁，马克思认为科学技术是推动生产力发展的重要因素，生产力决定生产关系，生产关系必须要适应生产力的发展，当生产关系适应生产力发展的要求时，社会生产力就可以取得发展；当生产关系不能适应生产力时，经济制度就需要进行变迁。生产力和生产关系的矛盾是社会基本矛盾，制度变迁就是社会基本矛盾运动的结果，因为具有决定作用，所以生产力成了社会经济制度变迁的最根本力量。

二 新中国农村土地制度的历史变迁

1. 农村合作社

农村合作社包括互助组、初级合作社和高级合作社等形式。新中国成立初期，农业在国民经济中的份额以及农业人口占总人口的绝对比重较高，政府在土地改革中充分考虑到这些因素，1952年成立农村互助组是农村土地制度变迁的本质体现，国家将土地、耕畜和农具等生产资料分给农户使用，农民可以按自愿的原则在农忙时节换工互帮互助。农民对生产工具拥有自由的支配权和明确的产权，此时的土地制度具有较明显的私有产权性质，从而极大地调动了农民的劳动积极性。

1953～1956年三大改造时期，我国对三大产业进行社会主义改造，到1955年，农业社会主义改造初步完成，我国农村进入初级合作社时期。初级合作社按照自愿互利原则，社员将土地、耕畜、农具等生产资料折价入股，成为合作社的共同财产，社员对入社资产不再享有直接的支配权、使用权和占有权，但并没有丧失其对财产的所有权。初级合作社以入股的形式分割出一部分农民的私有产权由合作社控制，形成合作社的共有产权结构。"互助互利"符合中国人民的传统习俗，"自愿"又给农民提供了宽松的思想环境，这一制度在形成初期得到农民的广泛接受。

到1956年，国家对三大产业的社会主义改造基本完成，农村进入高级合作社时期。在这一制度安排下，土地、农具等生产资料被强制集体化，个人财产无偿转让给集体。公有产权成为唯一的产权类型，农民只有名义上的生产资料，并且退出权也受到了极大限制。农业生产在这种强制性的制度安排下发展空间有限，且由于劳动成果存在不合理分配，而农民此时对土地等农业生产资料仍然停留在传统意识形态，公有产权表现出与经济水平的不和谐，但在当时的历史阶段，公有化程度进一步强化了。

2. 人民公社制度

1960年，我国农村开始进入人民公社化时期，人民公社制度在我国农村存在时期相当长。在这一制度安排下，生产资料归人民群众集体所有，实行公社、生产大队和生产小队三级管理体制，以生产队为基本核算单位，个人消费品实行按劳分配。从合作社到人民公社是强制性的制度变迁，并全面走向了生产资料公有制，人民公社制度实行的初始阶段也曾取得了一定的成绩，促进了农业生产的极大发展，但是土地资源的过于集中和产权共有，并不利于资源的合理流动和优化配置，虽然每个人都是公有财产的主人，但产权不明晰，导致没有人关心公有财产权利保障。国家对农业生产的管理也是粗放的，放任自流，没有必要的激励措施，农民的劳动积极性得不到刺激，农民参加劳动基本上是非自愿状态，这导致生产效率一直处于低水平，就本质而言是制度的供给偏离了其运行的初衷，当效率低下时，这一制度就需要进行新一轮变迁了。

3. 家庭联产承包责任制

这一制度最初的源头是1978年安徽省凤阳县小岗村"私下分地"，并在这种模式下启发了中国土地制度新的形式变迁，家庭联产承包责任制迅速地被人们接受，并在全国范围内推广。这一制度内容为，在坚持土地、水利设施等基本生产资料归集体所有的前提下，农户家庭与集体组织签订合同，把土地等生产资料包产到户，合同确定双方的权、责、利关系。在改革开放后相当长的一段时间里，家庭联产承包责任制极大地刺激了农村人民的劳动积极性，促进了中国农村的经济发展。这一制度变迁同时也是诱致性变迁的典型例子，它从一部分农民的自发行为诱致开始，在其成果具有积极意义并受到大家普遍肯定后，才在全国范围内推广。家庭联产承包责任制虽然没有明确的所有权，但其"交够国家的，留足集体的，剩下都是自己的"的朴素理念空前地调动了农民的劳动积极性。这一变迁符合中国当时的经济状况，因而取得了卓越的绩效。

三 粮食主产区土地制度特征

1. 土地家庭承包经营制度的性质

目前来看,粮食主产区现行的农村土地家庭承包经营制是以家庭为基本单位向集体组织承包土地等生产资料的劳动生产责任制。这是我国现在普遍采用的土地制度,家庭承包经营制不但发挥了集体统一经营的优越性,而且能够调动农民生产积极性,是适应我国农业生产特点和农村生产力发展水平的一种较好的经济形式,也是促进我国农业经济的持续快速发展、实现农民收入提高和改善农民生活水平的重要途径,为保障农村社会稳定做出了重要贡献。但家庭承包经营制也存在一些弊端,由于以家庭为基本生产单位,生产规模小,布局分散,而且随着人口的增长和土地耕种方式的变化,这一现象更加严重。从某种意义上说,这一制度排斥分工协作,强调各自独立耕种,导致农用机械化难以推进,许多新生农业生产要素难以充分发挥效能,不利于农业生产效率的提高,从其形式上看和中国几千年封建小农经济的发展形态很类似。改革开放三十多年来,随着社会经济的极大发展,农业生产在生产工具的使用和生产方式上都有了根本性的改进,为了促进农业经济更快更好发展,需要对传统的土地制度进行有效调整。

2. 家庭承包经营制度下的农村土地产权

我国现行农村土地家庭承包经营制度的核心是土地集体所有制,但围绕土地的所有、占有和使用等产生了一系列与农村土地产权相关的研究,这些衍生权利主要有农村土地所有权、农村土地承包权、农村土地使用权、农村土地收益权以及农村土地转让权。

农村土地所有权是指在农村土地集体所有的条件下,家庭承包经营土地所有的权利。在实行家庭承包经营制后,三级所有、以生产队为基础的集体概念逐渐模糊不清。农村土地所有权的主体虽然是集体,但其界定并不清晰,所有权的内容由法律规定,集体所有权在行使过程中受到极大限制,如遇到政府无偿征用等情形,难以得到有效保护。如果所有权的归属很明确,但其使用的有效性要集体行使才行,这又体现了所有权的集体性质。这样来看,农村土地的集体所有制存在某种程度的缺陷,这些缺陷在一定程度上阻碍了土地流转,也阻碍了土地规模效益的实现。农村土地承包权是指农村土地所有者对土地承包而连带获得的权利,包括使用和收益的权利。但土地承包权是由特定的权利主体在经营合同约束下按照一定的要求进行的,土地的集体所有制性质决定了土地流转不能由农户自主决定,而且流转的客体仅限于土地。农村土地使用权是农户按国家政策以家庭经营的方式实行人均承包使用集体土地的权利,由承包人来决定集体土地使用范围内的耕作的权利。但对于农村土地更广泛的用途,则是乡村集体处于主导地位,农户没有自主经营权,这虽然保证了土地的农业生产用途,但使农民对土地的长期使用缺乏安全感。此外,农村土地收益权是指农村土地的所有者和经营者双方围绕农村土地产生的权、责、利关系。由于农村土地的出让权和收益权由国家和集体来控制,乡村集体和农民之间缺乏协商的机制,各级集体以对农村土地的所有权向农户收取费用,由于这建立在行政权力基础之上,所以不但具有强制性,而且具有范围广的特征。新中国成立以来的大多数时间里,价格体制对农民来说也不合理,工农业产品剪刀差向工业转移了大量的农业剩余,成为资金从农村流向城市的主要渠道,农民利益由此受到损失。由于这一不平衡的转移是政府导向,农村土地使用权的转让和使用实际上也是政府来主导的,我国法律上规定只允许通过国家征用的方式把农村集体土地从农村集体组织向国家转移,但没有相反的从国有土地向集体土地转变的途径,即我国的土地权属转移是单向的。这种制度安排有利于国家而不利于集体和个人,它使国家成为无可争议的土地所有者,无形中给各级行政部门提供了寻租的空间。对于土地使用权的转让,虽然新的法律允许土地承包方在法律许可下可以自主决定农村土地承包经营权的流转和方式,但在基层集体的行政干预下,土地的流转和使用效率仍然长期处于较低的水平。

四 现行农村土地制度的特点与缺陷

1. 农村土地集体所有制理论的制度特征

农村土地集体所有制是我国现阶段最基本的农村土地所有制形式,从其形成的历史来看，集体所有制最早是由斯大林提出的，在斯大林时代的苏联，农业生产方式落后，无法满足工业的发展需求，从而严重影响了社会主义经济的发展。苏联政府不得不将农业生产资料强制划归集体共有，以集中人力、物力和财力发展农业生产。这种所有制在某种程度上消除了个人对生产资料的直接占有和使用。显然，集体所有制的本质是生产资料归部分劳动群众共有的制度。由于新中国成立初期面临复杂的国际背景，以及与苏联建立了友好的关系，我国早期的农业社会主义建设复制了苏联的道路，但农村土地集体所有制有其自己的特色。和苏联完全按照中央的指令实行调配的农业生产计划不同，我国的农村土地集体所有制早在人民公社时期就规定了在各公社实行必要的生产分工和劳动产品交换，从而避免了完全计划制的弊端，特别是在改革开放后随着农村商品率的极大提高，农民生产和生活直接面向市场，农村土地家庭承包经营制的制定和实行，形成了农村集体拥有土地所有权、农户拥有土地经营权的形式，达到了所有权和经营权分离的目的。

从城乡差别的角度看，农村人口不能得到城市人口所享受到的社会保障，农民对土地的依赖基本上是生存所需，农村人口分得的土地的性质具有一定的专属权，对土地的承包经营是生存和发展的起点。国家为了保证这一过程的公平，需要以集体行使土地所有权，按人口数量把土地均等地分给农民。加之我国长期的城乡二元体制将农村与城市严重割裂，政府对户籍的严格管理使农民很难脱离生产而从事非农业生产，土地是农民主要的生产资料，也是其生存发展的依托。农村土地的承包分配对农民起着就业的作用，即使现在，土地经营依然是许多农村家庭的主要经济来源，甚至对那些外出务工人员来说，土地仍然是他们最后的保障。

2. 农村土地集体所有制的制度缺陷

从时间上看，农村土地所有制从互助组到合作社再到人民公社，我国农村土地制度的集体性越来越强，这一制度变迁的过程是一种强制性的制度变迁，是国家政治力量主导的结果。土地集体所有制高度集中成了计划经济的附庸，不利于整个中国经济的发展。改革开放以后，由于实行了家庭联产承包责任制，以这一制度为基础，统分结合、双层经营的土地制度在我国迅速推广。家庭承包责任制促使农户成为独立的生产经营主体，在农业生产经营中具有独立的物质利益，解放了生产力，促进了农业发展。但这种制度的变迁是在同一框架下进行的，家庭联产承包责任制并没有解决好土地所有权和使用权的一致性问题，从而存在天然的缺陷。

在已有体制下，政府按家庭承包的形式把集体的土地平均分给农村的每一个人，看似公平，但我国农业人口过多，这一公平的分割必然造成分散的生产经营现状，土地分割细碎、分散经营导致农村土地生产的承包与规模、公平与效率之间产生一系列矛盾。随着后期人口的变动，这一问题表现得更为突出，在一些地方，承包权的变动加剧了这一矛盾。在农村土地的使用权上，承包期不稳定以及按人口分地引起责任田频繁调整，引发农民对土地使用的短期行为严重，没有人愿意在使用权不确定的土地上进行投入，这导致土地的长期效率得不到保证，使农村土地资源的价值遭受流失。而在农村土地的处置权上，由于经营权与所有权分离，不同的政府机构会为了短期利益而强行低价征收土地，损害了农民的利益，由于对土地完全没有支配权，农民也很难把土地作为资产来实现价值增值，甚至部分农民丧失了土地所有者的地位。在土地的收益权属问题上，虽然近年来各级政府陆续实施了免收农业税、种田补贴、粮价上调等惠民政策，但这些措施带给农民的利益也随农资物价大幅上涨而抵消，特别是部分农村地区由于市场不完善导致农产品价格低廉，削弱了家庭农业生产经营的热情，更有甚者，一些农民干脆放弃土地而外出打工。

家庭联产承包责任制的基础是传统的以家庭为基本单位的小农经济，其生产能力和发展水平均受到极大的局限，难以靠生产力带来显著改进。就经验而言，以小农经济为依托发展现代经济是非常困难的，根本无法由此实现由传统农业社会向现代工业化社会的转变。随着农村地域市场经济的发展，农村土地作为生产要素的一面也对其资源利用率的提高提出了要求，应该具有流转性，从效益低的部门转向效益高的部门。目前，各级政府部门为了振兴农业，提倡发展现代农业，而实现现代农业的重要一环是实现规模效益，实现土地的规模效益需要有完善的土地流转机制，突破土地使用权的家户观念，实现土地的规模化经营。在我国的很多地方，土地的规模化集中过程是依靠行政手段来进行的，表面上看是整乡或整村流转，实际上是片面求规模，大搞土地兼并，以行政力量强制性地把土地低价流转给涉农企业，虽然形成了规模化经营、提高了企业的效益，但严重侵害了农民的土地承包权益，最终损害了农业发展的长期利益。

五 农村土地制度变迁的基本趋向

1. 农村土地制度的创新需求

制度创新过程复杂且成本高，制度创新并不是自动发生，需要具有某种内在的需求才会出现。农村土地制度的创新需求，是指农村经济谋求某种利益或为规避现行制度风险而产生的制度变迁需求，这会对已有制度进行审视并进行制度的重新安排。只要发生了制度的非均衡运行，就会产生对新制度的需求和新制度的潜在供给，不管这种潜在供给能否成为现实，以及能否使制度创新需求得到满足。土地是农村经济运行的根本，则农村土地制度的变迁是农村经济制度变迁的主要体现。

从成本角度来讲，当农村土地制度创新的收益大于其成本时，就产生了对制度创新的需求，但这种需求还需要达到某一值域，从而诱致农村土地制度的变迁。我国经济体制改革的目标是建立社会主义市场经济体制，农村土地制度创新的目标也需要与这一目标相适应。从技术角度看，虽然技术进步的基础是制度安排，但技术进步反过来又促进了制度创新。对农业领域也是如此，当农业技术达到一定水平时，会成为催化土地制度创新的动因，因为技术的进步会调动农村经济对土地等资源重新配置的积极性。

2. 农村土地制度创新的供给

制度供给实际上涉及制度决定者对制度变迁方向的确定，当制度变迁的决定力量能够在制度变迁中起作用时，其结果也由此而先验给定。我国的经济制度创新在政府设计的制度安排框架内有秩序地进行，由于受制度需求的影响，制度变迁在更大程度上受制于政府的既定经济秩序，政府提供制度安排的能力与意愿也在起作用，这种由政府做出的推进改革的制度安排可以认为是我国农村土地制度创新的供给力量。目前，我国粮食主产区农村经济发展受到制度供给不足、农产品流通不畅、农村土地规模化程度不高和剩余农村劳动力数量大等约束。这既与农民的知识水平和市场行为能力有关，也与政府在试验和推行制度创新投入不够有关。政府更多地追求在政治稳定与经济效益之间做出最优选择，所以要获得在政治和经济的利益冲突中实现双赢的制度供给是困难的。

从另一层面来讲，制度创新是对制度非均衡的反应，实现制度从非均衡到均衡的演变也是制度变迁的重要方面。张曙光将制度均衡定义为人们对既定制度安排和制度结构的一种满足状态或满意状态，无意于去改变。相应的，制度非均衡就是人们对现存制度的一种不满意或不满足，欲意改变而又尚未改变的状态。当前农村经济发展中的相关问题，是市场经济运行对制度的要求与农村现行经济制度的冲突所引起的。要解决此类问题，根本方法是进行农村经济制度的创新，而农村经济制度创新的根本在于土地制度的创新。

3. 农村土地制度变迁的基本趋向

农村土地制度的创新是农村经济发展的基本前提，我国改革开放的目标是建立有中国特色的社会主义市场经济制度，则农村土地制度创新也应该以建立社会主义市场经济的要求为依据，在制度安排上有根本的突破。目前来看，制约我国农村土地创新的主要问题是制度供给不足。现行土地制度也存在不适应经济社会发展的缺陷，应进行深入改革。然而，我国农村土地产权改革的重点不应该是农村土地产权本身，而应该是在现有产权关系下，以农村土地家庭承包经营为基础，进行土地使用权的流转。其改革的办法就是从农村土地承包权中将农村土地使用权分离出来，农民可以保留承包权和使用权，又可以将其拥有的使用权流转出去，或者将承包权和使用权一并流转。无论是承包经营权的流转还是承包使用权的流转，都是土地流转的范畴，并决定未来时期内农村土地制度变迁的基本取向。其基本取向主要在于如下四个方面。

（1）土地使用权的适度集中和快速流转

土地承包经营权是国家赋予农民的基本权利，农村土地承包和流转的主体应该是农民而非政府。法律要保护农民享有自主的土地使用权、收益权和流转权，任何组织和个人不得剥夺农民的这些权利。土地使用权的流转要坚持依法、自愿、有偿的原则。依法，就是土地流转必须按照有关法律法规和中央政策进行；自愿，就是农户承包地是否流转应由农户自主决定，任何组织和个人不得强迫农户流转土地，也不得阻挠农户依法流转承包地；有偿，就是土地流转获取的收益应归农户所有，任何组织和个人不得截留和扣缴。依法、自愿、有偿的原则是指导土地流转的基本准则，是规范土地流转行为的重要依据，是衡量土地流转是否合理的根本标准。在当前制度环境下，土地的利用要符合国家土地利用总体规划要求，规范土地利用方式，各级农业、土地行政主管部门要切实加强农用地管理，选择合理的流转方式，促进土地合理流转，包括采取转包、转让或互换、租赁、入股等形式。要明确承包关系，签订土地流转合同，并报农业承包合同管理部门和发包方备案，严禁集体或各级政府以反租倒包的形式把农户的承包地收回，这实质上剥夺了农户的承包经营权，是国家法律和政策不允许的。

（2）健全土地流转的法律制度

农村土地流转涉及大量纠纷，这也在客观上形成了对现有法律及法制对土地流转领域的需求。目前已经有一些地方的土地流转交易平台建成，如在安徽凤阳等地已经出现了农村土地流转交易中心，这些都是农民作为市场主体自发组织的结果。正是由于市场主体的自发组织，这些中心在市场运作中出现了一些规范不清、土地流转纠纷增加等现象，不利于土地流转的深入进行，这些都表明需要更加完善的交易平台和规范的法律服务。

（3）规模化和跨行业的流转

随着工业化、城镇化和农业产业化进程的推进，以及上述三者的协调发展，农民由农业农村向城乡非农业的转移必然要求与土地脱离以前的关系，特别是历史时期形成的农民对土地的依附关系。这些提供了土地大规模、跨行业流转的前提，成为未来农村土地要素流动的一个重要取向。所谓大规模流转，就是土地资源突破乡村行政地域和聚落范围的限制，在某种特定的规划下进行的整体流转；所谓跨行业流转，则是强调在国家对土地用途规定的各种法律法规框架内，实现土地资源在农业产业内部不同行业之间进行的流转。

（4）提高农村经济合作组织的作用

制度变迁的目的是形成一种更加富有效率和价值的组织结构和合作秩序，相对于城市而言，农村是相对封闭的体系，这种封闭的体系限制了农民之间的合作范围。但这种相对封闭的状况会由于工业化和城镇化的推进而逐步改变,农村生产生活要素的进一步集中将创造有利于合作的结构空间。实际上,在中国许多发达地区的农村,已经具备了促进要素集中的条件,呈现以城镇化带动农村发展的新模式。但是,这些模式的推广还存在诸多问题,重要的是提高农村经济组织的作用,强调地域发展的不均衡性,以不均衡的思路推进农村经济合作组织发展进而促进农村土地制度变迁。

第四节 粮食主产区土地制度创新的路径分析

一 影响土地制度变迁路径的因素

从粮食主产区土地的供求关系来看,需求要求一定量的供给,但土地供给远不能满足需求,这使得我国农村土地供求存在不均衡性质,这也是我国现有土地制度变迁的主要约束力。制度变迁也具有内在的一致性,当外部环境与内部结构一致性难以满足时,制度就会进行调整以谋求对制度本身而言的最利己安排。目前,我国的家庭联产责任承包制是在坚持土地等基本生产资料归集体所有的前提下,让农户家庭与集体组织签订合同,把土地包产到户,并明确农户与集体的权、责、利关系。在过去一段较长的时间里,家庭联产承包责任制由于解放了生产力,促使我国农村经济走过了一个快速发展的时期,但到20世纪80年代以后,农村经济发展开始减缓,而且农村产业结构没有能够在这一体制下得到发展和优化。加之农业生产规模效应差,难以达到市场经济所要求的产业化和规模化经营,这也从另一个方面体现了农村劳动力转移的困难,形成农村经济发展的制约因素,最终表现在对土地制度创新的需求上。可见,现实中土地制度的供给低于制度需求的增加。

农村土地制度的变迁最终要涉及产权问题,而产权问题关乎农民的最直接利益,对这一问题处理的正确与否与农民农业生产的积极性又密切相关。我国的城乡二元体制割裂了农村和城市的联系，客观上也加大了土地制度变迁的阻力。从某种意义上讲，固有的城乡二元体制限定了土地作为农民主要生产资料的性质。农民无疑是土地制度变迁的重要推动者，实现土地所有权与承包权的分离虽然为农村土地的经营提供了条件，但也使农民对土地产权认识不清晰，农民对自己作为土地变迁主体的认识不足，也制约了土地变迁的进一步深入。而要革除这一点，必须对固有的城乡二元体制进行彻底改革，将土地制度变迁放置于经济社会的整体改革框架中。在保证农民最根本利益的前提下，强调政府参加调节的机制。同时，农民文化知识水平普遍较低，不容易将自己对土地变迁的期望和要求明确表达出来，所反映的信息不够正确和全面，造成信息的不完备。农民也认识到现行土地制度存在很多不足，希望能有一个更好的制度来合理分配土地，既促进农业生产的提高，又使农民效益最大化。农民对政府仍然有很高的信任度，政府作为制度的设计者应该负起责任，而农民和政府是土地制度变迁中最重要的主体。制度的变迁就是政府、集体和个人之间相互协调，最终达到各方利益协调的平衡，这个过程就是政府、集体、个人之间的一个博弈。这需要他们之间建立一个博弈规则，在这个规则中通过各方的努力使土地制度趋于完善。当利益各方分配均匀时，均衡就存在，而当新的利益产生、有人要追求这一利益时，已有的均衡就会被打破，新的规则就会在下一轮的博弈中产生。在土地制度变迁中，农民作为主体，其知识水平的高低很重要，这是掌握和了解信息并做出正确判断选择的重要因素。政府在制度变迁中起着很大的作用，它既是制度的制定者，又是制度的执行者和维护者。在制度的运行中会产生很大的成本，付出成本必须要有收益。新制度经济学认为制度变迁与制度的供给和需求相关，而制度的供给和需求水平及其力量均衡取决于制度变迁的收益和成本分析，更取决于新制度安排的预期收益。成本收益直接决定了制度变迁的效果，也决定了制度变迁主体的积极性，当收益小于成本时，很难推进制度的深入变迁，也表明旧有制度所容纳的全部生产力还没有完全释放，尚未达到新的制度变迁所需的前提条件。此外，土地制度的变迁还受历史条件约束，当不同历史时期制度变迁主体的认识水平不同时，在利己原则作用下，各主体均是以收益的大小来确定自己的行为是否可行。

农村土地制度是在一定程度上以一种公共品供给的形式出现的，是一个面向大众的公共范畴，作为公共品的一个共性就难免会出现"免费搭车"的现象，从而降低人们的行动积极性。在大多数领域，制度作为一种公共范畴，其变迁应以国家为主导、集体和个人参与来共同实行。在土地制度变迁的过程中，有旧制度的破除和新制度的建立，会付出一定的成本，参与者也难免因此付出代价。另外，土地制度作为一种公共品，当最初促进制度变迁的主体在这一过程中付出的成本需要由自己承担，而公共品的公共性质又导致其收益不能由最初推动变迁的主体独享时，农民自己付出代价换回的制度创新就会被不需要负担额外土地制度变迁代价的人"免费搭车"。当更多的个人从利己角度出发，不参与推动土地制度变迁的过程时，就难以实现最初的目标。在土地制度的变迁过程中，如果把一切推给政府，虽然政府有责任推动，但仅依靠政府也会出现一系列问题，政府获得的信息以及政府在制度变迁中的利益结构与农民并不完全一致，最终的制度形式未必是最完善的。

二 土地制度变迁的演化形式

土地制度的变迁是一种制度形式的演变过程，在我国经历了多种形式，新中国成立以来，我国土地制度经历了互助组、初级合作社、高级合作社、人民公社制度，再到现行家庭联产承包责任制的变迁。而农村经济体改革的重要方面就是土地制度的变迁，从1952年的互助组到1978年的家庭联产承包责任制，具有我国农村经济制度演化的内在规律。

中国经历了两千多年的封建君主专制制度，这种专制制度影响范围极广，农民的观念里具有根深蒂固的个体小农经济观念。个体的经济制度也形成了1952年实行的互助组的基础，从1955年《关于农业合作化问题》的报告颁布，我国农村发展进入初级合作社时期，这两种形式的制度演化都是基于自愿互利的原则，农民享有进入与退出的自主权。同时，这两种制度在其变迁过程中均是诱致性与强制性相结合的制度演化形式，与当时农村的经济发展状况是相适应的，但在实际中持续的时间较短，不到五年的时间。

1956年起进入高级合作社时期，公有产权是这一制度下的唯一产权类型，农民只是名义上的生产者，没有自由的退出权，可以认为这是一种强制性制度变迁，过于强调强制性，因而暴露了一些存在的问题，但在当时并没有引起注意，甚至错误地认为公有化程度仍不够高，最终导致这一制度形式未能持续太久。

人民公社制度始于1960年，是我国农村发展中存在时间较长的制度，实际上也是一种强制性的制度变迁。它具有三个特点：一是产权集中化。以服从命令的强制方式界定每个当事人的损益边界，根本不存在农户之间以及农户与政府之间的谈判和交易。二是采取人民公社、生产大队和生产队三级的集中组织形式，在这种组织中，农民对上级命令只有无条件的执行，具有较大的执行成本，为了监督农民劳动所付出的监督成本达到相当高的程度。三是劳动所得取决于整个集体的净产权，使用公分制的酬劳体制，但每个人的努力与分值联系并不明显，从而损伤了农民的劳动积极性。总而言之，人民公社制度从人、财、物等方面全面剥夺了农民的自主权，当劳动主体没有劳动积极性时，就推动了制度的进一步变迁，当制度变迁的预期收益远高于制度变迁的成本时，新制度的产生就不可避免了。

自1978年安徽凤阳县小岗村首创土地承包起，家庭联产承包责任制开始成为农村经济普遍采取新的制度形式。这一制度是从一部分农民基于自身经济激励的自发行为开始。由于这一制度结构有利于极大地解放生产力而逐渐受到政府的普遍认可，而后在全国大范围内推行。由于这一制度变迁源于制度变迁主体对需求的迎合以获取制度变迁的收益，所以属于诱致性制度变迁的范畴。在这一制度下，农民获得了土地经营权，此种个人产权形式在家庭这种基本组织形式下有利于损益效应内在化，激励机制变得清晰，而且这种制度结构也满足了中国农村几千年的与家庭、小农经济这种深厚历史相适应的传统非正式制度。

综上所述，新中国成立后土地制度的演化形式并非单一力量的作用，而是由诱致性与强制性制度共同引发的。从互助组到初级合作社的演化既有诱致性变迁力量，又有强制性变迁力量；而从初级合作社制度到高级合作社制度再到人民公社制度的演化，则主要是强制性变迁力量的典型案例，家庭联产承包责任制的形成和实施又是诱致性变迁力量的一个范例。

但总体而言，每一种制度演化形式都与当时的社会环境密不可分，打上了时代的烙印，这些对我们理解粮食主产区的土地流转具有理论价值。粮食主产区是保障国家粮食安全的重要支撑，其土地制度创新应该考虑到具体的经济社会实际，进行低成本、高效率的土地制度变迁进程，在促进粮食主产区粮食增产的同时实现经济社会的整体发展。

三 粮食主产区农村土地制度变迁的基本路径

根据萨伊定律，供给会创造其自身的需求，制度创新也是一种供给，合理的制度供给也能够创造其自身的需求。观察我国土地制度演变过程可知，土地的所有权始终归国家所有，农户实施土地流转的只是土地的使用权，这一过程只是对土地权益在不同制度形式下的强化和弱化转换。由此，每一次土地制度的变迁都有政府的影响，具有一定程度的强制性，其实施也是从点到线、从线到面的试点式推行。土地制度变迁具有一定的公共性，由于我国区域经济社会发展程度具有不均衡特征，与不同地区相适应的土地变迁程度也不同。粮食主产区多是传统经济社会占优势的区域，工业相对发展水平较低，其整体经济体系中农业生产还是经济发展的一个支撑，农民对土地的依赖性较高。因此，在推行土地制度变迁的过程中应该考虑到不同地区的特点，做出多样化的安排，而不是单独依靠土地变迁本身。应将土地制度变迁置于整个经济改革体系中综合考察，以便达到各方面的协调。经济体制的改革联系到农业产业化发展，农业产业化也是对土地制度变迁的一个适应过程。本质而言，农业产业化是农业经济发展到一定阶段的产物，是用工业化的方法生产农产品，其对农民的知识水平要求也有一个新的提高。

粮食主产区建设客观上要求农村土地制度的创新。我国农村土地制度的基本形式是家庭联产承包责任制，而且这一形式被证明曾经发挥较高效率，也将在未来的长时间内起作用。土地制度的变迁就是在不改变现有承包关系的前提下，充分盘活土地资源，挖掘农村土地资源潜力，不损害农民对土地的依赖性质，使土地具有一定的社会保障功能，让土地真正成为农民发展的依靠，在此基础上探索有利于农村发展和区域经济发展的途径，这需要政府、机构和农民等社会主体的共同参与。农民在一定层面上对国家农村土地政策的稳定性仍然存在一定的疑虑，尚未深刻理解土地流转对粮食增产的作用，依靠土地的观念比较浓厚，不能关注国家层面上的粮食安全问题，对待土地流转的具体问题仍然受到传统文化观念的影响。客观上看，农民迫切需要能够充分盘活土地资源，从传统农业生产方式中解放出来。政府应该承担起责任，在市场效率和农民福利方面做出有效的政策设计。基于此，粮食主产区农村土地制度创新应遵循如下五个方面。

1. 以市场机制为主，行政手段为辅，积极促进农村土地流转

创建一种能够给予农民可靠承诺的制度环境，要求建立起一个包含正式规则、非正式约束及其实施机制在内的完善的制度框架。上述三者结合的目的是实现制度创新的低成本，减少制度创新中的交易费用（诺斯，2008）。为了实现粮食主产区建设设定的目标任务，需要以市场机制为主、辅之以法律和行政手段来促成农村土地的高效可持续流转。在现行法律框架下，农村土地流转不能改变其农业用途，制度创新的体制机制设计不能偏离这一根本原则，应在这一原则框架下扩大流转的范围和规模。积极探索并逐步形成以农民经纪人、经纪公司、农村经济合作组织和农业产业化企业为主体的农村土地流转市场体系。对于规划范围内的农业用地，在普查的基础上，制定《河南省粮食主产区农业用地流转条例》，统一规范农村土地的流转行为。

2. 扩大和提高农民社会保障，解除农民后顾之忧

为解决农民在土地流转后的生产生活保障，对于土地流转过程中的不确定性，需要在政策制定中予以考量。应逐步将粮食主产区的农户纳入国家农村生活保障体系，最大限度地减少农民对土地的依赖。争取中央资金，并适度安排地方资金，提高粮食主产区农户的社会保障水平，解除其后顾之忧。

3. 促进农业劳动力转移，加速农业产业化进程

土地制度的创新涉及人的就业转移，进行适度的人地分离和要素适度集中是提高产业化水平的重要方面。在推进农业产业化进程中，应着力考察其对农村剩余劳动力的吸纳能力，将其作为衡量产业化水平的重要标志。而产业化是与工业化和城镇化同步进行的过程，也就是说，要将农业产业化和农村现代化、城乡一体化联系起来。鼓励农业生产企业参与粮食主产区建设，提高企业在粮食主产区土地制度改革中的积极作用，发挥政府的决策引导作用和监督作用，谋求企业提高经济效益和社会解决劳动力就业之间的均衡，可考虑将企业吸纳劳动力就业作为企业的社会责任进行评价，并给予适当的激励刺激。

4. 发挥农村经济合作组织在农村土地流转中的作用

以农村经济合作组织为农村土地流转的中介，建立更加具有公信力、更加专业的农村经纪人制度，并在法律上明确农村经纪人的合法地位，制定合理的农村土地流转程序。当以政府为主导推进土地流转时，农民会认为自己的利益得不到保障，如果成立以农户为主体的农村经济合作社，使之成为农民自己的专业化组织，就能够与企业、政府等社会主体进行谈判，农村经济组织也能够获得比单个农户更强的谈判能力。对农村经济组织合法地位和主体地位的明确，是降低土地流转中的不确定性、保障农民利益实现的重要途径。

5. 推进工业化和城镇化进程，促进土地要素的集中

土地是农民最具有价值的资产，土地流转是实现农民资产升值和福利提升的重要途径。理论和实践均证明，要素分散不利于农村经济社会的可持续发展。工业化和城镇化的深入发展带来聚落形态的根本变化，伴随这一过程的是劳动力要素的集中，它会产生显著的规模效益，成为土地要素集中的外部条件。

总之，粮食主产区建设是保障国家粮食安全的重要战略举措，而推进粮食主产区农村土地制度创新能够促进这一战略举措的顺利实施。当前，农村土地流转主要是由非正式规则来推进的，这在一定意义上不利于进一步提高土地的利用效率。理解并有效掌握农村土地制度变迁的内涵和性质，分析土地制度变迁中各类主体构成的复杂组织结构和合作秩序，有利于设计适应时代发展的土地制度结构，通过农村土地大范围、跨行业流转实现粮食主产区建设，并达到促进区域经济协调发展的目标。

第六章 人力资本与粮食主产区经济增长

第一节 绪论

一 研究背景和意义

在当代世界经济发展历程中,经济增长是绝大部分国家和政府的首要目标,较高的经济总量、经济增长率和人均 GDP 成为体现一国国民生活水平和国家综合实力的重要标志。为了实现更好更快的经济增长,探明经济增长的动力、发掘经济增长的源泉成为很多经济学家研究的重要方向。20世纪以后,数学被越来越多地运用到经济学的研究当中。随着统计和计量的应用、经济学理论的进一步发展,很多经济学家开始用数学及统计计量建立经济增长模型,研讨经济增长。哈罗德(1939)和多马(1946)提出了哈罗德-多马模型,模型中强调储蓄率和资本-产出比率对经济增长的解释,哈罗德-多马模型强调物质资本对经济增长的意义,但存在很多不合理之处,"模型过分强调了资本在经济增长中的作用,从而把经济增长源泉推向一个唯资本积累的程度,而相对忽视了技术进步、知识与教育、人力资本在经济增长中的作用"(王文珺,2011)。索罗(1956)和斯旺(1956)对哈罗德-多马模型进行了改进,提出了新古典增长理论,强调技术进步对经济增长的作用。索罗(1957)在之前经济学家研究的基础上,对决定经济增长的主要因素进行概括,认为资本存量、劳动投入和技术水平是决定经济增长的几个最主要因素,并对以上因素进行量化,提出了数学形式的索罗模型。舒尔茨(Schults,1960)首次系统地提出了人力资本理论,认为"人力资本是凝结在人体中,能够使价值迅速增值的知识、体力和技能的总和",舒尔茨将资本细分为物质资本和人力资本两部分,特别强调了人力资本投资在经济增长中的重要作用,从此,人力资本研究越来越被重视。阿罗(1962)和罗默(1986)进一步将人力资本内生化,认为人力资本增长能够抵消资本边际收益递减的影响,能够保证经济的持续增长。丹尼森利用更为精确的计量方法,测算出了美国1929~1957年经济增长中有23%应归因于以教育为主要形式的人力资本投资的积累。明塞尔(1993)认为,"在宏观生问题的理论框架中是显而易见的:经济水平、社会的人力资本存量及其增长是经济增长过程的中心"。巴罗(2001)用教育作为人力资本的指标,利用大约100个国家1965~1995年样本分析了其对经济增长的影响,得出成年男性接受中高等教育的初始平均年数与经济增长呈正相关的结论。

人力资本被运用到经济研究中是一个巨大的进步,人力资本的研究不但使经济学家更科学地解释了经济增长,而且对区域经济增长及不同区域经济差异方面的研究提供了新的思路。经济学家通过实证分析发现:人力资本是现代经济增长重要的推动力,实现经济增长不能单纯地依靠物质资本投资的增长,更要注重发展人力资本。这给了中国区域经济增长研究一个重要的启示,人力资本已经成为研究区域经济增长不可忽略的因素,将人力资本运用到区域经济增长的研究中十分必要。我国学者在这方面的研究中已经取得了一定的进展,例如,马建会、李萍(2008),廖楚晖、段吟颖(2011)和景跃军、蓝天(2010)利用计量方法研究人力资本在区域经济增长中的作用,认为人力资本对不同区域的经济增长有不同程度的影响。

包含13个省份的粮食主产区是我国商品粮生产的核心区域,对确保国家主要农产品有效供给具有决定性作用(顾莉丽、郭庆海,2011)。粮食主产区区域经济的发展显然十分重要,目前,有关粮食主产区人力资本的研究十分匮乏,大多数研究和政策制定偏向于物质资本投资,人力资本的贡献没有得到应有的重视。粮食主产区人力资本的存量及其对粮食主产区区域经济增长的贡献目前也没有相关研究测算,人力资本在粮食主产区区域经济增长中的重要作用也没有引起足够重视。

二 国内外研究现状

人力资本的提出开拓了经济增长研究的新领域，人力资本理论的提出使众多经济学家在人力资本对经济增长的作用机制及大小方面做了相当可观的研究。在这些研究中，有些研究证明了人力资本对经济增长存在的作用，有些研究利用计量经济学的方法，测算出了人力资本对经济增长贡献的大小。

1. 人力资本促进经济增长研究综述

人力资本理论提出以后，经由后续研究者的发展，已经逐步成熟。很多研究者研究表明，人力资本对经济增长已经颇具解释力，国内外众多研究有力地肯定了人力资本对经济增长的积极作用。舒尔茨（1960）是最早对这一问题进行系统研究的经济学家，他认为人们所掌握的技术和知识也是资本的一种类型，并将其定义为人力资本。他利用教育替代人力资本对美国 1929~1957 年的经济增长进行了研究，认为该时段美国经济增长中至少有 33% 要归因于人力资本的推动。丹尼森（1962）也采用了教育替代的方法对同样时段的美国经济增长进行了研究，认为教育对这一时期经济增长的贡献率为 23%。丹尼森的测算结果虽然与舒尔茨相差较大，但是并没有否定人力资本对经济增长的推动作用。明塞尔（1979）研究了"人力资本与挣得的关系"，认为人力资本的积累与个人收入存在正相关，肯定了人力资本对经济增长的作用。巴罗（1998）用大约 100 个国家 1965~1995 年的数据分析了这些国家教育对经济增长的影响，认为特别是男性高等教育初始平均年数与经济增长呈正相关。

对于人力资本对经济增长的影响，中国学者也不乏研究。在这些研究中，学者们使用了不同的方法，所以研究结果有一定的差异。由于数据的可获得性比较强，一部分学者选用教育作为人力资本的替代指标进行研究。蔡增正（1999）使用 194 个国家和地区的数据，研究了教育对经济增长的贡献，认为"教育对经济增长的贡献是巨大而具有实质性的"。郭琳、车士义（2010）运用全要素生产率法，用北京市 1991~2006 年的时间序列数据，采用规模不变的柯布-道格拉斯生产函数进行回归，结果表明，北京市高等教育发展对北京市经济增长的解释力和物质资本对经济增长解释力的权重相近，北京市的人力资本对经济增长的推动十分显著。刘琴（2012）将教育培训投资视为"提升性人力资本投资"，对经济增长和人力资本投资的灰色关联度进行测算，发现"提升性人力资本"与经济增长之间的关联度高达0.6166。廖翼、唐玉凤（2012）使用平均教育年限法，使用柯布-道格拉斯生产函数构造计量模型，证明湖南地区人力资本对经济增长有显著意义，强调要重视人力资本投资。王鸿雁、刘晓霞等（2007）以北京为例，研究认为北京人力资本外部性模型中人力资本的总贡献率达24.45%，虽然不及物质资本贡献率，但是人力资本对经济增长的贡献已经相当可观。唐祥来（2008）将教育分为不同层次，以卢卡斯的生产函数构建计量模型，研究江苏省人力资本和经济增长之间的联系，认为不同层次的教育对经济增长有不同的推动作用，而且在不同经济增长水平下推动作用大小不同。马宁、王选华、饶小龙（2011）使用受教育年限法测算北京地区人才在经济增长中的贡献率，认为1978~2008年北京地区综合性人才贡献率仅为17.50%，远低于物质资本贡献率63.73%。廖楚晖、段吟颖（2011）采用1997~2008年有关数据，对四川和重庆两地教育消费、人力资本和区域经济增长进行了研究，认为提升人力资本投资对区域经济增长有重要意义。

从数据的可获得性来讲，利用教育测算人力资本与经济增长之间的关系比较容易，但是有些研究者认为这种方法虽然比较容易实施，但是对其科学性和实证的说服力存有异议。这些研究者认为，人力资本是一个综合概念，教育仅仅是人力资本积累的一种重要途径，但并不是唯一途径，用教育年限衡量人力资本并不是十全十美的，同时建立在这种方法之上的计量回归结果也有待商榷。在这种情况下，部分研究者采用不同的计量方法，用相对综合性的指标研究人力资本对经济增长的影响。建立在改进后方法之上的研究，并没有否定人力资本对经济增长的重要作用，许多研究结果表明，人力资本对经济增长的促进作用是十分巨大、不可忽略的。董亚娟（2008）把科教文卫投资总额作为人力资本投资额，采用同物质资本度量相类似的方法度量人力资本，计算出1990~2005年浙江省人力资本对经济产出的贡献率高达31.76%，人力资本在区域经济增长中的作用十分突出。李绍刚（2011）从人力资本定义出发，从人力资本的投资角度测算人力资本，测算出人力资本对广东经济增长有推动作用。以上研究并没有推翻人力资本对经济增长的推动作用，很多研究者在人力资本对经济增长具有推动作用的观点上已经达成共识。采用不同方法度量人力资本的研究结果趋向一致，即人力资本投资对经济增长有着强劲的推动作用，且这种作用不容忽视。为实现经济增长，基于众多学者的研究，政府逐渐重视人力资本投资的途径。人力资本的重要性日渐受到重视，人力资本可能成为不亚于物质资本的重要投资渠道。

2. 人力资本与区域经济增长的研究

区域经济是国民经济基本的组成单元，实现区域经济增长是实现整个国民经济增长的基础，没有区域经济增长，整个国民经济的增长就无从谈起。怎样实现区域经济的增长，也是经济学界研究的重点。人力资本理论发展成熟之后，从人力资本角度研究区域经济增长成为一个重要的研究方向，此类研究逐渐增多。同时，国内外很多相关研究表明，人力资本对实现区域经济增长有着十分重要的作用。

王鸿雁等（2007）认为在知识经济时代，人力资本投资已经成为国家间竞争的核心，对人力资本的投资是实现国家繁荣的重要战略，他们以北京市为研究范围，研究了区域范围内人力资本对经济增长的影响，认为北京市人力资本的总贡献率高达 24.45%，此外，人力资本投资还能通过优化劳动力结构来影响产业结构。区域人力资本的投资并不仅仅作用于本区域经济，而且通过溢出效应会促进相邻区域的经济增长，黄平（2008）通过对不同区域人力资本对区域经济影响的研究证明了这种现象。可见，通过投资人力资本，不同区域间可实现一定程度的协同增长，这对消除区域经济发展不平衡、实现区域经济协同发展很有启发意义。在试图减小区域经济增长差异时，不但要注重物质资本的投入，而且应该加大人力资本的投入。景跃军、蓝天（2010）认为人力资本的投资不足和人才的外流使得东北地区区域经济增长受阻，增加人力资本的投资是重振东北老工业基地的重要策略。他们的研究肯定了人力资本对区域经济增长的重要推动作用，认为缺乏人力资本投资往往是区域经济增长的绊脚石。在物质资本投入一定程度之后，对人力资本的重视和投入是促进区域经济增长非常有效的方法，人力资本投资应作为实现区域经济增长的重要途径而得到重视。人力资本对产业的影响存在明显差异化，部分产业，尤其是高新技术产业，更需要人力资本的投资所创造的专业人才，这些产业往往是区域经济增长的龙头产业，相比于其他产业而言，这些产业更能创造经济效益，带动区域经济快速增长。马建会、李萍（2008）研究了不同层次的人力资本对区域经济的影响，认为实现广东省区域经济增长的重点应放在人力资本投资，尤其是专业人力资本投资和企业家人力资本投资上。两位研究者将人力资本的投资视为实现区域经济增长的重心，认为人力资本投资更加应该得到重视，人力资本在促进区域经济增长的同时还能起到优化产业结构的作用。李忠民、张子珍（2007）认为实现区域经济增长已经离不开对人力资本的投资，强调了通过加大对人力资本投资的方式来实现区域经济增长的重要性。董亚娟（2008）利用浙江省1990~2005年的数据，通过计量分析，测算出人力资本对浙江省的经济贡献率为31.76%，认为实现区域经济协调发展，必须侧重于对人力资本的投资。孙晓红等（2012）研究证明了人力资本存量与产业结构调整之间存在相关性，加大对人力资本的投资能实现区域产业结构的调整和升级。可见，人力资本对区域经济的影响不仅体现在促进区域经济增长上，而且表现在促进区域经济产业升级、实现调整区域经济结构上。人力资本对区域经济的这种影响启发我们对实现区域经济协调发展的方式产生新的认识，以此为依据可以开辟实现区域经济协调发展的新途径。有的学者认为人力资本对区域经济增长的贡献率更高，龚立新（2012）认为1995~2010年，江西省人力资本投资对其经济贡献程度在64%左右，他的研究更加强调了人力资本投资对区域经济增长的贡献，认为人力资本投资对区域经济增长的贡献率已经远远超过物质资本对区域经济增长的贡献率。钱晓烨（2010）认为人力资本与区域创新之间有显著的正相关关系。另外，一些学者认为人力资本投资对区域经济增长的影响并没有达到很高的程度，但他们的研究并没有推翻人力资本投资对区域经济增长具有推动作用的事实。例如，高明（2008）认为，山东省和广东省在1980~2004年，物质资本对区域经济增长的作用仍占主导地位，但是人力资本对区域经济增长的影响正在逐步加强。

以上众多对人力资本与区域经济增长关系的研究，在研究方法上存在明显差异，在研究思路上各不相同，研究结果也不尽相同。造成研究结果差异的原因多种多样，可能是因为统计口径不一致，或者在指标选取上存在差别，抑或分析方法有差异。但是通过分析，仍然能从这些研究中得到十分有价值的结论。这些重要结论是进行下一步研究的基础，成为下一步研究的铺垫，可以从他们的研究中找到新的研究思路和坚实的理论基础。总的来说，他们的研究给我们以下启示。

人力资本投资对实现区域经济增长十分重要，是实现区域经济增长的重要途径。以上学者的研究从不同角度证明了人力资本投资对区域经济增长的重要性。无论是理论推导还是实证分析，他们的研究都得出这样一个具有共性的结论，即人力资本投资对区域经济增长有积极的推动作用，人力资本的投资能很好地促进区域经济的增长。虽然这种推动程度的大小，即人力资本对区域经济增长的贡献率，没有得到相同的测算结果，但是他们的研究对人力资本投资能实现区域经济增长这个命题并没有否认，而是都支持了这个命题。而且，大部分学者的研究强烈支持了这个命题，强调了人力资本投资对实现区域经济增长的重要性。这就要求我们在试图实现区域经济增长时，要考虑增加人力资本投资。要实现区域经济增长，就不能忽略人力资本的投资，人力资本投资能更好地实现区域经济增长。

相对于物质资本投资而言，人力资本投资有更长的受益周期。与物质投资不同，随着时间的推移，人才的投资边际收益率并不明显递减，这种投资的边际收益率可能随着个人知识的积累等因素愈加提高。这并不难理解，相对于物质投资而言，人的知识并不随着时间的推移而产生折旧，反而越来越多。人力资本消亡的首要原因是个体的死亡，人力资本在使用过程中不但不会明显减少，反而会通过对新知识的掌握、对经验的积累而增加。比较而言，物质资本在使用过程中逐渐磨损消失，这也是人力资本一个十分优越的特点。正是由于人力资本的这种特点，才使得人力资本更具有投资价值。

人力资本投资有很强的外部性，一个区域的人力资本投资不但能促进本区域经济增长，而且能促进相邻区域经济的增长，人力资本投资这种外部性是物质资本所不具有的。实现不同区域经济协调发展，可以通过增加人力资本的投资而实现。人力资本的这种外部性不仅仅表现为促进经济增长，对个体而言，人力资本的投资仍然具有很强的外部性。个体人力资本的积累可能表现为知识和技能的增加，或者身体素质的提升，这些表现形式的人力资本的积累能对其他个体产生积极影响，通过知识技能或者经验的传播来增加其他个体的人力资本。家庭教育就是个很好的例子，家庭教育并不是正式的学校教育或者正规的在职培训，但是家庭教育是个体人力资本积累的重要来源。一个家庭中的个人受到高等教育，很有可能增加其他家庭成员的人力资本。人力资本这种外部性增加了人力资本的传播能力，增加整个区域内人力资本的存量，从而能更好地存进区域经济增长。

对区域经济增长而言，相对于物质资本投资，人力资本投资更具有战略性和长远性。首先，加大人力资本的投资正是实现人才强国这一理念的体现。不但要重视人才本身的重要性，而且要重视人才投资的重要性，通过人力资本投资创造出人力资本的供给。只有一个区域拥有的人力资本存量增加，才能更好地实现区域经济的发展。其次，从微观层次考虑，经济增长所依赖的诸如技术、企业家才能等重要因素，往往与人力资本紧密相连。技术和企业家才能的掌握都得依靠人，这两者正是人力资本的组成部分，技术和企业家才能蕴涵在个体身上。实现区域经济增长，应该在引进技术设备的同时，引进掌握技术和具有企业家才能的人与之匹配。再次，人力资本投资是实现区域经济增长的战略，实现区域经济长期增长必须加大对人力资本的战略性投资。最后，由于人力资本存量的增加是一个长期过程，人力资本投资需要更长的投资周期，临时性的投资很难快速增加区域人力资本的存量。这就要求长期重视人力资本的投资，将人力资本投资作为长期战略。

高新产业更需要人力资本的投资。拉动区域经济增长的高新产业，相对而言更依赖于人力资本的投资。所以，在利用高新产业拉动区域经济增长时，必须引进具有较高人力资本存量的人才。这种人才具有更高的劳动生产率，更能满足高新产业对人才的需要。没有相应的具有较高人力资本存量的人才相匹配，单纯增加对高新产业的物质投资意义不大。两者相结合能更好地实现高新产业对区域经济增长的拉动。

本章利用计量方法，构建粮食主产区人力资本统计指标，建立相应的经济计量模型，从实证角度研究粮食主产区人力资本与粮食主产区区域经济增长之间的关系,测算出粮食主产区人力资本的存量和对所在区域经济增长的贡献率,深化人力资本与区域经济增长关系的认识,从而得出比较有政策意义的结论。

首先,对人力资本与区域经济增长相关理论进行回顾,重点在于理清人力资本在区域经济增长的发展脉络,叙述已有的国内外重要研究成果,为本文的研究奠定理论基础。其次,结合已有的研究,兼顾评价指标的科学性和数据的可获得性,选用较为合适的粮食主产区人力资本计量方法,利用粮食主产区13个省份的数据测算出粮食主产区的人力资本存量。再次,选用经济增长模型,建立起经济计量模型,对数据进行回归分析,测算出粮食主产区人力资本对区域经济增长的贡献率,探明粮食主产区区域经济增长中人力资本的作用和地位。最后,根据回归分析结果,提出粮食主产区区域经济增长的政策建议。

第二节 人力资本与区域经济增长理论基础

一 经济增长理论的发展脉络

威廉·配第(1662)在其著作《赋税论》中将财富的源泉视为土地和劳动,提出"土地是财富之父,劳动是财富之母"的著名论断,已经暗示了人作为财富的创造者的重要地位。亚当·斯密(1776)认为劳动及分工能实现劳动生产率的提高,资本以及贸易都能增加一国的财富。分工的形成正是人力资本的形成过程。李斯特更加注重财富创造的动力,认为研究生产力更加重要。李斯特在其著作中用两个财主使用自己财产的著名例子说明将财富用于生产力的投资更加重要,能产生更多的财富。这个例子说明了进行生产力的投资能持久地产生财富。这里,生产力的投资实际上就是人力资本的投资。

而马克思则十分强调劳动的作用,认为产品的价值是由劳动创造的,资本只是劳动者劳动创造的剩余价值。应该更加注意的是,马克思将劳动分为简单劳动和复杂劳动，认为"复杂劳动是指具有一定技术专长的劳动，而获得这些技术专长和知识，需要经受专门的培养和训练"，"复杂劳动等于倍加或自乘的简单劳动"，这就强烈暗示了经济增长中人的重要作用，而且创造财富的人的劳动还可以由学习、培训和锻炼提高质量。马克思的这种论断，其实相当接近"人力资本"的概念。因为从现在的人力资本理念来看，学习、培训和锻炼正是人力资本形成的重要途径。可见，在舒尔茨（1960）明确提出"人力资本"这一概念并将其引入经济增长理论之前，古典经济学家们已经对经济增长中人的作用有所探讨，已经发觉了人力资本对经济增长的重要作用。马歇尔（1920）提出所有资本中，最有价值的是对人本身的投资的观点。舒尔茨（1960）在其演讲《人力资本投资》中首次明确提出人力资本的重要概念，认为"人力资本是包含在人体内的一种生产能力，既包括与生俱来的部分，也包括通过教育和培训等后天努力获得的部分。人力资本是指劳动者本身的知识、技能及其所表现出来的劳动能力，是现代经济增长的决定性因素，也是一种有效率的经济"。

将人力资本引入经济经济增长的研究无疑是一个巨大的进步。首先，人力资本的相关研究改变了人们单纯看重物质资本和劳动力对经济增长的影响，使人们在研究经济增长时有了新的角度。其次，尤其在研究物质资本和劳动力水平相当的不同区域经济增长差异时，对人力资本的考察往往能给这种差异以很好的解释。最后，人力资本的研究具有很大的政策意义，已有研究说明，以发展教育等形式进行人力资本的积累，对区域经济增长有很大意义。

中国经济历经数十年的高速增长之后，很多问题开始显现出来，尤其是2008年全球金融危机爆发之后，中国经济增速明显下滑，这种情况引发了政府为了保持经济高速增长反思经济增长。

二 人力资本理论及其研究现状

舒尔茨（1961）将自己关于人力资本的思想写成学术论文《人力资本投资》正式发表，标志着对人力资本的研究正式开始。舒尔茨认为"技术和知识是资本的一种"，"好多我们称为消费的东西，就是对人力资本的投资"。舒尔茨的这种论断创造性地将资本区分为物质资本和人力资本，将人力资本的概念引入对经济增长的研究。并且舒尔茨认为，与物质资本相比，通过教育、培训和增加知识等方法，"人力资本质量能够得到很大的改进，并由此提高劳动生产率"，而且认为人力资本的积累能够更好地解释实际工资的增长。

舒尔茨人力资本理论的提出，对我们有以下启示：首先，长期以来，经济学家们注重于从物质资本、劳动力投入、经济制度和贸易方面解释经济增长。人力资本的重要性虽然被一些经济学家们意识到，但是大多数时候，人力资本被模糊地包含在比如劳动力的范围之内，并没有人明确地将人力资本和其他影响经济增长的因素严格区分开来。人力资本研究的空缺使得很多经济现象无法得到很好解释。对经济增长的研究仅限于有限的几个角度，使得经济增长总有一部分不能用资本和劳动力因素解释，而且不能解释的部分相当大，人们将不能由资本和劳动力解释的这部分叫做索洛余量。舒尔茨的原创性研究让人们对经济增长有了更深层次的认识，有了新的解释角度，对经济理论的贡献不言而喻。其次，舒尔茨将人力资本看做一种重要资源，强调了人力资本对经济增长的重要作用，并且这种作用是长期的。

人力资本的提出，完善了经济增长理论，给予经济增长新的解读，从此人力资本的研究逐步得到重视，人力资本理论也逐步得到发展和完善。

继舒尔茨之后，很多学者对人力资本理论进行了进一步研究和发展。贝克尔研究了诸如培训、教育等人力资本积累途径对收入的影响，进一步肯定了人力资本投资的重要性。贝克尔利用美国个别年份数据，使用成本收益法对人力资本进行分析，从经验角度研究了作为人力资本投资重要形式的高等教育对美国收入和生产率的影响，认为人力资本投资对经济增长有很大的推动作用，高等教育可以解释大部分收入差别。贝克尔的研究进一步完善了人力资本理论，也为研究区域经济增长的差异性提供了重要思路。丹尼森利用美国 1929~1957 年的相关数据，从实证角度测算了教育对美国经济增长的贡献率，认为教育在美国经济增长中的贡献率虽然没有舒尔茨所认为的 33%，但也达到了不可忽略的 23%。明塞尔（1957）研究了"人力资本与挣得的关系"，即人力资本对收入的影响，认为人力资本投资能促进经济增长，增加劳动者收入。

第三节 人力资本对区域经济增长的作用机制探讨

人力资本通过不同途径对区域经济增长产生影响，了解这些途径能更好地认识人力资本对区域经济增长的作用机制。人力资本对区域经济增长的作用功能是通过这些机制实现的。在通过人力资本投资实现区域经济增长时，应该清除影响人力资本对区域经济作用机制的障碍，建立保护这种机制的措施，保证人力资本不同作用机制推动区域经济增长。

一 人力资本提高劳动生产率

人力资本对区域经济的作用首先体现在能提高区域内劳动人口的劳动生产率。人力资本存量较高的劳动力，拥有更加优秀的劳动能力，具有更高的劳动生产率。提高劳动生产率的努力不应该局限在发明和使用新的劳动设备，提高劳动者的素质也是一个重要的方向。两者不应该分离，而应该相统一、相适应。新的具有复杂技术含量的劳动设备需要有较高知识与技能的劳动者操作，拥有较高知识和技能的劳动者也需要通过使用新的具有复杂技术含量的劳动设备来劳动，两者的不匹配会造成不必要的浪费。受教育水平、知识技能掌握程度的影响，不同人力资本存量的人的劳动生产率不同，受教育水平和知识技能掌握程度较高的人，可以在劳动过程中比较容易地改善自己的劳动方式，使用复杂程度更高的劳动工具来提高劳动生产率。人力资本投资对劳动生产率的这种影响是显而易见的，舒尔茨（1960）的研究证明了这点。人力资本提高区域内劳动生产率有以下途径：第一，区域经济中较高的人力资本存量意味着劳动人口得到了更多的医疗保健投资，劳动人口的总体健康水平较高。显然，拥有较高健康水平的劳动力在相同情况下具有较高的劳动生产率。第二，区域经济中较高的人力资本存量意味着劳动人口接受了更多的教育，较高的教育水平有利于提高劳动生产率。第三，区域经济中较高的人力资本存量意味着劳动人口掌握了更多的知识和技能，知识和技能的应用是提高劳动生产率的重要原因。第四，拥有较高人力资本存量的劳动力易于组织管理，这也能提高劳动生产率。人力资本对劳动生产率的作用可能不同时通过所有的途径实现，但是人力资本会通过至少一个途径对区域经济劳动生产率的提高产生作用。如果一个区域拥有更高的劳动生产率，则说明这个区域在相同情况下，能创造更多的商品和劳务。通过人力资本投资而实现劳动生产率的提高能推动区域经济的增长，促进区域经济的发展。

二 人力资本提高劳动者素质，促进就业

首先，人力资本投资能够提升区域内劳动者的整体素质，提高区域内的整体就业率。劳动者整体素质的提升意味着他们有更强的劳动能力和技能，能更适应不同岗位的需求。中国人口基数大，劳动力数量多，从这方面来说中国经济发展缺的并不是人，而是人才。而人力资本投资恰恰是培养人才的途径，依靠加大区域人力资本投资能够培养更多的人才来适应不同层次产业对劳动力的需求。其次，人力资本投资能够改变区域经济的就业结构。区域经济产业结构的调整需要劳动力结构调整与之相适应，而劳动结构的转变可以通过人力资本投资实现。区域经济产业升级对高端人才的需求越来越强烈。应加大正规教育、在职培训等形式的对人力资本的投资，来培养高端人才。

三 人力资本影响区域收入状况

人力资本对区域经济收入状况的影响分为两个方面：第一，人力资本影响区域经济收入水平。舒尔茨、贝克尔很早就对人力资本对收入的影响进行了研究，他们认为总体而言，人力资本与收入具有强烈的正相关关系，拥有较高人力资本的人拥有较高的收入。他们认为拥有较高人力资本的人拥有更多的劳动技能和更高的劳动能力，这些有助于他们取得更高的收入。冯继红（2008）认为通过技术培训等人力资本投资方式对农村劳动力进行投资，会显著提高农村劳动力的收入水平。周亚虹（2010）等测算

了农村教育程度对农村家庭收入的回报率，认为农村教育是提高农村家庭收入的重要途径，农村教育的回报率为27%左右。人力资本存量较高的人显然有更大可能获得较高的收入，人力资本与收入之间存在紧密的相关关系，人力资本投资能提高收入水平。与此同时，收入的增加可进一步刺激消费，创造消费需求，进而拉动区域经济增长。第二，人力资本影响收入结构。李强（2012）认为通过加大对农村劳动力人力资本的投资，能改善城乡收入差距较大的现象。杨德才（2012）认为人力资本的城乡二元性是造成城乡收入二元性的重要原因，为改善城乡收入差距过大的状况，应该努力加大对农村地区人力资本的投资。加大对人力资本存量较低的劳动群体人力资本的投资，能改善不同劳动群体收入差距过大的局面。所以，在改善不同群体收入差距过大时，不能仅仅依靠税收、转移支付等手段，要从根本出发，增加低收入群体的人力资本投资。

四 人力资本促进区域技术进步

首先，对技术的掌握程度和应用能力本来就是人力资本的重要组成部分，人力资本存量越高意味着对技术的掌握程度越高，人力资本存量能够反映技术应用的程度。其次，技术的发明依赖于人，具有较高人力资本存量的人有更强的发明新技术的能力。钱晓烨等（2010）证明了人力资本与技术创新的相关性。再次，拥有较高人力资本的劳动力有较强的学习能力，这种学习能力在劳动过程中可转化为对新技能、新技术的学习，促进技术的普及应用；同时，也有利于技术的推广和传播。可见，人力资本能通过对技术的发明、应用和传播等对区域经济的技术应用产生影响，而且这种影响是正面的、积极的。朱承亮等（2009）认为中国经济主要依靠投资推动，技术贡献率比较低。这种对物质投资依赖程度较高增长模式不利于区域经济的进一步健康发展。因此，可以通过对人力资本的投资来促进技术的应用，提高技术对经济增长的贡献率，降低区域经济对物质投资的依赖程度。

五 人力资本影响区域经济结构，改变区域经济增长方式

人力资本投资不仅能促进区域经济的增加，而且能够促进区域经济增长方式的转变。陈运平、胡德龙（2010）通过计量分析证实了人力资本对经济结构的影响是显著的，人力资源结构的转变可明显影响经济结构的转变。实现区域经济结构的转变，必须重视人力资本结构调整。在区域经济发展的过程中，产业结构的调整是逐渐的，一方面，人力资本结构的调整适应产业结构的调整；另一方面，人力资本结构的调整影响产业结构的调整。人力资本结构的及时转变有利于实现产业结构的转变和升级。靳卫东（2010）认为人力资本是产业结构转变的基础，人力资本状况影响产业机构转变的方向、速度和结果。例如，随着经济的发展，第一产业占整个经济的比重逐渐减少。第一产业的就业人数逐渐变小，第一产业的劳动力转变为第二产业和第三产业的劳动力。劳动力的转变和升级必须依靠人力资本投资，如果没有人力资本结构升级与之相适应，产业升级就难以实现。

第四节 人力资本与粮食主产区经济增长的实证研究

一 人力资本度量

目前，度量人力资本存量的方法主要有教育年限法、成本法、收入法和因素分析法等。不同学者根据研究的需要选用不同的测量方法。这些方法之间差异较大，研究思路各有特点，侧重点也各有不同，但都得到了学界的认可，很难确切地指出这些方法的优劣。然而，很多运用不同测量方法对人力资本进行的研究得到了现实的检验，说明了这些方法存在深刻的内部联系，能够对人力资本做出合理的测量，能如实地反映人力资本存量的真实状况。这并不意味着任何关于人力资本的测量方法都可随意选用，应该从研究的需要出发，有必要对不同方法进行比较，选择与本研究相适应的测度方法。

舒尔茨从不同角度解释了人力资本的产生和积累，认为医疗保健、在职培训、正规教育和迁徙都能增加人力资本的积累。人力资本通过上述不同途径而逐渐增加积累，慢慢变为经济增长不可或缺的重要资源。在研究的过程中，舒尔茨认为正规教育是人力资本投资的一个重要组成部分。他用教育年限作为人力资本存量的替代指标，用教育年限对经济增长做出了解释，认为美国相当一部分经济增长归结于这种对人力资本的投资。明塞尔用教育指标法研究了"人力资本与挣得之间的关系"，认为教育投资与个人收入呈正相关，人力资本的投资可以促进经济增长。巴罗用受教育年限法研究了人力资本与经济增长之间的关系，认为教育与经济增长有比较强的正相关关系。贝克尔也用教育代替人力资本，研究了教育对美国收入和生产率的影响，认为上学——人力资本投资的一种重要形式，具有很高的收益率。可以看出，人力资本早期的研究者更倾向于从教育的角度研究人力资本，这种方法在以后的研究中也被广泛认可和采用。扶涛等（2010）用受教育年限法研究人力资本对中国经济增长的直接作用和外部作用。王德劲、向荣美（2006）认为收入法能更好地计量人力资本存量，并能用货币价值反映人力资源存量的大小，易于与物质资本做比较。部分研究者不满现有人力资本测量的方法，认为现有测度方法有一定局限性，不能满足研究需要。在分析研究后，通过创新，建造出人力资本测算的新方法。岳书敬（2008）采用主成分分析法，通过一定的创新，建立起人力资本的综合性测量指标。但是，无论是成本法、收入法还是教育年限法，都能较好地测度人力资本的存量。从本质上讲，这些方法都能反映出人力资本存量的现实情况。在研究中，不能用不同测度方法的复杂程度来评价它们的优劣性，而应该根据研究需要选择适当的测度方法。只有所选测度方法与研究相协调、相适应，才能有助于研究的进行，否则，研究的科学性和严谨性将受到质疑。对于本研究，平均受教育年限法有着独特优势。首先，受教育年限法能够很好地测度人力资本的存量，其准确性已经得到广泛认可。其次，受教育年限法指标单一，这就避免了其他测算方法因因素之间的度量、比重等不一致而导致的误差。例如，主因素分析法各个因素的测量口径、测量单位并不一致，而且不同因素之间比重的大小随研究者主观判断而定。显然，这种主观判断缺乏合理的依据，即使相同的原始数据，也可能因为不同研究者赋予不同因素的比重不同而导致得出的人力资本存量不同。最后，就数据的可获得性而言，受教育年限法有得天独厚的条件。受教育年限可以根据中国统计局发布数据计算，数据容易获得；此外，受教育年限法数据统计口径完全一致，统计过程相同，基本不存在不同地区因统计方法不同而造成的误差，这就使得这种数据有很高的严谨性，受教育年限法也因此成为一种很好的对人力资本的测度方法。鉴于此，本文采用受教育年限法测度粮食主产区人力资本的存量，对粮食主产区人力资本与经济增长的直接关系进行研究。

二 模型与数据

如何将人力资本作为投入量纳入生产函数进行研究需要提供有效的思路：一种思路是将教育与劳动力数量结合起来，从而将教育与人的作用理解为人力资本；另一种思路是将人力资本与物质资本和劳动视为性质相同的投入量，通过拓展柯布－道格拉斯生产函数来进行研究。但人们对人力资本作用于经济增长的机制存在不同的理解，究竟是将人力资本视为生产函数中的一个投入量，还是将其视为经济增长的条件因素，对设定正确的计量模型是不一样的。从技术进步的角度来看，教育不但影响了经济增长可供利用的要素投入，而且促进了投入要素的效率增进，可以据此认为教育更多地作用于全要素生产率。同时，教育与经济增长之间也可能存在非线性的关系（杨友才、赖敏晖，2009）。基于此，结合相关文献的做法，本文在实证部分使用如下计量模型：

$$\ln y_{it} = a_t + \gamma_1 \ln k_{it} + \gamma_2 \ln edu_{it} + \gamma_3 open_{it} + \gamma_4 gov_{it} + \varepsilon_{it} \qquad (1)$$

其中，y 为产出，k 为资本存量，edu 为人力资本，gov 为政府支出占 GDP 的比重，$open$ 为对外开放度，ε_{it} 为随机冲击，i 和 t 分别表示时间和地区。

本文以 1990~2008 年数据为例，研究我国 13 个粮食主产区人力资本与区域经济增长的关系。实证研究所涉及的变量数据说明如下。

①地区产出（y）。地区产出用各地区实际 GDP 表示。地区生产总值数据直接来源于《新中国农业 60 年统计资料》，由于所获得的是名义值，则

利用各年 GDP 平减指数得到实际值。

②人力资本（edu）。各地区人力资本用各地区历年第一、第二、第三产业就业人员乘以平均受教育年限数量代替，各地区平均受教育年限计算公式为

$$E_t = \frac{\sum_k \omega_k L_k(t)}{L(t)} \quad k = u, s, j, p, il$$

其中，k 表示各类教育；u、s、j、p、il 分别表示大专以上、高中、初中、小学和文盲；ω_k 为受教育年限，其中，$\omega_u = 16$，$\omega_s = 12$，$\omega_j = 9$，$\omega_p = 6$，$\omega_{il} = 0$；$L_k(t)$ 为 t 年接受过教育的劳动力人口；$L(t)$ 为劳动力人口总数。

③各地区资本存量（k）。资本存量一般是估计得到的，不能从统计资料中直接得到各地区的资本存量数据，文献主要使用永续盘存法来计算，其公式是

$$K_{it} = K_{i,t-1}(1 - \delta_t) + I_{it}$$

其中，i 和 t 分别代表省份和时间，K 是实际资本存量，I 是实际投资，δ 是实际折旧率。当年实际投资数据在相关研究中有多种选取方法：一是取全社会固定资产投资（王小鲁，2000）；二是采用积累的概念及其相应统计口径（贺菊煌，1992；张军等，2002）；三是采用资本形成总额或固定资本形成总额（张军等，2004）；四是采用新增固定资产（Holz，2006）。投资价格指数可以直接利用的数据是《中国统计年鉴》公布的 1991 年以来的固定资产投资价格指数，1991 年以前的投资价格指数则参照张军等（2004）的方法，用"固定资产投资隐含平减指数"作为"固定资产投资价格指数"的替代，其公式为

T 年的固定资本形成总额指数

$$= \frac{T\text{年的固定资本形成总额(当年价)}/T\text{年固定资本形成价格指数}}{1952\text{年固定资本形成总额(当年价)}}$$

④控制变量。本研究的控制变量有两个：一个是对外开放度（open）。本文依据文献普遍做法，以贸易开放度来度量各地区的对外开放程度，即选择各地区历年进出口总额与 GDP 的比值来度量贸易开放度，相关数据以历年人民币兑美元汇率将数据进行转换，以消除汇率变动的影响。另一个是政府支出占 GDP 的比重（gov），以此讨论政府在经济运行中的作用。

以上数据主要来源于《新中国农业 60 年统计资料》及历年《中国统计年鉴》《中国人口统计年鉴》。

三 计量结果与解释

本文在理论分析部分讨论了人力资本与区域经济增长的关系，但这些因素的作用机制及其结果仍需通过实证研究来证实。又由于对这些因素之间的关系和它们作用于区域经济增长的机制尚不清楚，所以在实证研究中通过逐步放入变量的方式来进行。需要指出的是，由于计量模型的设定必须包含那些不能随意舍弃的因素，所以所有的方程中均含有劳动和资本。回归分析结果如表 6-1 所示。

表 6-1 粮食主产区人力资本与经济增长的回归结果

指标	(1) FE	(2) FE	(3) FE	(4) FE	(5) FE	(6) FE
样本	13	13	13	13	13	13
观测数	247	247	247	247	247	247
C	-0.7267 (0.482)***	-0.3155 (0.486)	-1.8585 (0.229)***	-1.6839 (0.233)***	-1.4139 (0.309)***	0.0229 (0.486)*
k	0.8810 (0.009)***	0.8144 (0.019)***	0.8019 (0.019)***	0.7954 (0.019)***	0.7901 (0.019)***	0.7969 (0.019)***
l	0.1554 (0.072)**	0.1189 (0.072)	0.3466 (0.035)***	0.3232 (0.036)***	0.2889 (0.044)***	0.0760 (0.071)*
edu	—	0.0493 (0.013)***	0.0387 (0.012)***	0.0606 (0.012)***	0.0234 (0.031)	0.0776 (0.013)***
$open$	—	—	0.0557 (0.024)**	0.0579 (0.023)**	0.0572 (0.024)**	0.0643 (0.086)*
gov	—	—	—	-0.7768 (0.145)***	-0.7392 (0.148)***	-0.7981 (0.150)***
$edu \cdot l$	—	—	—	—	0.0053 (0.023)*	—
$edu \cdot open$	—	—	—	—	—	0.0009 (0.009)
调整后的 R^2	0.9798	0.9943	0.9944	0.9806	0.9815	0.9947
Hausman 检验，P 值	0.0073	0.0010	0.0015	0.0031	0.0041	0.0023

注：***、**、* 分别表示显著性水平为 1%、5%、10%。

模型（1）只考察了物质资本和劳动投入对粮食主产区区域经济增长的效应，结果显示物质资本和劳动投入都显著为正，表明粮食主产区的经济增长显著受物质资本和劳动投入的影响。实际上，几乎在所有经济发展模式下，产出都高度依赖于投入，我国的粮食主产区仍然处于传统的生产模式和生产体制之下，产出依赖于投入的性质也表现得极为突出。模型（2）加入了各地区受教育年限，以考察人力资本对粮食主产区经济增长的结果，回归结果显示，教育对经济增长的作用是具有推动作用的，而且高度显著。在模型（3）和模型（4）中，通过逐步加入对外开放度和政府支出占GDP的比重两个指标，观察回归结果，对外开放度对粮食主产区经济增长的效应是正向的，而且显著。对发展中国家而言，开放是其获取技术的重要途径，而且可有力地促进经济增长。但政府支出占GDP的比重显示对经济增长不利，阻碍了经济增长。政府经济行为虽然能够从宏观层面对经济发展的方向和重点施加影响，但本质而言，政府行为是一种与市场相对的力量，过多的政府干预会影响经济增长。

在诸多时期，教育与经济之间的作用受到人们在不同层面的重视，一种观点认为，教育是投入的一个重要变量，它能够直接促进产出的增长；另一种观点则认为，教育不仅可自身起作用，而且可通过促进其他要素使用效率的提升来发挥作用。基于此，本研究在模型（5）中加入教育（人力资本）与劳动的交叉项，在模型（6）中加入了教育（人力资本）与对外开放度的交叉项，两个交叉项前的系数均是正值，说明教育水平的提高正向地促进了劳动的效率提高，进而促进了经济增长，这不但符合一般意义上的常识理解，而且与人力资本理论是一致的。从开放的角度来看，吸引外资是通过对外商投资企业包括资金、技术和管理的一揽子要素的引入，开放对区域经济增长的作用很大程度上依赖于地方吸收能力，教育水平越高越有利于促进开放，虽然其回归结果不够显著，但对上述理论形成了有力的佐证。

四 结论

第一，人力资本是促进粮食主产区经济增长的主要力量。教育是区域经济增长的重要因素，也是促进一国或一个地区经济结构升级的重要力量。对粮食主产区而言，虽然其承担粮食生产和国家粮食安全的重要任务，但促进地方经济增长和结构升级不仅是其经济社会发展提出的必然要求，而且是实现粮食增产的保证。

第二，粮食主产区人力资本作用于区域经济增长的机制在于劳动者素质的提高。我国的粮食主产区分布较为广泛，既有中西部地区的传统区域，又有东部沿海经济发达省份。改革开放以来，这些省份总体劳动力的素质呈现逐步提升的趋势，特别是对中部地区的外出务工人员而言，经过多年的务工磨炼，已经由简单的传统劳动者转变为掌握现代知识和技能的劳动者，这对区域经济增长带来的效应是长期的。

第三，粮食主产区作为传统区域，其经济增长明显受政府经济行为的影响，政府过多的经济参与会阻碍经济增长。

第七章 粮食主产区的工业化及其实现机制

第一节 绪论

一 研究背景和意义

"民以食为天,食以农为本。"中国是农业及人口大国,农业的发展必然影响着我国现代化发展的进程。我国的经济改革发展虽然经历了三十余年,但是这一发展是不平衡的,传统农区依然存在,并且没有改变效率低下的经营方式,没有实现工业化的基本要求。这种二元经济结构的严重性和长期存在性不但与改革开放的初衷不一致,而且会通过收入分配、资源配置、地区发展方式等机制对经济的持续发展提出挑战(高帆,2005)。发达国家是最先提出农业工业化的,从它们的发展路程可以看出,农业工业化是必由之路,工业化是一个国家或者地区从传统农业走向现代工业的必经阶段,工业化发展水平是衡量一个国家经济发展和现代化水平的重要指标。从目前中国的经济平衡发展来看,农业工业化也是一条必然之路。大多数国家是在工业化有了一定发展基础之后才采取工业支持农业、城市支持农村的发展战略的。

我国目前处于农业转型期,已经进入了工业反哺农业的新阶段。国民经济的主导产业也由农业产业转变为非农产业,"三农"问题一直是经济发展的首要问题,我们必须牢记在发展工业化的同时,不能忽视农业的基础地位。由发达国家的工业化历程可以看出,工业化初始阶段主要走农业支持工业的道路,在工业化达到一定阶段后开始走工业反哺农业的道路,这是我国经济发展的普遍性趋向。我国总体上已经达到了以工促农的新阶段，在此阶段的基础上，必须自觉调整国民经济的布局，以适应工农业的发展要求。新形势下，我们必须首先在思想认识上得到升华，在行动上大力调整方针，使工业更加积极地支持"三农"发展。

本文利用多学科知识探讨了粮食主产区的工业化发展问题，在理论和实践上都有一定的意义。

在理论意义上，本文从工业化的内涵和工业化的发展历史来看，认为工业化是一个国家全面发展的综合过程，而不是工业上的孤军奋进过程。工业化是传统农业在经济、社会、政治方面的转变。工业化不仅是农业区粮食产量提高的过程，而且是人民生活水平和经济增长效率提高的过程。粮食主产区具有极其重要的战略地位，承担着国家粮食供应的重任，人均销售数量占全国80%以上。因此，把粮食主产区作为研究对象更有一定的理论意义。

在实践意义上，农业在国民经济中具有基础性和战略性地位，改革开放以来，随着我国经济快速增长，农业工业化的发展带动了我国乡镇企业的快速发展。农村工业龙头企业，特别是农产品加工业的发展逐步推进了农业产业化进程。乡镇企业的发展为农业生产提供了大量的生产资料和投入资金。粮食主产区为国家提供大量农产品并保障国家的粮食安全，其农业工业化水平在一定程度上代表了我国整体的农业工业化水平。因此，粮食主产区必然对农业工业化提出了新的要求。粮食主产区农业工业化的实质是地区比较优势发挥、地区经济空间结构优化和地区资源要素组合三者的有机结合。我国是一个人口大国，地区经济发展条件差异大，各粮食主产区粮食生产的工业发展模式各不相同，粮食生产条件好的区域承担的粮食产量任务必然会以该地区的局部利益为代价。在完善制度和产业结构升级的条件下，经济结构调整必须以国家粮食安全为前提。发挥区域比较优势、实现区域资源要素的结构性整合是农业工业化最基本的要求；同理，粮食主产区的发展也是如此。工业化多起源于生产基础较好的农业地区，并且与农业现代化密切相关。所以，粮食主产区更适合发展以农业现代化为核心的新型工业化道路。既要实现工业化带动农业经济的发展，又不能因此削弱农业的基础地位，这就决定了粮食主产区的工业化道路必然是农业与工业发展中的相互促进。

二 国内外研究现状述评

1. 国内外关于工业化的研究现状

我国由于对工业化的研究起步比较晚，因此，对工业化的定义几乎都来源于发达国家对工业化的认识。近年来，国内不少学者对我国工业化问题进行了广泛而深入的研究。《辞海（经济分册）》将工业化定义为"机器大工业在国民经济中发展成为占统治地位的过程"。我国学者从不同角度对工业化提出了不同的定义。吴天然（1997）主要强调工业在国民经济中的重要作用，他认为，"工业化是近代工业通过自身的变革在经济中占据主导地位并使国民经济乃至整个社会都得到改造的过程"。刘伟（2001）从经济变化的过程来定义工业化，认为"工业化是在特定的历史区间内，内含着经济结构、经济类型、经济体制根本变化的经济发展过程"。许涤新（1980）提出"工业化就是使大工业在国民经济中取得优势地位的过程"。方甲（2002）强调技术进步对工业化的重要性，认为"工业化一般是指一个国家由生产力水平低下和生产技术落后的农业国过渡到具有先进生产技术和高度发达的社会生产力的工业国的过程"。耿明斋等（2009）提出："农村经济的发展是全面建设小康社会的关键所在，而发展的实质是工业化。欠发达平原农业区的农村工业化并不只是把企业散布在农村，而是大量农业剩余劳动力被非农产业所吸纳，实现农村工业化和城市化的同步发展。"曾国安（2002）认为，"工业化是指以现代工业发展部门为核心，以机器体系为特征的先进的物质基础取代以手工劳动为特征的传统的物质基础，以社会化大生产的生产方式取代个体生产的生产方式，使劳动生产率和社会生产能力得到不断提高，非农产业部门逐渐带动农业部门，使国民经济总的主导地位的国民经济结构发生根本性变化的过程"。

目前，我国讨论工业化问题大多数以现代西方经济学的相关理论为依据，但是对工业化的理解仍然存在着根深蒂固的偏见，只是把工业化视为一个工业发展问题，而没有把工业化当成人类社会发展的普遍问题。经济发展的趋势表明，整个世界都是沿着从农业社会到工业社会，再到后工业社会的轨迹发展的。即便没有实现工业化的国家，最终也必然会走向工业化。所以，工业化是世界经济发展过程中不可逾越的阶段。但需要注意的是，工业化并不是经济活动的全部，更不等同于现代化。但是，工业化是现代化的基础和前提，没有工业化就不可能实现现代化。因此，要根据我国的基本国情，在现有的技术条件下，走出一条符合现代化需要的新型工业化道路。

工业化一直是国外学者关注的重要问题，对工业化的表述也众说纷纭，各执一词。从工业化的定义角度来看，具有代表性的有以下几种：《新帕尔格雷夫经济学大辞典》对工业化的概述中强调工业本身，尤其是制造业对国民收入、增加就业的贡献，"直到20世纪70年代末，大多数西方发展经济学家把工业化理解为仅仅是制造业的发展，并把这种形式的工业化作为经济发展的长期目标"；西方发展经济学家钱纳里（1946）从工业化的推动因素角度来定义工业化，他将工业化定义为"以各种不同的要素供给组合去满足类似的各种需求增长格局的一种途径"；德国经济史学家吕贝尔特（1983）提出，"工业化就是以机器生产取代手工操作为起源的现代工业的发展过程"；杰弗里·W. 哈恩（1983）从经济、社会、政治等方面定义工业化，他认为"工业化是一个在经济、社会和政治等方面发生不同于传统社会的变化的过程"；科帕垂克（1982）主要强调技术变革在工业化进程中的重要作用，他认为"工业化是经济中各行业企业的生产组织，其特征是劳动分工和专业化，运用机械、电力、技术来补充和代替人的劳动"；印度经济学家撒克主要从经济结构演变的角度来定义工业化的，他认为"工业化是一个国民经济脱离农业的结构转变过程"，主要强调产业结构的调整，尤其是非农产业的快速发展（车莹，2008）。

从发展经济学的角度来定义工业化，发展经济学家们认为，发展中国家要想摆脱贫穷落后的地位，就必须走工业化的道路。20世纪40年代，张培刚在其《农业与工业化》中，把工业化定义为"一系列基要生产函数连续发生变化的过程"（张培刚，2002），对工业化与农业现代化的关系做了比较系统的论述。他指出：在任何经济社会中，工业和农业之间总是保持着一种密切的相互依存关系，即便在其经济演进的过程中方式屡经变易。根据他的观点，工业化除了包括工业发展外，还包括"工业化了的农业"的发展。从工业化发展战略的角度出发，英国著名经济学家保罗·N. 罗森斯坦-罗丹（Paul N. Rosenstein Rodan，1943）在其《东欧和东南欧国家的工业化问题》中提出："发展中国家要从根本上解决贫困问题，关键要实现工业化，因此经济发展就意味着工业化。"在发展工业化的道路上，对工业化理论研究最著名的是刘易斯、费景汉和拉尼斯的二元经济理论，是以新古典理论为框架的，这实质上也是一个比较系统的工业化理论。其二元经济理论认为，"工业化过程实质上是传统农业部门的缩小以及以现代工业为主的现代经济部门的扩张过程"（费景汉、拉尼斯，1989）。1954年，美国发展经济学家刘易斯在《无限劳动供给条件的经济增长》一文中的一个非常重要的假设是传统农业部门存在着大量的边际劳动生产率为零或为负数的剩余劳动力，而且劳动力的供给是无限的。刘易斯敏锐地抓住了以劳动力转移为中心的工业化问题，但是他忽视了农业的发展、人口的增长、技术进步的作用和城市本身的吸纳能力等因素。此后，在刘易斯模型的基础上，费景汉-拉尼斯模型、乔根森模型，针对刘易斯理论的不足进行了修正和发展。他们认为工业化的过程不仅表现为农业部门的缩小、工业部门的扩张，而且表现为农业自身的发展问题，对工业化过程中的农业发展进行了深度研究。而后，在《劳力剩余经济的发展》一文中提出，在包括一个庞大的自然农业部门的二元欠发达经济中，这个部门必然成为经济扩大的重要基础。乔根森认为，一国经济虽然是由传统农业部门和现代工业部门构成，但是农业部门的发展则是工业部门乃至国民经济发展的基础。霍夫曼通过分析工业化的发展过程，对投资效益的分析提出了平衡发展战略，他认为工业部门特别是基本品工业部门的联系效应要比农业部门大得多，因此，优先发展工业特别是制造品工业，对经济发展具有非常重要的意义。著名的经济学家缪尔达尔强调在工业化过程中应优先发展农业，他认为经济发展长期斗争的最终结果取决于农业的发展。

无疑，上述关于工业化的定义都从不同的角度把握了工业化的某些特征和内涵，但是随着世界经济的不断发展、经济增长方式的持续转变以及经济结构的不断调整，国外对工业化的认识也在不断发生变化。我国的经济发展虽然可以借鉴国外发展经济学家对工业化的研究，但是国外发展经济学家所研究的工业化理论的前提假设与我国的经济现实差距较大。另外,他们所研究的二元经济结构忽视了农村工业化的特殊性,仅仅是工业和农业之间的关系,并没有进行系统研究。因此,农村工业化如何发展,对我国来说是一个非常值得研究的问题。

2. 与粮食主产区工业化相关的文献综述

目前,国内对各地农业工业化发展水平评价的研究成果不少,但对粮食主产区的农业工业化发展水平评价成果和文献很少。因此,针对粮食主产区的农业工业化建设构建科学、全面、客观的农业现代化发展水平评价指标体系,对粮食主产区的农业现代化发展水平进行测算和评价,同时对粮食主产区农业现代化发展水平做出判断,对促进粮食主产区农业工业化建设、进一步推动粮食主产区工业化进程有着积极作用。我国粮食主产区是确保国家粮食安全的基础,粮食主产区粮食生产稳定,国家粮食安全就有坚实的保障。另外,粮食主产区是现代农业建设的示范区。在我国,粮食生产仍然是农业的主要任务,建设现代农业必须首先加强粮食主产区建设。把粮食主产区建设成现代农业的示范区、粮食和主要农产品供给的骨干区,就可以推动我国农业现代化进程。立足于工业化研究的基础,把粮食主产区与工业化发展水平结合起来,是一次大胆的创新和尝试,也是粮食主产区向实际领域拓展的一个应用。就物质生产领域而言,从现代意上看,粮食主产区工业化包括工业的工业化和农业的工业化,实现工业化意味着包括工业和农业在内的整个国民经济的工业化。那么,我国这样一个总人口中近70%为农业人口的农业大国,要实现农业工业化,任务显然是十分艰巨的。这不但要求全党和全国上下认清实现粮食主产区工业化的紧迫性、粮食主产区工业化的内涵及特征,而且要求必须根据粮食主产区的现实经济状况采取可行性措施,确保粮食主产区工业化在现有的基础上积极稳步推进。

三 研究思路与方法

本文的研究对象是粮食主产区与工业化的内在机理和运作机制。首先,将研究范围确定为13个粮食主产区,介绍13个粮食主产区的基本粮

第七章 粮食主产区的工业化及其实现机制

食生产情况，数据分析近年来粮食产量的变化及引起粮食产量增长的因素，从而引进工业化因素。其次，主要分析粮食主产区的工业化发展现状，分析各地区的不利因素和有利因素，再结合实际情况提出相应的对策和建议。再次，在国际化的背景下，分析整个国家粮食生产工业化的总体情况，借鉴发达国家粮食生产工业化的成功经验，意识到自己的不足，从而加以改进。然后，以河南省为例，构建回归模型，分析粮食生产与工业化的关系，得出结论并提出相关性建议。最后，概括了农业转型期间的工业化战略，并提出了建设新型工业化的概念。

本文主要采用了实证与规范研究法、定量与定性分析法、个案研究法与统计分析法等。实证与规范研究法主要以 13 个粮食主产区为例，通过采用大量的数据研究粮食生产与工业化的关系，构建面板数据模型，分析各因素对工业化的影响程度。定量与定性分析法，就是从数量和质量两方面研究粮食生产工业化的发展情况，通过数据分析和理论分析对研究对象的认识进一步精确化，以便预测事物的发展趋势。个案研究法，就是通过举例说明事物之间的联系，以粮食主产区的主要城市为对象，说明农业工业化的发展现状。统计分析法通过模型的构建、数据的整理，认识事物之间的相互关系和发展规律，借以达到对事物的正确解释和预测的目的。

本文可以分为四大部分，第一部分主要概述了 13 个粮食主产区的基本情况以及工业化的发展现状，分析了粮食生产与工业化的关系，在工业化进程的快速发展中，认识到自己的不足，并在工业化发展劣势上提出对策，构建适合我国粮食生产工业化的发展模式。第二部分主要是在全球农业工业化的背景下，概述了我国总体工业化进程以及对发达国家的借鉴。第三部分通过回归模型，分析了粮食生产与工业化的关系。第四部分提出了在转型期间的新型工业化道路。

本文主要研究粮食主产区的工业化及其实现机制，不仅站在国内的角度看粮食生产工业化的发展模式，而且站在国际化背景下，在发达国家探索粮食生产工业化的前提下，认识到自己的不足并加以改进。建立回归模型，以工业增加率为被解释变量，把粮食产量、就业比重、人均耕地作为被解释变量，研究粮食生产与工业化的关系。本文通过列举河南科迪的发展模式，提出粮食生产工业化不仅仅是生产的工业化，更是生产、流通、产销一体化的发展途径,即形成一条专业的产业链。目前,在经济学领域,研究粮食生产与工业化关系的研究非常少,如何处理好粮食生产与工业化关系的实践还处于探索阶段。

第二节 粮食主产区的工业化推进

一 粮食主产区的粮食生产情况概述

1. 确保粮食产量,保证国家粮食安全

"国以民为本,民以食为天。"粮食是一种关系国计民生的战略物资。我国是一个人多地少的国家,人口数占世界人口的19%,耕地面积却占世界的7%。对我国来说,粮食问题尤为重要,无论什么时候都应该把粮食问题放在我国经济发展的首位。自古以来,粮食就是人类赖以生存的物质资料,没有粮食的保障,就没有经济的发展,粮食问题不仅是一个经济问题,更是一个重大的政治问题。世界粮食大会在20世纪70年代提出"粮食安全"的概念,即"保证任何人在任何地方都能够得到为了生存和健康所需要的足够食品"。这个概念主要强调了粮食的基本作用,是最基本的,也是最重要的作用。1983年4月,爱德华·萨乌马对粮食安全做了第二次表述,即"粮食安全的最终目标应该是确保所有的人在任何时候既能买得到,又能买得起他们所需要的基本食品",不仅将粮食作为必需品,而且提出了粮食安全的目标。1996年11月,第二次世界粮食首脑会议对粮食安全概念进行第三次表述:让所有的人在任何时候都能享有充足的粮食,过上健康、富有朝气的生活。由此可见,粮食安全是一个不断丰富、深化和延伸的概念。从定义出发,粮食安全主要包含了两个方面的意思:一方面,不仅包括了时间、空间、数量、质量的要求,还包括了居民收入、国际援助、粮食储运等方面的要求;另一方面,不仅包括了家庭和个人的要求,而且包括了各个国家和全世界的宏观要求。从一般意义上讲,粮食安全都是从一个国家角度来研究的。每一个国家的粮食安全问题都有自己的特殊性。联合国的粮食安全定义具体到各国,其含义也有所不同。我国在20世纪70年代世界粮食危机的背景下,提出了"粮食安全"的定义:能够有效地提供全体居民以数量充足、结构合理、质量达标的包括粮食在内的各种食物。衡量粮食安全的指标有很多,从定义上看主要包括粮食储备率、粮食自给率和人均占有量等。

农业是经济发展的基础,粮食生产是粮食安全的基础,因此,粮食安全问题是建立在粮食产量问题上的,所以在发展中必须保证一个国家粮食产量的充足。粮食产量是不断变化的过程,不同年份的波动往往决定了人均占有量的多少,也代表了一国的粮食供给能力。改革开放以来,我国在农业发展上采用大量的高科技,引进先进的生物技术,改善传统农业的劣势环境,取得了丰年有余的历史性跨越。我国的粮食问题是一个庞大的系统过程,具有复杂性、艰巨性等特点。保证粮食产量、维护粮食安全不仅是国家的责任,而且是全国人民乃至世界人民共同的责任,每个人都要为国家做出共同努力。所以,在粮食生产发展中,必须制定合理方针,重视粮食生产。提高粮食产量是确保粮食安全的首要任务。

2. 粮食主产区农业概况

粮食主产区具有较大的比较优势,生产条件好,粮食产量高,除了能够保证自身需求外,还必须有大量的剩余推动其他产业的发展。我国的粮食主产区主要包括黄淮海区的河南、河北、山东三省,东北区的辽宁、吉林、黑龙江三省和长江中下游区的江苏、安徽、江西、湖北、湖南五省,还包括内蒙古自治区和四川省。粮食主产区土地面积占全国的22%,2011年该区域总人口约占全国的42.3%,粮食播种面积占全国的68.2%,而粮食总产量则约占全国的54.3%,足以说明该区域粮食生产在我国具有举足轻重的地位和作用。研究该区域粮食生产状况,对保证我国粮食综合生产能力有重大意义,这些地区大多数处于平原或浅丘区,为湿润或半湿润气候,雨量充沛,光、热、水资源条件较好,土壤有机质含量较高,易于耕作和水土保持,适合农作物生长。和非粮食主产区相比,粮食主产区具有较大的生产潜力,并且生产能力极高。根据国家统计局数据,13个粮食主产区粮食产量占全国粮食总产量的75%左右,全国增产粮食几乎全部来自粮食主产区。由此看来,从长期利益来看,稳住粮食主产区粮食产量就能保证国家的粮食产量需求。所以，必须充分发挥粮食主产区的比较优势，把提高粮食主产区粮食生产能力放在首位。东北粮食主产区是我国重要的商品粮基地，该区域主要以生产玉米和大豆为主，东北区总人口占全国的8.2%，土地面积占全国的8.2%左右。2011年东北区粮食总播种面积占全国的17.4%，粮食总产量占全国的18.9%；大豆播种面积和总产量分别占全国的37.7%和37.5%；玉米播种面积和总产量分别占全国的29.4%和33%。黄淮海粮食主产区是我国重要的商品粮基地，小麦和玉米在该区域占绝对优势，该区域总人口占全国总人口的19.4%，土地面积占全国的5.3%左右。2011年全区粮食播种面积占全国的21%，粮食总产量占全国的23%，其中，玉米播种面积和总产量分别占全国的27%和27.6%；小麦播种面积和总产量分别占全国的46.6%和55.4%。长江中下游粮食主产区是我国重要的商品粮基地，土地面积占全国总土地面积的8.5%，总人口占全国总人口的23.8%，2011年全区粮食播种面积和粮食总产量分别占全国的22.3%和24.2%，其中，稻谷播种面积和总产量分别占全国的46.2%和46.7%，该区域的水稻生产在全国占绝对优势。

3. 我国及粮食主产区粮食产量的变化

由图7-1可见，根据变化速率的大小，1990~2011年可分为三个较为明显的阶段：①1990~1996年缓慢上升阶段，全国粮食总产量增加5829.2万吨；②1999~2003年快速下降阶段，全国粮食总产量减少7769.4万吨；③2003~2011年快速增长阶段，全国粮食总产量增加14051.7万吨。粮食主产区产量的变化趋势与粮食总产量的趋势走向大致相同，全国粮食总产量由1990年的44624.3万吨增加到2011年的57121万吨，22年间净增加12496.7万吨，增加量是1990年粮食总产量的28%；我国粮食主产区净增加粮食10920万吨，占同期全国粮食总产量增加量的87.4%，其中，黄淮海区净增加量占同期粮食主产区的38.5%，东北区占45.1%，长江中下游区只占12.4%。

全国粮食生产的增长与我国"粮食增长中心北移"是一致的，其主要原因在于粮食增长中心的变化和我国梯度开发战略有关。长江中下游区粮食生产产量下降的原因是多方面的，主要原因有两个：第一，长江区粮食生产以水稻生产为主，水稻产业的经济属性决定了水稻的生产水平和生产

图 7-1 我国粮食主产区粮食产量

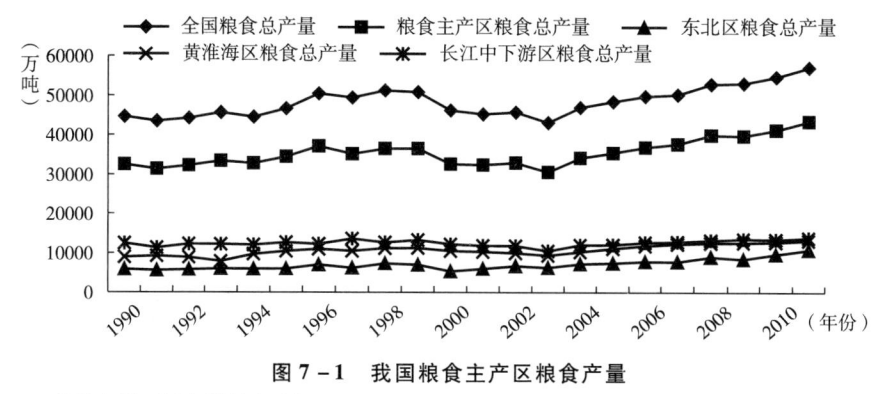

资料来源:《中国统计年鉴》(2012)。

效益。目前,农业处于转型发展期,水稻产业更是出现了结构性和阶段性下降。随着市场粮价的下降,粮农更加忽视了水稻的种植,积极性也受挫,对水稻种植、管理和投入大大减少。第二,随着农业工业化进程的加快,非农产业正在占领农业的主导地位,农业发展受到影响,农作物播种面积也在减少,生态环境也遭到破坏。而我国北方主要以种植小麦和玉米为主,随着高科技的发展,农作物种植由原来的一年一熟逐步转变为一年两熟或者两年三熟。农作物产品更新换代使粮食产量得到提升,生物科技的应用也使农作物产品更加优良化,大大节约了粮食资源。从图 7-1 可以看出,我国黄淮海区、长江中下游区及东北区粮食总产量的变化趋势与全国基本一致。从总量上看,1990~2011 年,全国、粮食主产区、黄淮海区、长江中下游区及东北区粮食总产量增加率依次是 28%、33.6%、47%、10.8%和 84.1%。可见,1990~2011 年,粮食主产区、黄淮海区、东北区粮食总产量增加率远远超过了全国平均水平,而唯长江中下游区增加率比全国平均水平低近 15 个百分点。

二 粮食主产区的工业化发展水平分析

1. 粮食主产区发展工业化的必要性

改革开放三十多年来,农民的生活和生产条件都发生了巨大的变化,粮食供需基本平衡,我国粮食产量不断迈上新台阶。虽然 2011 年我国粮食获得丰收，但粮食供求趋紧很可能是今后相当长一个时期的常态，绝对不能因为眼下粮食生产形势好转而掉以轻心，必须大力提高粮食主产区粮食生产能力，保障粮食安全。作为农业大国和全球第一人口大国，尤其是面对人多地少、水土资源匮乏、农业生产力水平低、农民科学文化知识与技术水平相对落后的基本国情以及经济全球化、贸易全球化的竞争压力，我国粮食生产仍然缺乏竞争优势和比较优势。因而，我国的农业发展仍然面临着巨大的挑战。粮食主产区工业化是一个包括多层含义的动态发展过程：从科学含义讲，它是在农业领域内，采用广泛的科学技术和工业设备，使传统落后的农业生产方式转变为知识密集型农业的过程；从制度含义上讲，它是农业社会化的过程，是改变价值观念的过程，它由自给自足的小农经济转变为高度商品化的市场经济，由此带动农村社会及文化结构优化；从经济含义上讲，它是不断提高劳动生产率的过程，可改变传统农业方式，提高效率，促进社会不断分工，培养更多的农业科技人才；从生态含义上讲，它是人类改造自然保护生态平衡的过程，推进了人类文明的发展，使人类更加适应大自然，在优美的自然环境中成长。总而言之，农业工业化是通过先进的科学技术改变传统的农业生产方式，改变农民生活方式，通过可持续的竞争力最终实现农业增效、农民增收、农业生产的可持续发展。所以，要想突破传统农业、改变经营方式，必须走农业工业化道路。

2. 当前粮食主产区存在的问题

粮食主产区当前仍然面临着很多问题，尤其是农业基础设施落后，影响了粮食生产能力。其主要表现在：一方面，农业基础设施与现阶段的农业工业化发展不相适应，不能满足新阶段农业工业化发展要求。农田水利基本建设投入不足，水资源调控能力低下，基础设施标准降低，旱能浇、涝能排的功能明显弱化。尤其是税费改革后，农田设施面临着缺资金、难组织的困境，我国的农业基本建设速度放慢，农业基本建设固定资产交付使用率下降。另一方面，相当多的农业基础设施只是摆设；农业水利工程已经年久失修，功能老化，保障能力大大下降，给农业机械化带来诸多不便；农业科学技术水平低，制约了粮食生产能力的提高。随着工业科技应用的推广，一些乡镇企业虽然在大力改变传统低下的经营模式，但由于农业科技推广力量薄弱，农业发展总体上还是以低技术为主。在落后的农村里，用农业机械改变传统手工制造的状况仍然很少见。由于政府拨款难、农村覆盖范围大、农村分布不集中等，科学推广很难实施。科技人员大量流失或者分配不均衡，部分农村还是很难享受到高科技的服务；市场体制不健全，地方政府抓粮食生产的积极性不高。当前，农产品市场体系发育不足，生产单位规模小，农业社会化程度低，基本上是"产粮大市（县）、工业弱市（县）、财政穷市（县）"，挫伤了地方政府发展粮食生产的积极性；信息系统的不完善导致政府与市场的关系没有理顺，粮食主产区与主销区的利益不平衡表现得日益突出。农业生产风险补偿机制滞后，我国是一个自然灾害多发国，旱灾、洪灾等自然灾害危害极大，对农业生产造成的损失极其严重，由于农民思想陈旧、观念落后、参与农业保险的积极性不高，即便我国实行了自然灾害救助机制，作用也依然不大。国家有关政策和机制还需进一步完善，以使农业生产的集约化、规模化、可持续发展得到有力保障。目前，粮食主产区财力有限，对农业投入偏低，粮食主产区经济结构单一，第二、第三产业相对滞后，税源少，财力有限。一些粮食生产区的地方政府由于财政困难，实际上拿不出资金来补贴农户，"心有余而钱不足"，长此以往，不但会激化干群矛盾，而且会为主产区粮食生产的持续发展埋下隐患。

3. 各粮食主产区粮食生产工业化的现状

2010年中央一号文件提出，建立健全粮食主产区利益补偿制度是促进粮食产地加工、全面实施全国新增千亿斤粮食生产能力规划、延伸粮食产业链的重要举措，为粮食主产区粮食生产带来了新的发展机遇。粮食生产工业化作为一项战略工程，其经济效益涉及食品、机械、化工、医药等领域，推动着各个领域的振兴和发展，实现粮食初级产品向高层次产品的跃升。因此，加快粮食主产区发展粮食加工产业以促进自身发展，已成为今后国家和地方各级政府的工作重点，在保证国家粮食安全的同时，大力发展粮食加工业，是粮食主产区的现实选择。各粮食主产区应突破传统生产方式的困境，将工业理念与传统农业融合起来，大力发展粮食加工业。

东北区的黑龙江主要关注水稻种植业和畜牧业，建设绿色特色食品加工项目，重点加快松嫩和三江两大平原农业综合试验区建设，利用北欧长期贷款建设30个现代农机专业合作社，完成10万个栋水稻育秧大棚的建设，并实施"五千万头生猪"和"千万吨奶"规划。提高农业的综合生产能力，大力推进畜牧业标准化、规模化、产业化和市场化进程，推动农业产业化，升级并打造畜牧大省。吉林主要关注畜牧业、林业以及粮食生产蔬菜产业，构建了生态农业、节水农业、农机化、农业科技创新4个现代农业示范区及15个现代牧业园区、1000个标准化规模养殖小区。在发展粮食生产方面推行标准化生产，通过现代奶业推进农业技术创新。黄淮海区的河北省主要关注乳品、肉类、粮油、果品、蔬菜五大优势农产品，支持100家重点龙头企业，建设30个农产品加工示范基地，优化品种质量，延伸产业链条，培育知名品牌，提高市场占有率。河南地区主要关注粮油、畜禽、花卉及园艺产业和现代畜牧业，建设100个标准化生产基地，支持花卉生产基地扩规模，培育100家规模较大的龙头企业，创品牌，支持27个肉牛生产县、26个肉羊生产县、45个生猪生产县和黄河滩区绿色奶业带发展，确保农产品保障水平，提高农产品质量和农产品竞争能力。山东地区主要关注新技术、新成果的推广应用，新建50个市县两级监测中心，重点支持500家农业龙头企业做大做强。加快农业科技体系建设，提高国内市场占有率，推广农产品清洁安全生产。长江中下游区的安徽省，主要关注小麦、水稻、油菜和大豆，建设沿江、沿淮及江淮之间水稻核心产区，以及淮北沿淮小麦和玉米核心产区。推行农业产业化，扩大棉花优势区域种植规模。提高农产品精深加工水平，推广农业标准化生产，加强农产品质量安全建设。湖南地区主要关注养殖业、园艺产业生产及农业生物技术，加强集种植、养殖、加工、生产、休闲于一体的生态农业园区建设，培育一批销售收入过50亿元、10亿元的加工龙头企业，建设优质农产品出口基地，推进高效农业、生态农业、循环农业建设，抓好杂交水稻境外推广。推进农业集约化发展，提高农业综合生产能力。湖北地区实施《湖北省粮食增产能力建设规划》，主要关注水稻、双低油菜等九大优势产业，推动46个产量大县建设粮食核心产区，发展特优水产养殖，力争粮食增产40万吨；推进农业产业化经营，提高科技应用和农业机械化水平；引导企业并购重组、上市融资、品牌整合，鼓励集群化发展。

总之，农民投入是关乎我国农业发展和"三农"问题解决的重要措施，从各地的扶持角度看，一方面是健全农业补贴制度，完善对农业的补贴办法，增加补贴资金；另一方面是增加财政对农民的投入，使"三农"投入总量、增量、增幅以及占财政总支出的比重都高于上年。

4. 粮食主产区粮食生产工业化所面临的机遇和挑战

粮食主产区粮食生产工业化对我国粮食业的发展将产生重大影响，在经济全球化和贸易自由化的背景下，我国粮食生产工业化进程也必将面临机遇和挑战。粮食主产区改变了传统经营模式，增大科技力量，引进先进的机械设备，必然是以消耗更多的资源为代价的，而中国作为世界第一人口大国，面临的却是水土资源匮乏、农业科技水平低下的现实，再加上一些人对资源过度消耗，更是供不应求。所以，粮食主产区在国内市场上必将面临资源紧缺的风险。在国际市场上，一些跨国粮商通过控制粮食加工业和流通领域，进而控制粮食生产布局和消费市场，外资垄断格局对我国粮食加工业构成了强大的威胁。另外，近年来，国际市场上出现了转基因粮食，一旦转基因粮食进入流通领域，势必会对生态环境及人类健康构成威胁，国家的经济安全和农民的利益也会遭到破坏，对我国的民族工业将会产生严重冲击。在面临挑战的同时，粮食主产区粮食生产工业化同时也带来了全新的发展机遇。从工业管理的角度出发，用工业理念引导粮食加工业。一方面，树立现代企业管理理念，立足于建设一批科技含量高、覆盖范围广的粮食加工龙头企业。用企业带动农户，走上共同致富之路，把市场理念、企业理念贯穿于粮食加工的全过程。另一方面，把粮食加工业作为推进主产区富民的突破口，壮大龙头企业与国际接轨，吸引更多的国外资金和先进的管理经验，实现资源共享。推动粮食加工业由粗放型向集约型转变，最终实现我国粮食加工产业快速稳定发展。

第三节 粮食生产与工业化的比较研究

一 我国粮食生产的工业化发展历程

中国是一个人口大国、消费大国，粮食是人类赖以生存的基本资源，新中国成立以来，党和政府一直把提高农业生产、保证粮食供给产量作为重要大事。改革开放以来，农业发展逐步摆脱传统的生产经营模式，加大科技投入，依靠科技进步，大力发展粮食加工业。农业将不再作为单一的产业出现，而是与工业相结合，以工促农，不仅使粮食产量得到提升，而且加速了工业化的发展。我国的农产品加工由粗放型转变为集约型，形成了一支高科技队伍。我国总体粮食生产主要经历了三个阶段。

第一阶段是新中国成立初期至 20 世纪 50 年代末，粮食生产工业化经历了由无到有的过程。新中国成立初期，我国农业处于半生产状态，以手工种植为主，生产条件极其落后。随后几年，随着科技的发展，我国创建了大量有关农业生产的高等院校，一大批高科技人才出现。从此，我国的粮食生产工业化开始慢慢发展起来，有关粮食生产的科研院所也相继成立，农业资源得到有效节约，缓解了粮食供求矛盾。第二阶段是 20 世纪 60 年代至 70 年代末，我国粮食工业发展快速提升，生物科技开始引进农业生产，提高了粮食资源的利用价值，带来经济效益提高，一大批科研成果脱颖而出，为粮食生产的工业化奠定了基础。第三阶段是改革开放以后，在"科学技术是第一生产力"的指导思想下，我国粮食生产工业化飞速发展，粮食生产工业化实现了由计划经济向市场经济的转化。科技的改革促进了粮食产量的提高，使我国粮食生产向工业化、现代化的方向前进。我国粮食工业科技的发展不仅提高了粮食生产率，而且促进了科技队伍的迅速成长和壮大，为未来高科技时代的到来做好了充分准备。

在全新的社会主义经济条件下，必须保证粮食工业的技术开发与农业、食品工业等相关行业相互不脱节，优化资源整合，建立农业—粮食工业—食品工业"三位一体"的技术创新体系中心，以市场激励为基本动力，提高我国的粮食生产工业化水平和国际竞争力。粮食生产必须构建合理的工业发展模式，构建农业—粮食工业—食品工业"三位一体"的创新模式。首先，必须保证粮食生产工业化过程中不与农业、食品工业相脱节，打破部门之间的条块分割，各个环节相互渗透，形成完整的产业链条。其次，粮食工业化过程中的各个构成要素要以此为基础进行规划，比如组织结构、目标与任务、科研项目规划等,从而建立起集工农、科教、产供销于一体的创新体系。以粮食加工龙头企业为主体,龙头企业应该不断提高创新能力,以政策引导等方式建立相应的管理体制,推动产业内企业的优化组合。建立企业集团,带动其他相关技术创新发展,形成一批规模效益高的加工企业。对于一些规模小、资源消耗大的企业,应施行关停或重组。重视科研培训机构,建立粮食工业化生产研究所。科教才能兴国,对于粮食加工也应如此,在结构调整的基础上,应该重视农业研究,培育一支业务精、信息灵的职工队伍。技术只有依靠科技人才才能转化为生产力,企业应实行激励政策,将职工的培训作为长期任务。成立科技服务中心,在技术开发和应用之间架起桥梁。制定粮食生产工业技术新战略,实现科学技术的发展,战略的基本目标是大力发展粮食生产工业化,满足国内需求,并能完全适应国际上的竞争与挑战,在粮食工业化的领域内有所突破,开发一批具有国际竞争力的农业龙头企业,培育大批技术人才,形成新型的骨干科技工业,使粮食生产工业贡献率超过50%。注重政府引导与市场所需相结合,政府作用虽是外部环境,但起了非常重要的作用,政府应该鼓励企业创建研究开发机构,引导企业成为技术主体,增加粮食工业的投资,使市场机制发挥对技术创新的激励作用。21世纪的今天,倡导"科教兴粮"、提高粮食科技含量的重大责任摆在我们面前。2030年,我国人口将达到16亿高峰。坚持"科学技术是第一生产力"的战略思想,到2030年我国的粮食产量必定会有一个高的增长,满足16亿人口对粮食的需求。工业技术作为核心将在人类食品和环境等方面发挥巨大的作用,粮食生产高薪技术研究将得到突破。

二 发达国家粮食生产与工业化的关系

21世纪以来,世界农业在高速发展,发达国家的农业现代化更加明显,把生产技术的高新化、生产规模的合理化、企业管理的信息网络化作为战略重点,增强国际竞争力,其发展态势十分迅猛。农业技术的进步促进了粮食资源利用工业技术的发展,发达国家粮食工业化的最主要特征是粮食资源的合理利用和深度开发。发达国家粮食生产工业化主要表现在以下方面：绿色生态技术得到广泛应用，发达国家资源丰富，粮食储存不仅注重数量，更加注重储粮的科技技术及生态环保。绿色储粮技术最主要的特色是与低温、生物、物理的综合防治相结合。如澳大利亚，其绿色储粮技术已发展较高水平。目前，发达国家储粮选择的主要标准就是保证经济效益最大化，形成规模化、集约现代化的粮食加工格局。以美国为例，美国的小麦深加工除了加工成面条粉、饺子粉等专用粉外，也推出了利用小麦淀粉、膨化食品、小麦胚等，并将小麦麸皮用于食品开发，另外还可将小麦加工成麦胚油，用为饼干、咖啡等食品的配料；对于稻谷的综合利用，也近有100多种食用和工业用产品，此外，米糠被作为原料广泛应用于日化产品和环保材料等；美国饲用玉米的比例稳定在59%左右，玉米是全球最具深加工前景的原料，其深加工的产品种类非常丰富，利用发酵技术的玉米深加工产品在医学行业中得到广泛应用，并形成巨大需求，具有较完善的质量标准和检测技术体系。发达国家根据已制定的标准，对粮食安全实行严格的质量标准管理，研发新型的检测技术，并采用现代信息管理技术。在发达国家中，政府中介组织的管理作用尤为突出，在粮食标准检测过程中发挥关键作用，根据国内市场情况可以或多或少地利用这些指标控制进出口贸易；信息化技术在粮食生产工业化领域得到广泛应用。发达国家有专门的机构利用高新技术，通过网络电子信息预测世界农业生产情况，分析国内和国际期货及现货市场，根据预测的粮食需求形势及时调整贸易策略，把粮食流通的各个环节结合起来，达到从生产到消费的全过程监督，基本上达到信息化管理。

三　对发达国家粮食生产工业化的借鉴

可以看出，我国与发达国家相比，粮食加工业在科学技术进步方面仍然存在较大的差距，我国对高新技术的研究十分有限，投入的应用技术不足，粮食工业的发展缺乏科学技术支持。总体上，我国粮食生产工业化仍处于初级阶段，加工增值效益低，科学贡献率也低。发达国家注重粮食流通的各个环节，在每条粮食产业链上都有所突破，发达国家的粮食工业生产不仅把工业技术运用到粮食生产各个环节，而且注重每个环节的创新与发展，带来的效益远远大于其本身的价值。我国粮食生产工业化方面仍然需要改革，只有改革才会发展，不要只注重粮食产量，更要发掘粮食生产的潜力。粮食生产不是一个独立的过程，而是各个相关领域结合的过程。

第四节 粮食主产区粮食生产与工业化的关系

13个粮食主产区是国家重要的粮食生产基地。然而，"无农不稳，无工不富"，粮食主产区的发展离不开工农业的齐头并进。改革开放之前，如何解决温饱问题是粮食主产区省委、省政府的头等大事。改革开放三十多年来，不仅解决了温饱问题，而且将粮食优势转化为商品优势，使农产品规模化、农产品加工精深化，加快了粮食主产区现代化的进程。在市场经济的新形势下，粮食主产区提出努力建设以优质粮食加工产品为主的粮食生产基地和粮食加工基地。为了构建粮食主产区新优势，在发展农业工业化的同时，要确保不影响农业的基础地位，坚持粮食生产工业化，把与农业关联最紧密的粮食加工业作为主产区优先发展的产业之一。不可否认的是，在工业化的进程中，影响工业化水平的因素有很多，不可能把这些因素全部归类为有利因素。在现实生活中，很难控制不利因素对工业化水平的影响。粮食生产工业化的总趋势是上升的，但其增长是在波动中的增长，其中的原因可以从工业化水平的主要影响因素中得到说明，以下将就影响工业增长率的具体因素进行分析。

一 计量分析方法

计量方法主要有聚类分析和面板数据回归分析两种方法。聚类分析是研究分类问题的一种多元统计方法。我们所研究的样品或指标之间存在不同程度的相似性，于是根据一批样品的多个观测指标，具体找出一些能够度量样品或指标之间相似程度的统计量，以这些统计量为划分类型的依据，把一些相似程度较高的样品（或指标）聚合为一类，把另外一些彼此之间相似程度较大的样品（或指标）聚合为另一类，直到把所有的样品

（或指标）聚合完毕。面板数据回归模型进行的回归分析，相比于基于截面或时间序列数据的回归分析，有如下优点。

①面板数据可以很好地容纳、控制不可观测的个体单元集之间的异质性、动态性。

②面板数据充分利用了时间段和截面单元的信息，给出了更多的变量、数据信息、自由度，从而减少了变量之间多重共线性的产生，使估计结果更加有效、稳定、可靠。

③面板数据可以将不同时间点上的经历和行为联系起来，表明不同个体截面数据是如何随时间的变化而变化的，因此，能够更好地研究数据的动态矫正。

④面板数据可以研究不断变化的个体类型。

⑤面板数据模型可以构造和检验比纯时间序列数据和截面数据更为复杂的行为模型，如技术的有效性。

⑥面板数据模型可以给出较纯时间序列数据和截面数据更好的预测。

所以，基于面板数据的回归模型更能够揭示变量间的关系。

二 模型和变量

影响工业增长率的因素有很多，毋庸置疑，粮食生产工业化研究涉及了两个产业领域，因此，根据产业结构的变化，影响因素分为两大类，即农业因素和工业因素。所选取的变量必须与农业工业化的指标相联系，经分析，选取工业增加值率作为被解释变量，选取粮食产量、人均耕地、非农就业比重、农业机械总动力、第一产业占GDP比重，第二产业与第一产业之比作为解释变量。工业增加值主要反映企业生产过程中新增加的价值，工业增加值率指在一定时期内工业增加值占工业总产值的比重，该指标反映了工业增加值的弹性，以及工业化的投入产出结果，在某些意义上代表了工业化进程。工业增加值是工业企业在报告期内以货币形式表现的工业生产活动。人均耕地指的是一个国家或一个地区平均每人拥有的耕地数量，计算公式如下：人均耕地＝年末耕地面积总数÷年末人口总数。人均耕地的多少对国民经济和农业生产的发展和人民生活水平的提高等具有重要影响。非农就业比重是衡量工业化水平的重要因素，主要反映劳动力从第一产业向第二、三产业转移的指标。农业机械总动力指农业生产过程的机械化水平，先进的机械设备是与工业化程度息息相关的，粮食生产的工业化首先表现的就是农业基础设施的工业化，粮食主产区拥有生产相对优势，再加上农业机械的投入，工业化水平得到大幅度提高，所以农业机械水平能很好地衡量粮食生产的工业化指标。第一产业占GDP比重指的是农业生产总值在整个国民经济收入中所占的比例，近几年来，随着工业化进程的加快，农业产业和工业产业的界限似乎不再明显。改革开放前，农业产值比重总是高于工业产值比重，但是改革开放后，随着工业化的大力发展，农业工业化导致农业产值比重一直下降。所以第一产业占GDP比重也是衡量工业化的重要指标之一。第二产业与第一产业之比反映了工业和农业两者在国内生产总值的贡献程度，该指标在一定程度上也反映了粮食生产的工业化水平。

三 数据收集

在进行实证分析的过程中，所需要的数据，应能够度量各变量对工业增加值率影响。我国的粮食主产区主要包括黄淮海区的河南、河北、山东三省，东北区的辽宁、吉林、黑龙江三省和长江中下游区的江苏、安徽、江西、湖北、湖南五省，还包括内蒙古和四川。本文选取13个粮食主产区1995～2011年的相关数据为样本，对粮食主产区工业化因素的相关性进行研究。对粮食主产区工业化因素进行分析时，涉及多个城市在一个时间序列中的观测值，这不纯粹是截面数据或者时间序列数据，而是由两者相结合的数据集。建立一般的线性回归模型并不能同时反映截面数据的个体差异以及样本作为一个整体所呈现的时间趋势。因此，本文选用面板数据模型对粮食主产区工业化因素进行分析，再运用Eviews 6.0对其进行回归分析（见图7-2、图7-3、图7-4）。

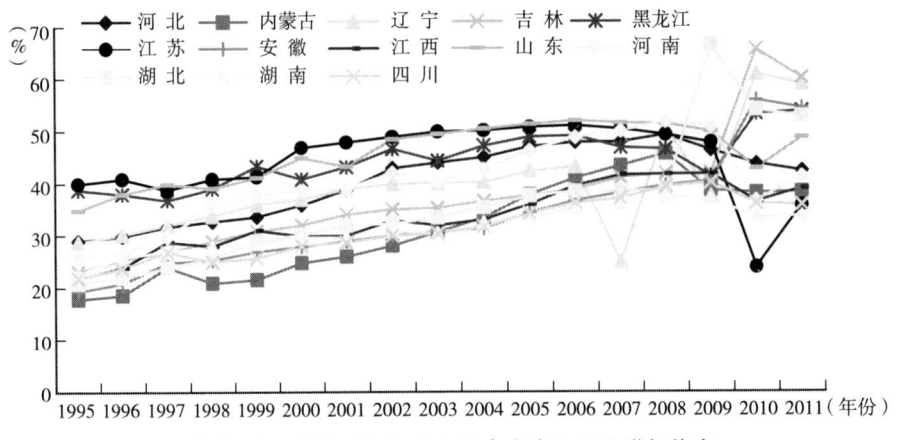

图 7-2　1995~2011 年各粮食主产区工业增加值率

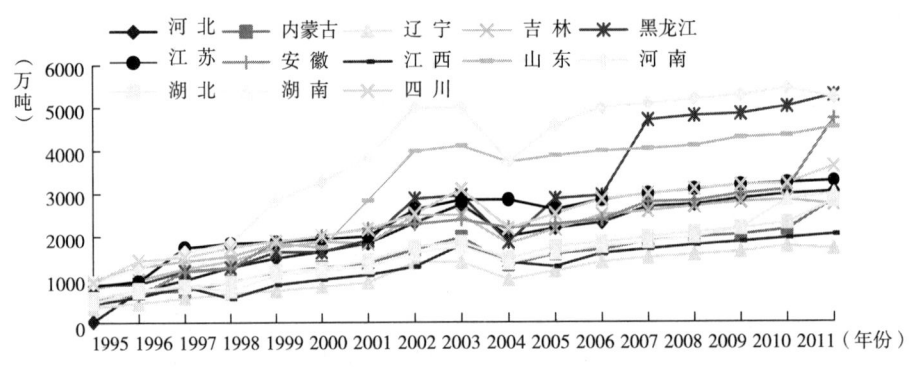

图 7-3　1995~2011 年各粮食主产区粮食产量

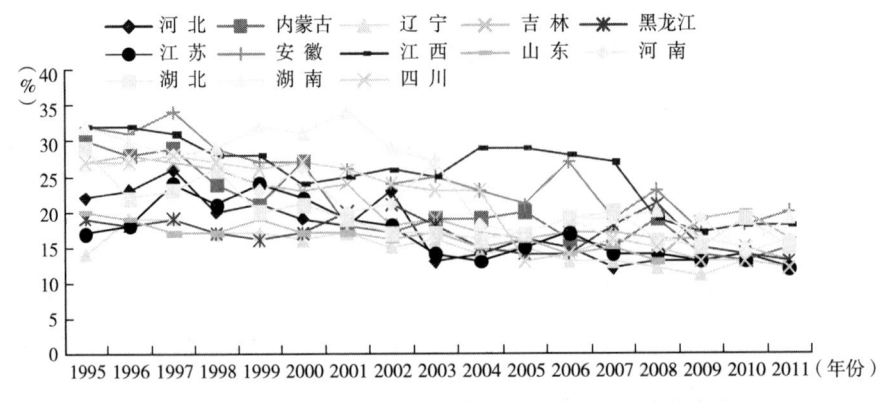

图 7-4　1995~2011 年各粮食主产区第一产业产值占比

四 模型设定

1. 面板数据模型

面板数据模型是建立在面板数据之上、用于分析变量之间相互关系的计量经济模型。面板数据模型的解析表达式为

$$y_{it} = \alpha_{it} + x_{it}\beta_{it} + \mu_{it} \quad i = 1,2,\cdots,N; j = 1,2,\cdots,T$$

其中,y_{it}为被解释变量;α_{it}表示截距项,$x_{it} = (x_{it}^1, x_{it}^2, \cdots, x_{it}^k)$为$1 \times k$维解释变量向量;$\beta_{it} = (\beta_{it}^1, \beta_{it}^2, \cdots, \beta_{it}^k)$为$k \times 1$维参数向量;$i$表示不同的个体;$t$表示不同的时间;$\mu_{it}$为随机扰动项,满足经典计量经济模型的基本假设$\mu_{it} \sim \text{iidN}(0, \sigma_\mu^2)$。

面板数据模型通常分为三类,即混合模型、固定效应模型和随机效应模型。

(1) 混合模型

如果一个面板数据模型定义为

$$y_{it} = \alpha + x_{it}\beta + \mu_{it} \quad i = 1,2,\cdots,N; j = 1,2,\cdots,T$$

则称此模型为混合模型。混合模型的特点是无论对任何个体和截面,回归系数α和β都是相同的。

(2) 固定效应模型

固定效应模型分为三种类型,即个体固定效应模型(entity fixed effects regression model)、时间固定效应模型(time fixed effects regression model)和时间个体固定效应模型(time and entity fixed effects regression model)。

①个体固定效应模型

个体固定效应模型就是对于不同的个体,有不同的截距的模型。如果对于不同的时间序列(个体)截距是不同的,但是对于不同的横截面模型的截距没有显著性变化,那么模型就称为个体固定效应模型立,表示为

$$y_{it} = \alpha_i + x_{it}\beta + \mu_{it} \quad i = 1,2,\cdots,N; j = 1,2,\cdots,T$$

其中,y_{it}为被解释变量;$x_{it} = (x_{it}^1, x_{it}^2, \cdots, x_{it}^k)$为$1 \times k$维解释变量向量;$\alpha_i$是

随机变量,表示对于 i 个个体有 i 个不同的截距项,且其变化与 $x_{it} = (x_{it}^1, x_{it}^2, \cdots, x_{it}^k)$ 有关; $\beta = (\beta_1, \beta_2, \cdots, \beta_k)$ 为 $k \times 1$ 维回归系数向量,对于不同的个体,回归系数相同; μ_{it} 为随机误差项。

个体固定效应模型也可以表示为

$$y_{it} = \gamma_1 D_1 + \gamma_2 D_2 + \cdots + \gamma_N D_N + \beta x_{it} + \mu_{it} \quad t = 1, 2, \cdots, T$$

其中,

$$D_i = \begin{cases} 1, & \text{如果属于第 } i \text{ 个个体}, i = 1, 2, \cdots, N \\ 0, & \text{其他}(\text{不属于第 } i \text{ 个个体}) \end{cases}$$

②时间固定效应模型

如果一个面板数据模型定义为

$$y_{it} = \alpha_t + x_{it}\beta + \mu_{it} \quad i = 1, 2, \cdots, N; j = 1, 2, \cdots, T$$

其中, α_t 是随机变量,表示对于 T 个截面,有 T 个不同的截距项,且其变化与 $x_{it} = (x_{it}^1, x_{it}^2, \cdots, x_{it}^k)$ 有关;对于不同的个体,回归系数相同, μ_{it} 为随机误差项,则称此模型为时间固定效应模型。时间固定效应模型就是对于不同的截面(时刻点)有不同的截距的模型。如果确知对于不同的截面截距显著不同,但是对于不同的时间序列(个体)截距是相同的,那么应该建立时间固定效应模型。时间固定效应模型也可以表示为

$$y_{it} = \alpha_1 D_1 + \alpha_2 D_2 + \cdots + \alpha_T D_T + \beta_1 x_{it} + \varepsilon_{it}, \quad i = 1, 2, \cdots, N$$

其中,

$$D_i = \begin{cases} 1, & \text{如果属于第 } t \text{ 个截面}, t = 2, \cdots, T \\ 0, & \text{其他}(\text{不属于第 } t \text{ 个截面}) \end{cases}$$

③时间个体固定效应模型

如果一个面板数据模型定义为

$$y_{it} = \alpha_i + \gamma_t + x_{it}\beta + \mu_{it} \quad i = 1, 2, \cdots, N; j = 1, 2, \cdots, T$$

其中, α_i 是随机变量,表示对于 N 个个体有 N 个不同的截距项,且其变化与 $x_{it} = (x_{it}^1, x_{it}^2, \cdots, x_{it}^k)$ 有关; γ_t 是随机变量,表示对于 T 个截面有 T 个不同的截距项,且其变化与 $x_{it} = (x_{it}^1, x_{it}^2, \cdots, x_{it}^k)$ 有关;对不同的个体,回归系数相同, μ_{it} 为随机误差项。

(3) 随机效应模型

对于面板数据模型

$$y_{it} = \alpha_i + x_{it}\beta + \mu_{it} \quad i = 1,2,\cdots,N; j = 1,2,\cdots,T$$

如果 y_{it} 为被解释变量，x_{it} 为 $1 \times k$ 维解释变量向量，β 为 $k \times 1$ 维回归系数向量，对于不同的个体，回归系数相同，α_i 是随机变量，其分布与 x_{it} 无关，μ_{it} 为随机误差项，则称此模型为个体随机效应模型。

同理，也可以定义时间随机效应模型和时间个体随机效用模型。

2. 实证研究与分析

面板数据涉及截面和时间序列，同一截面上不同的个体与不同的时间可能会引起斜率和截距的变化，这就需要对面板数据进行检验，以选择最适合的模型。

用 F 检验判断应该建立混合估计模型还是固定效应模型。原假设（H_0）和备择假设（H_1）分别为

原假设 H_0：不同个体的模型截距项相同（建立混合估计模型）；

备择假设 H_1：不同个体的模型截距项不同（建立个体固定效应模型）

F 统计量定义为

$$F = \frac{(SSE_r - SSE_u)/(N-1)}{SSE_u/(NT-N-1)}$$

其中，SSE_r 表示估计的混合模型的残差平方和，SSE_u 表示估计的个体固定效应模型的残差平方和，N 表示个体单位数量，T 表示时间的个数，当模型中含有 k 个解释变量时，F 统计量的分母自由度是 $NT-N-k$。

(1) 混合估计模型

运用 Eviews 6.0 软件进行操作，进行混合模型回归，得出结果如下：从回归结果看，在显著水平 $\alpha = 0.05$ 下，各系数 t 检验值均大于临界值 $t_{0.025}$，表明各个自变量对因变量的影响较为显著。伴随概率 $P = 0.0000$，远远小于5%。模型的可决系数 $R^2 = 0.631623$，拟合度一般。从结果中可以得出残差平方和 $SSE_r = 3.2837$。

(2) 个体固定效应模型

接下来，再利用 Eviews 6.0 进行个体固定效应模型回归，得出结果如

下：可决系数 $R^2 = 0.7717$，$DW = 1.98$。在显著水平 $\alpha = 0.05$ 下，各系数 t 检验值均大于 l 的临界值，表明各个自变量对因变量的影响较为显著。而伴随概率 $P = 0.0000$，远远小于 5%。说明此模型整体拟合度较高，可以建立个体固定效应模型。

从结果中可以得出残差平方和 $SSE_u = 2.386$。

（3）F 检验结果

下面对 F 统计量进行计算，判断建立何种模型更适合。

$$F = \frac{(SSE_r - SSE_u)/(N-1)}{SSE_u/(NT-N-1)} = 2.98 > F(12, 214)$$，且伴随概率 $P = 0.0000$。所以应该拒绝原假设，建立个体固定效应模型。

随机效应（LM）检验的原假设为不存在随机效应，在原假设条件下，LM 服从自由度为 0.05 的 χ^2 分布。如果 LM 大于临界值，则拒绝原假设，即可以建立随机效应模型。检验结果 t 检验值比较显著，但是 $R^2 = 0.56280$，拟合优度一般，不是特别理想。计算出 LM 统计量的值为 293.2022，远大于 0.05 的临界值，且伴随概率 $P = 0.0000$，所以拒绝原假设，可以建立个体随机效应模型。

根据上文的 F 检验和 LM 检验结果，在上市商业银行赢利能力的计量模型中，既可以建立固定效应模型，也可以建立随机效应模型。但是究竟哪一种模型更适合还不确定，下面通过 Hausman 检验来进行分析。从 Hausman 检验结果可知：$W = 36.394 > \chi^2_{0.05}(12) = 21.026$，所以应拒绝原假设，适合个体固定效应模型。

综合 F 检验、LM 检验以及 Hausman 检验，最终确定本论文的研究应建立个体固定效应模型。

基于检验结果，确定模型为个体固定效应模型。建立粮食主产区工业化因素的函数，以工业增长率为被解释变量，以粮食产量、人均耕地、非农就业比重、农业机械总动力、第一产业占 GDP 比重、第二产业与第一产业之比为解释变量。面板数据的个体固定效应回归结果为

$$Y_i = 0.03435X_1 - 1.6022X_2 + 1.82379X_3 + 0.003958X_4 - 0.82938X_5 + 3.83473X_6 + 3.92840$$

五　结论

从模型中可以看出，工业增长率与粮食产量、非农就业比重、农业机械总动力以及第二产业与第一产业之比呈正相关关系，与人均耕地和第一产业占 GDP 比重呈负相关关系，比较符合经济意义，近几年，国家粮食产量逐步上升，工业化进程也逐渐加快，两者的速度可谓均衡发展，粮食产量的提高有助于农村改变落后的基础设施，加大科技力量，实现农村工业化，两者并没有直接矛盾，而是起相互促进的作用。工业化进程同时也是农业转移劳动力的过程，越来越多的农民进城务工，第一产业向第二、第三产业转化的速度明显加快，非农就业比重上升速度特别快，非农就业的劳动生产率也在发生变化。非农就业比重随着经济的发展，劳动力从第一产业向第二、第三产业转移是一条普遍规律，这一指标已列入全面建设小康社会的指标。从模型结果分析看，非农就业比重对工业增长率产生显著性影响，随着乡镇企业的大力发展，非农就业比重基本保持在 50% 的水平上；随着农村工业化的进程，非农就业比重也会越来越高。我国现状是人口多、耕地面积少，在基本国情的基础上，随着农村工业化的发展，工业生产占据了大量的耕地，耕地面积的减少也必然是工业化提高的一个标志。但是，在发展中，不可忽视耕地保护的重要性，土地是建立在稳定的生态资源基础上的，如果耕地质量遭到破坏，那么生态环境也将随之受到影响。所以，工业化进程是重点，但耕地保护、生态环境保护也不可忽视。

第五节　实现粮食主产区工业化和粮食产量互利共赢的对策

一　正确处理好粮食主产区工业和农业的关系

工业和农业的关系，用哲学的观点可以概括为两者是相互依托、相互促进、共同发展的不可分割的关系。我们把工业和农业两个对立的方面结合起来，提出以农业为基础、以工业为主导的发展国民经济的总方针。农业是食品工业发展的根源与基础，如果没有农业，就不可能有农产品，也不可能有食品，更不存在食品加工业的发展。反之，如果没有先进的生产技术，粮食生产也只能依靠传统的经营方式，原始的初级产品根本实现不了真正的商品价值。我国有多少"原字号"的产品出口，经加工返销大陆后，外商得到了巨额的利润，而我们却依旧"贫困"。所以，我们必须在初级产品的基础上，增加农产品的利用价值，因地制宜地确定农业与工业的结合方式。正确处理好工业与农业的关系不仅关系到粮食产量的提高，而且关系到整个国民经济的发展，在经济全球化的今天，我们必须提升自身的科技力量，把粮食生产作为改革的一部分，确保在国际中的竞争地位。

因此，农业工业化是粮食生产过程中的必然选择，也是最正确的选择。农业工业化不仅是生产的工业化，而且是从生产到流通整个阶段的工业化，主要包括四方面的内容：一是农业技术装备工业化，应该摒弃过去的传统工具，使用现代化生产工具，增加科技含量，提高粮食生产效率；二是农业技术措施工业化，种植粮食不限制于农田里，实行工厂化生产，大棚蔬菜、地膜覆盖都也将得到广泛应用；三是农业管理工业化，用管理现代工业的方法管理农业，发展龙头企业，培养农业科技人才；四是农业产品的商品化，将粮食优势转变为商品优势，通过市场检验农产品的质量及前途。总而言之，所有的这一切，都离不开科技创新这一核心。

二 "公司+农户"的粮食主产区工业化发展途径

"民以食为天，食以农为本。"我国是农业大国，农村经济的发展对我国现代化进程有着举足轻重的影响。改革开放以来，欠发达农业区是推进农村现代化难度较大的地区之一。这些地区大多无现代生产技术，人口素质较低。但位于欠发达农业区的河南省科迪食品集团股份有限公司（简称"科迪"）走出了一条由900元起家、资本达4亿元产值的奇迹之路。

科迪现拥有方便面厂、乳制品厂、速冻食品厂、西安科迪方便面厂、郑州科迪便民连锁超市等十几个子公司，罐头产品内销连续十年居全国第一位。科迪自营进出口业务，出口俄罗斯、日本、法国、韩国、中东及东南亚等 20 多个国家和地区。公司拥有正式员工 3000 余人，年综合生产能力达 14 亿元。科迪处于欠发达平原农业区，既无发展现代化工业的资源优势，又无市场条件，没有任何可供开发的自然资源。那么，在如此恶劣的环境下，科迪是怎样生存的呢？对科迪发展模式的研究可为农业现代化道路探索提供丰富的理论价值和实际经验。平原农业区虽然缺乏资源和资金，却有发展工业的比较优势：一方面，拥有大量的廉价劳动力，可把劳动力与廉价农副产品相结合，运用有限的资金，发展初级食品加工；另一方面，拥有丰富的、低价的农副产品，通过一定比例的要素组合，可形成粮食生产工业化的比较优势。实践证明，这种低劳动成本、低价格资源的结合正是帮助科迪实现梦想的有效模式，也是科迪在激烈竞争中生存的一大法宝。

科迪坚持以食品加工为主业，巧妙开拓市场，降低企业风险。在食品行业里进行企业扩张，根绝企业食品加工、销售需要向农业种植、养殖以及食品销售领域延伸的触角，延长产业链条。科迪作为周围农村地区现代化的增长极，通过对经济和社会发展多方面的影响，带动和推进了周围农村地区的现代化进程，产生了影响广泛而深远的"科迪效应"。同全国广大欠发达平原农业区一样，科迪缩在的利民镇及周围农村，虽然在 20 世纪 80 年代初完成了以家庭联产承包经营为核心的农村改革，相对于改革开放前农业生产有了较大的发展，但是由于受自然环境限制，生存条件和农业发展条件依然很差。由于农村生产水平很低，能够生产的农副产品有限，得到的收入也极有限，无法从根本上改变农业经营状况。科迪成功的重大意义之一就是打破了传统农村经济循环过程，在农副产品产出之后，增加了农副产品加工和食品销售两个环节。其直接的效果就是使农副产品增值，通过增加的收入改变传统的生产模式，加大农业生产的科技力量，对农民经济产生强大的推力。销路打开之后，科迪开始实行农副产品加工，扩大加工规模，从传统的农村经济状态中逐步脱离出来，开始步入以农副产品加工为主导的现代农村经济，由此开启了当地农村现代化进程。科迪生产加工业带动了当地加工、运输等行业的发展，已形成以农产品加工为支柱产业，种养加、产供销、贸工农相结合的产业结构，在当地形成强大的农业经济产业链，农产品加工增值率成倍增加。

科迪发展到今天，打破了自然、贫困、落后的传统经济循环，开启了现代化进程，已在贫困农区迈出了走向工农结合的坚实步伐，创汇工农业得到发展，推动了整个地区农业的进步。2009 年，科迪成功推出鲜酸奶等高端产品之后，又采用国际标准化内蒸工艺，将鲜奶与麦片、花生、核桃等天然生态谷物巧妙结合，推出国家专利产品"生态五谷奶"，在一些地区已经成为强势品牌。科迪的成功突破了传统的农业经营模式，大力发展农产品加工业，把工业的理念融入农业，发挥农产品的比较优势。农产品加工业不仅是农业的延伸和延续，而且是农业工业化的重要体现。

三 我国工业反哺农业的机制和模式

1. 工业反哺农业是经济社会发展的必然要求

我国目前已具备了由农业哺育工业转变为工业反哺农业的条件，进入了工业化中期阶段，基本上达到了以工促农的发展阶段。建设现代农村、塑造现代农民，最终构成工业反哺农业的长效机制，是我国转型期间探索的主要问题。建设现代化农业、发展农村经济是全面建设小康水平的重要任务。2008 年 10 月，十七届三中全会《中共中央关于推动农村改革发展若干重大问题的决定》提出"工业反哺农业，城市支持农村"。所以，工业反哺农业是经济社会发展的必然要求。工业反哺农业主要是依靠工业发展的物质和技术积累来支持农业发展，是对新型工农关系的一种概括，也是对农业哺育工业的升华转变。实行工业反哺农业是落实科学发展观、建设社会主义新农村的必然要求。

工业反哺农业是加快解决"三农"问题的迫切需求。工业通过自身的积累发展到一定程度后具备反哺农业的能力，政府应该加大对农村基础设施的投入，加大对农村的支持力度。在农业方面实行多种支持政策，实现工农业共同发展，是工业化发展到一定阶段的必然要求。工业反哺农业是实现小康水平、加快现代化进程的必然要求。全面实现小康水平，加快我国现代化进程，最艰巨的任务就在农村。从我国国情出发，从国家经济和社会全局出发，加快农村经济发展，改变二元经济结构，是实现小康水平的重要任务。工业反哺农业是推进社会公平、社会和谐的重要举措。在工业化进程中，农民牺牲了很多，为国家做出很大贡献，但是很少享受国家的优惠政策和待遇。实行工业反哺农业，将进一步缩小城市和农村的距离，拉近工人和农民的距离，逐步实现利益统一。工业反哺农业是提高农民生活水平、增加农民收入的重要途径。我国农民人口基数大，农村过剩的劳动力阻碍了农业的发展，在工业反哺农业过程中，改变传统手工经营模式，利用先进的科学技术，可缓解过剩劳动力问题，并为农民就业提供一个很好的平台。

2. 我国工业反哺农业的路径选择

工业反哺农业的目标在于建设现代农村、发展现代农业、塑造现代农民，从而形成工农协调的经济结构。一是建设现代农村。农村基本设施不仅与农民和农业有关，而且与整个国民经济息息相关，但是我国农村基础设施比较落后，所以缩小城乡差别、改变农村基础设施环境、促进城乡良好互动发展是实现农业现代化的关键。在我国，城乡差距比较大，政府必须加大农村投资，建立农业发展基金和农业产业化专项资金，努力缩小城乡之间的差别，改变农村社会事业发展滞后的状况。高度重视农村公共服务体系，包括农村社会保障体系建设和农业技术推广等方面。二是发展现代农业。农业现代化是由传统农业走向现代农业的过程，衡量农业现代化的标准应该是产业的关联度，农业产业链是实现工业反哺农业的重要载体。农业产业链建立的前提是工业与农业之间存在某种必然的经济联系。因此，工业反哺农业必须建立和完善农业产业化经营体制，做到农民得利益、农业有利润。政府也有必要利用自身组织能力有效地制定相应对策，如加强农业产业链的整链品牌管理，提高农业组织化程度，壮大农业产业链龙头企业的实力，完善产销大户、农业龙头企业与合作社的联动机制，完善政府的投入机制，等等。三是塑造现代农民。农民是"三农"问题的核心，农村滞留大量的劳动力，使农业劳动生产率提高缓慢，这就从根本上制约了农业的发展。塑造现代农民就是提高农民素质，把庞大的人口资源变为人力资本。各地方政府应开展农村教育活动，提升农民的现代化意识。在贫困地区投资建校，减少农村文盲的数量，从根本上塑造现代化农民。

3. 我国工业反哺农业的长效机制

我国虽然在推进工业反哺农业过程中做了大量工作，但是还存在一些不可避免的问题和不足：一方面，思想认识上存在问题和误区。有人错误地认为工业反哺农业的时机不够成熟，实行工业反哺农业会影响农业的发展，还有的认为工业反哺农业就是政府加大对农村投资和补贴，没有从根本上认识到工业反哺农业的本质。另一方面，对农业和农村投入不足，结构不合理。近几年，国家虽然在农村方面加大投资，但离发展生态农业、实现农村可持续发展还有一段距离。再加上某些不法官员对国家拨款的任意挥霍，依然存在着农村资金短缺、农民贷款难的事实。所以，建立工业反哺农业的长效机制是实现农业可持续发展的必然要求。

工业反哺农业必须要健全制度保障体系。为了使工业反哺农业落到实处并长期持续，必须从根本上健全制度保障体系，而不仅仅是资金上的反哺。首先，改革户籍管理制度、打破二元体制是工业反哺农业这一长期任务得到执行的最基本要求，从改革户籍管理制度开始，使城乡居民享受同等的国民待遇。其次，推进土地制度改革。随着农村工业化的发展，在发展农业过程中，存在忽视农民的利益、土地非农化速度过快、大量土地被工业占用等问题，要明确土地产权，保障农民对土地的处置权。改变土地制度不仅有利于土地规模经营，而且可保障农民的权益不受侵犯。最后，深化农村金融改革。改革开放以来，大量资金由农村流向城市，既有政策因素，也有人为因素。而工业反哺农业正是呼唤更多的资金流向农村，深化农村金融改革，在农村开设乡镇银行、农村商业银行等，改变农户贷款难的现状。政府必须使用财政资金，鼓励工业资本扶持或直接投资农业产业化项目，并采用优惠的政策直补农民，实行粮油补贴，免征农业税，巩固农村税费改革，等等。工业反哺农业要坚持政府反哺与社会反哺相结合。整个经济社会由三部分组成，即政府、企业和社会团体。前者称为政府反哺，后两者称为社会反哺，不同的反哺主体提供不同层次的需求，形成了以政府反哺为主导、以社会反哺为补充的全方位体系。政府反哺提供了强大的保障力量，保证了工业反哺农业的合法性；社会反哺提供了强大的需求力量，保证了工业反哺农业的合理性。所以，要实现工业反哺农业，根本的出路在于政府与农民协同治理，贯彻实施"多予、少取、放活"的方针。"多予"是反哺的核心，"少取"是反哺的基础，"放活"是反哺的目标。在城乡差距大的状态下，只有"多予""少取"方针才能尽快打破城乡二元经济结构。"多予"主要依靠政府的反哺，地区政府应该加大扶持农业经济，加大对"三农"的投入力度，建立起稳定、规范的工业反哺农业机制，调整国民收入分配布局，扩大公共财政覆盖农村的范围，并以法律形式确定下来，另外，须给"三农"以更大力度的金融支持。广大农民也应该树立正确的意识，反对铺张浪费，在农业工业化道路上注重生态平衡，走出一条可持续的新型工业化道路。

四 我国农业转型期间的工业化战略

1. 工业化转型期间引进农业科技资源的必要性

当前，我国农业进入了传统农业向现代农业加速转变的关键时期，迎来了"以工促农"的转型时期。在一定意义上，依靠科技资源实现农业现代化是当前发展农业的首要任务，农业科技资源是实现农村可持续发展的重要因素。近几年，随着我国科学技术的提升，一大批显著成果从根本上扭转了我国农业技术储备不足和相对落后的劣势局面。改革开放以来，通过与国外的交流和合作，我国引进了大量的科技资源，这些资源有的直接应用于农业生产，有的经过消化、吸收再加以利用，为农业经济水平做出了突出贡献。目前，我国水稻分子育种技术等25个领域的研究水平达到了世界标准，引进的仪器改善了我国的科研条件，先进的动植物疫病防控技术也大大增强了我国抗御重大动植物疫病风险的能力。虽然在引进先进技术方面我国取得了突出的成绩，但是还存在一些问题，如科研分工不明确、科研结构不合理、宏观调控不当等。我国应该借鉴发达国家的成功经验，改善科研布局，整合资源使其共享，切实解决农业科技发展中的现实问题。以生物技术为主要特点的科技革命正在形成，科学技术日益更新，科研成果不断涌现。和发达国家相比，我国的生物科研技术仍处于落后状态，为了尽快赶超国外先进农业技术，我国必须提高自主创新意识，利用国外先进技术改善我国传统农业生产条件，从而缩短与国外的差距。

引进农业科技资源能够解决我国农业科技发展的深层次问题，缩小与世界先进国家的差距。有利于提升农业竞争力，转变农业增长方式，实现农业可持续发展。我国是一个农业大国，也是一个农业资源非常紧缺的国家，"三农"问题始终是国民经济的首要问题。在经济全球化的压力下，应该充分发挥我国农业的比较优势，以取得国际市场上的竞争优势。只有依靠科技进步，才能从总体上改变农产品竞争力低下的现状，把握机遇，在国际市场上赢得主动。

2. 引进科技资源的路径选择

一是引进科技资源并进行适当改造。很多发达国家已经实现了农业现代化，我国目前仍处于传统农业向现代农业转变的过程中，在转型期间，更应该向这些发达国家学习，借鉴经验。但是每个国家的基本国情都不一样，农业技术进步依靠的是创新，不能盲目学习和模仿，必须结合实际选择适合我国国情的农业科技资源，尤其是农业适用技术；也可以结合本国的要素禀赋结构，通过自主研发的方式获得高新技术。事实上，一个国家不能全盘引进他国的科技资源，必须对引进的科技资源进行"本土化改造"，使之与当地农业生产紧密联系。二是提升农民的组织化程度。提升农民组织化程度是实现"小农户"与"大市场"有效连接的重要纽带。我国的农民数量最多，但是农民组织化程度很低，参与农户组织的农民仅占10%左右。由于农户分散，先进的技术就很难得到推广。各地区政府应积极组织农户共同参与科研学习，将农户合理分类，以达到资源共享、信息对称。三是培养新型农民。农民文化素质的提高和农业科技的提升有直接关系，农业技术需求的主动性受农民较低文化水平的影响，其结果只能是政府代替农民成为技术的决策者。因此，农业技术推广在一定程度上降低了技术的使用性。科学技术素质普遍不高的事实降低了农民对高科技的使用率，严重影响了农民获得新技术的能力。随着科学的发展，农业新技术越来越丰富，如果赶不上时代的步伐，只能被这个社会淘汰，可见提高农民素养对农业发展多么重要。四是注重农业科技引进后的消化和吸收。引进国外的先进技术只是手段而不是目的，必须在消化、吸收的基础上进行二次创新。其实，真正的核心技术不是引进的，而是在优势中学习改造而得的。一旦结构调整不合理，势必会陷入"落后—引进—又落后—再引进

"一再落后"的恶性循环。同时，在引进新技术的同时，也需要有与之相适应的新市场、新领域。

总而言之，在农业工业化过程中引进科技就是要打造规模化、标准化的生产经营格局。大力发展农产品精深加工，提高产业化经营的经济效益，加强技术研发，走出一条科技含量高的可持续发展之路。

五 新型工业化背景下的粮食生产工业化发展途径

1. 新型工业化的内涵

自十六大报告提出新型工业化道路后，各地都在对新型工业化进行探索和实践，应该意识到，在我国这样一个人口众多、农村地域广阔的国家，农业工业化无疑是走新型工业化道路的内容之一，一旦脱离农业的现代化，新型工业化就不可能真正实现。在社会发展到一定阶段后，农业和工业并不是独立存在的，而是在相互影响中共同推进的，工业发展经历了由低阶段向高阶段转变的过程，以知识型代替资源型的新型工业化是发展的客观需要，也是保护资源环境的需要。新型工业化就是坚持以信息化带动工业化，以工业化促进信息化，走科技含量高、经济效益好、资源消耗低、环境污染少、人力资源优势得到充分发挥的工业化道路。新型工业化的核心思想就是在农业工业化的过程中实现可持续发展。我国的农业生产经营活动比较分散，商品化程度低，随着农产品大幅度增加，农产品的市场导向愈加显著，特别是在经济发达地区，市场一体化甚至不可逆转。农业所面临的问题是如何把农产品推向大市场。因此，新型工业化的目标就在于提升农业的发展质量，建立农业可持续发展模式。

新型工业化在于实施"新型"的经营制度，主要表现为产业化的组织形式和工厂化的生产形式。产业化的组织形式在于各产业之间形成链接关系，提高了粮食生产和流通的效率，减少交易成本。各地区龙头企业和农户之间达成协议，企业为农户收集并分析市场信息，减少对"价格"的发现成本，使之达成一致。工厂化的生产形式是集聚生产要素、扩大生产规模、提高产品的标准化程度。必须保证生产过程规范化，与最优的生产管理水平相适应，达到最佳的规模报酬。产业化的组织形式和工厂化的生产形式作为新型工业化的核心动力，相互作用，共同服务于新型工业化。需要强调的是，两者在实施过程中都必须坚持可持续发展的原则，通过可持续的竞争力实现农业可持续发展的目标。

2. 新型工业化面临的主要问题

如何调节农业发展与环境保护之间的关系？从两者的关系来看，存在两种截然不同的结果，一种是农业发展以牺牲环境为代价，粮食产量大幅度提高，而生态环境却遭到严重破坏；另一种是两者相辅相成、相得益彰。前者遵循的是即期利益最大化的发展思路，采取的是消耗性的发展战略，增长方式以粗放型为主，重视自身利益而忽视生态平衡。毋庸置疑，这样的农业发展没有后劲，结果只能被社会环境淘汰；后者遵循的是可持续发展之路，遵循了循环经济的发展思路，而这正是新型工业化的必然要求。政府应该扮演好自己的角色，完善监督机制，做好防御工作，在必要情况下对某些行为进行立法保护；加大宣传，使每个人都意识到自己的责任和义务，对破坏生态平衡的企业或个人采取严厉的惩罚。

如何加强农户与企业之间的合作关系？对农户而言，生产规模小，抵御风险能力差，在竞争市场上，存在的成本要大于所得到的利益。而具有较大规模的企业可以较好地克服这些问题，企业通过收集市场信息、分析成本，定位自己的发展方向，具有较强的竞争优势。新型工业化要求农业产业化经营模式"扬"不同利益主体的长，"避"不同利益主体的短。企业和农户的合作关系将直接影响农业的产业化经营。一方面，农户如果和企业关系紧密、相互信任，那么将有利于农业的发展；另一方面，如果农户和企业之间相互欺诈、关系松散，不合理的分配格局就会造成发展的滞后，此时，企业将无法驾驭市场，会把风险转移给农户，违背农业产业化经营的模式，使农户生产和执行合同的机会成本提高，最终导致农户和企业两败俱伤。所以，正确处理好农户和企业的关系是农业产业化经营的关键问题。

3. 粮食生产在新型工业化背景下的基本思路

第一，注重农产品安全和环境安全。随着生活水平的提高，从市场需求方面来看，消费者越来越注重食品安全问题，农产品安全很明显逐渐成为有效需求的一部分。企业带给消费者的是长期需求，而不是短期需求。所以，在生产经营过程中，都要始终把食品安全放在首位，只有这样，才能真正形成有效供给。农产品安全和环境安全是统一的，只有在环境安全的条件下，才能生产出安全的食品，避免由环境质量下降导致的生产边际成本增加。在农业工业化进程中，除了要意识到食品安全与环境安全的重要性外，更要在此基础上建立一整套制度安排，有效实现产品安全与环境安全的有效对接和相互促进。同时，政府也可建立健全相关法律来规范利益主体的合法行为。第二，注重环境可持续和合作关系可持续。从农户的角度看，对环境的关系很有限；从企业的角度看，对环境的关心也仅仅局限于是否影响自己产品的开发。企业或个人对环境的关系认识不够，由此造成的环境问题可能不可修复或难以治理，会影响其未来的发展。综合起来考虑，不管是企业还是个人，都应该意识到保护环境的重要性，不仅仅关心短期的利益，更应该关心长期的利益和发展。自然环境的开发潜力是有限的，如果因为自身发展而毁坏环境，那么给整个社会带来的将是永久损失。企业更应该关注环境因子的质量，促进地区整体环境的可持续发展，这是为未来农业发展谋求更多机会的现实考虑和要求。第三，注重内生比较优势和外生比较优势。根据相对固定资源禀赋优势建立的生产模式叫做内生比较优势，依靠流动的资源组合建立的生产模式叫做外生比较优势。农业工业化的社会分工要实现"三步走"：一是依靠内生比较优势；二是依靠外生比较优势；三是两种优势相互促进，形成真正的市场竞争力，占领更多的市场份额，扩大有效需求。内生比较优势是基础，外生比较优势是面向市场的必然要求，两者缺一不可。第四，注重农业产业化和农业工业化。新型工业化的要求就是两"化"都要抓，不可偏废。工业化解决的是如何提高生产效率，产业化解决的是如何面向市场，两者的协调发展是农业增收的必要条件。农业产业化经营是通过有效的约束机制、组织机制和利益机制，刺激农业的发展，合理打通农业的产前、产中、产后各个环节。农业产业化可以通过延长农产品加工链，将原来单纯的农产品加工延伸到精深加工领域，产业链的各个环节都是必不可少的。农业工业化的发展可以为产业链的各个环节"输血"，提供强大的物质基础。新型工业化道路的空间很大，应该在良好的农业生态环境和社会经济资源环境下，走出一条生产绿色食品、满足人民群众生活水平的可持续发展道路。

第八章　农村劳动力流动对粮食主产区经济结构的影响

第一节　绪论

一　研究背景和意义

农村劳动力流动和经济结构转变作为发展经济学中每一个发展中国家以及发达国家在经济发展阶段面临的不可避免的两个问题，一直是学者们研究的热点问题，其中为大家所熟知的经典理论当属刘易斯的二元经济结构理论，该理论揭示了发展中国家在经济发展中所经历的特殊的二元经济结构阶段，以及在该阶段相对的劳动力流动现象。二元经济结构引起了人口流动，劳动力从农业部门到工业部门的流动又最终推动了二元经济结构的消失。那么，我国处在这样一个发展阶段，其农村劳动力流动和经济结构的情况是怎样的呢？

众所周知，农村劳动力流动为我国经济的增长提供了强大的动力，我国凭借着人口红利优势使沿海地区的制造业、服务业撑起整个国家经济的大半边天。在东南沿海地区取得如此骄人成绩的背后，隐含着以农民工为代表的一大批农村劳动者的辛勤奉献。当经济学者们纷纷讨论农村劳动力流动为东南沿海的发展做出怎样的贡献，并且怎样引导农村劳动力合理流动以便为国家经济增长再创辉煌的时候，大多忽视了大量农村劳动力流向东南沿海城市以及其他发达地区会对粮食主产区的发展带来怎样的影响。

随着2008年国际金融危机的爆发，沿海发达地区的产业结构转型被迫提上日程，这将对劳动力的流动造成不小的冲击，再加上经济发达地区"民工荒"的出现，粮食主产区在承接东部产业转移时，出现相当一部分劳动力"回流"的现象。应该怎样处理自身产业结构调整和农村劳动力输出的相互协调关系？对此问题的思考也不得不提上日程。在 13 个粮食主产区省份中，有 6 个是农村劳动力输出大省，大量的农村劳动力从传统农业中分离出来，进入相对发达的第二产业和第三产业部门，这会给第一产业、第二产业和第三产业的增长以及产业比重的结构特征带来怎样的改变呢？虽然也有很多学者探讨过农村劳动力流动对三次产业的发展和产业结构改变的影响，并提出了对经济增长很有建设性的政策建议，但是他们的研究基本是建立在全国范围内的研究。粮食主产区兼有粮食产量大和农村劳动力输出量大的双重特点，而且这些地区大部分劳动力的输出属于省外输出，粮食主产区的发展到底需要走出一条什么样的道路，并没有学者做出过合理的回答。

作为粮食主产区的省份，担负着国家粮食安全的重大使命，面对大范围落后传统农业的境况，经济发展何去何从引人深思，本来就落后的农业生产效率，再加上制造业和第三产业基础薄弱，经济发展方式更加值得认真研究。随着农村劳动力流动，粮食主产区的经济发展也取得了很大的成就，产业结构逐步升级，在发展农业的前提下，第二、第三产业也有了较快的发展进程。因此，农村劳动力流动对粮食主产区的经济产业结构升级起着怎样的作用，成为本文所要揭示的主要问题。

通过这些研究，我们能够更加清楚地了解农村劳动力流动的特点、粮食主产区经济结构的转变模式以及农村劳动力的流动为粮食主产区的经济结构转变有着怎样的影响。有了这些了解，就能够为以后粮食主产区的经济发展提出一定的建议。站在全国范围内，粮食主产区政府应当怎样协调劳动力合理流动，为经济发展提供持久的动力等，都是非常具有研究意义的。

二 国内外研究现状

1. 人口流动理论概述

很早之前就有学者对人口流动有过具体的研究，最早的研究者是英国学者莱温斯坦（Ravenstein），他在1885年发表的《人口迁移规律》中就对人口迁移有过系统阐述，总结出人口迁移的规律。他认为，人口的流动是受两地的距离、交通、通信、技术和经济发展状况等因素影响的，并且还伴随着迁移的阶段性和双向性。根据他的解释，人口的净迁移是从农村向城市的迁移，这也由上述各种因素决定。

在莱温斯坦之后，美国学者 Lee 对人口迁移规律做了更详尽的说明，他把人口迁移的影响因素归结为迁移目的地和原住地以及劳动力自身相关的因素。就农村与城市之间的人口迁移而言，由于两者的社会结构差别较大，因而迁移量也就较大，这正符合我国农村劳动力流动的现状，较大的人口迁移量也正代表了我国经济的繁荣。但 Lee 的研究缺乏科学的推断和假设检验，只是建立在经验观察的基础之上。

随着研究的进行，劳动力流动理论逐渐脱离经验观察的研究方法而走上科学模型化研究的道路，二战后出现了新古典劳动力流动模型，其中刘易斯的城乡劳动力流动模型和托达罗的模型最具代表性。刘易斯认为在发展中国家存在着典型的二元经济结构，由于传统农业部门和城市工业部门之间存在着收入差距，并且传统农业部门有着边际生产率很低的大量农村劳动力，因而，他认为此时传统农业部门的劳动力供给是无限的，劳动力作为生产要素由传统农业部门源源不断地流向城市工业部门，其中资本积累是最主要的因素。

刘易斯的模型超越了思想阶段而形成了一种具有严格的内部一致性的经济学理论。在刘易斯研究的基础上，拉尼斯和费景汉分别在1961年和1964年对刘易斯模型的不足之处做了改进，他们认为城乡劳动力流动的因素不只是资本积累，技术进步、农业的发展和人口增长等也是劳动力转移的影响因素。

上述劳动力流动模型均认为城乡的实际收入差距是劳动力流动的动力，美国经济学家托达罗根据实际情况放弃了二元经济假设，他认为城乡劳动力流动是由城乡预期收入引起的。在托达罗模型中，城乡预期收入是由城乡实际收入和劳动力在城市找到工作的概率决定的，劳动力流动和城乡预期收入是呈正比的。托达罗模型更加贴近发展中国家劳动力转移过程中出现的情况。

新古典劳动力流动理论从城乡收入差距的角度分析了劳动力流动的动力,这是建立在经济学"理性人"假设的基础之上的,这些研究都是宏观地解释城乡劳动力流动现象。但众所周知,劳动者并非纯经济人,影响劳动力流动还有很多非经济因素。

新经济学劳动力流动理论将各种非经济因素加入劳动力流动的影响因素,更加注重微观层面的非经济因素对劳动力流动的作用,认为个人因素、家庭因素等都是影响劳动力流动的主要因素。斯塔克(Stark)认为人们会比较自己和别人的收入和生活水平,当境况好于别人时他就满足,但是当境况差于别人时他就会有摆脱现在境况的意愿,这种相对比较就导致了劳动力的流动。

除了上述介绍的这些理论之外,还有很多劳动力流动的相关理论研究,这里就不一一叙述了。本文的研究基于各个理论学派的研究,在考虑了收入等经济因素的同时,还加入了各种非经济因素。

2. 劳动力流动对经济结构影响的研究

钱纳里、鲁滨逊、赛尔奎因在《工业化和经济增长比较研究》一书中将经济结构的变化归结为两大类主要因素的变化,即从总需求水平和要素总供给的变化,总需求水平主要分析人均收入带来的需求,要素总供给则是指资本、劳动技能和人力自然资源作为生产要素对经济结构的影响。本文根据钱纳里等人的研究建立影响机制,通过分析农村劳动力流动对总需求水平和要素总供给的影响,进而决定经济结构的变化。

刘易斯的二元经济结构理论为发展中国家的经济结构研究奠定了基础,刘易斯认为发展中国家特有的二元经济结构导致了传统农业部门的劳动力向工业部门流动,但是随着传统农业部门劳动力边际效率的提高,劳动力的流动就会逐渐趋于平衡,这时发展中国家所特有的二元经济结构也将消失。

从人口流动的形式划分角度来看,在考虑农村劳动力流动对经济结构的影响时,不得不对劳动力的流动形式加以区分。严浩坤(2008)根据中国的转型背景,将劳动力流动分为高人力资源禀赋(高素质)劳动力的区际迁移流动和低人力资源禀赋(低素质)的劳动力的区际游走流动。

段成荣、张斐(2010)根据中国户籍制度,认为人们的地区或空间移动分为人口迁移和人口流动，前者伴随着户口的相应变动，而后者没有户口的相应变动。新中国成立初期，中国人口的空间移动主要表现为人口迁移，然而改革开放后人口的空间移动主要为人口流动，大多数人的流动没有伴随户籍的转移。改革开放以来，市场经济的发展决定了人口作为生产要素的大规模自由流动，推动了经济的发展和经济结构的转变。段成荣、张斐在总结众多学者就流动人口对国民经济的贡献率研究基础上，估计农业劳动力流动人口对整个经济增长贡献率为10%，且对第二、第三产业贡献较大。

其他学者，如余征、牟晓娟（2011）和孙敏（2012）等，对劳动力流动进行了大致含义相似的分类，对他们的分类进行简单总结，就是本地流动和异地流动两种基本形式，这在本篇论文的分析中是应当加以考虑的。

更多的研究则是对农村劳动力流动对产业结构升级的传导机制的讨论。在粮食主产区的研究中，学者们更多地关注农村劳动力流动对粮食主产区农业经济的发展以及所引发的粮食安全等问题，对粮食主产区经济结构转变的研究很少，关注度不够。目前，对粮食主产区的农业经济发展有两种不同的观点，一些学者认为农村劳动力流动促进了农业的发展，但与此相反，现在的学者更多地理性考虑农村劳动力流动对农业经济的影响。

刘怀宇、李晨婕、温铁军（2008）指出：农民"理性小农"特性导致的"被动闲暇"成为农业劳动力投入减少的一个原因，导致粮食生产率降低。林竹、赵永乐、俞宪忠、张新岭（2007）认为，当边际生产率大于零时，农村劳动力转移进程会减少农村总产出、增加城市总产出，通过模型分析证明农村转移劳动力的数量存在最佳值。

劳动力流动使得农民的收入水平有了大幅度提高，农村劳动力转移和农民的人均纯收入呈正相关关系。据龚志宏的测算，农村劳动力每增加1%，农民人均纯收入就增加2.28%。农民收入的提高改变了他们参与劳动的产业的构成和消费结构，使得他们在基本物质需求得到满足的基础上，对第二、第三产业产品的需求更强烈。

刘丽、任保平（2012）从工资对产业结构升级的影响分析中提出工资作为劳动力的价格，决定着劳动力供给，高工资也决定着劳动的高效率，因而，认为工资从动力激励、消费积累和内生推动三个方面对产业调整、产业升级产生影响。威廉·配第在比较分析收入与产业结构的关系时，解释了经济发展中各产业间的收入差异使劳动力由低收入产业向高收入产业转移，从而引起产业结构的变动。

然而，王佳菲（2010）从另一个角度分析了农村劳动力流动通过影响劳动者报酬对产业结构升级产生制约的问题，他觉得农村劳动力的无限供给使得其他部门的劳动者报酬处在持续的偏低状态，这样就使得企业抬高了技术设备升级的临界点，从而使他们陷入"低技术陷阱"而难以自拔，这一消极效应正是我国产业结构调整滞后的症结所在。

由于各种原因，劳动力流动中也同样伴随着大量劳动力回流的现象。李清秀、杨云善（2011）在分析农村劳动力回流对劳动力输出地的影响时介绍，回流的农村劳动力在经历了城市生活之后，思想逐渐开放，学会了致富经营的技能，并且通过多年的务工，为以后的创业积累了一定的人力资本、社会资本和经济资本。

粮食主产区是农村劳动力的主要输出地，资金回流为粮食主产区的经济增长提供了动力支持。段成荣、张斐（2010）通过分析农民的收入情况，认为农民的务工收入成为他们的主要收入来源，这样就有效地实现了资金向农村的流动。农民的收入结构发生了积极的变化，其收入除生活消费支出外，大部分回流到农村。

从农民外出流动对思想观念转变和技术提高影响来看，段成荣、张斐（2010）从三个方面对其进行了分析。首先，农民们通过打工经历，渐渐认识到个人文化素质的提高对就业起着决定性的作用，因而他们更加重视智力投资。其次，农民外出打工转变了生育观念。最后，就是生活方式的改变，他们逐渐放弃了传统生活观念，同时接受和学习了城市生活的各种技能和观念，并且当"他们在与原迁出地保持联系时，或者返回原迁出地时，会将他们所学到的东西传递给更多的人，并借此影响很多的人"。

三 研究思路

本文站在粮食主产区经济产业发展的角度，研究分析了农村劳动力流动对全国 6 个粮食主产区产业结构的影响，通过这 6 个兼具粮食产量大和劳动力输出量大等特点的粮食主产区，为全国13个粮食生产大省的经济增长、产业结构发展等问题提供可靠并行之有效的解决方法、政策建议。

文章的主体分为两大部分，即农村劳动力流动对粮食主产区经济结构影响的机制分析和根据相关数据所做的实证分析。在机制分析中，依据钱纳里的学说，经济结构的变化取决于两类主要因素的变化，即总需求水平和要素供给的结构的变化，本文根据钱纳里的观点建立影响机制模型。

首先，从社会总需求方面来说，农村劳动力流动会促进粮食主产区社会总需求的增长，这是通过工资性收入增长来实现的。随着我国劳动力工资幅度的提高，农民的人均收入有了较大的提高。农村劳动力转移与农民人均收入呈正相关关系，据研究，农村劳动力每增加1%，农民人均纯收入增加2.28%。其次，劳动力流动促进要素供给的影响，从对人力资本、技术和资本投入三方面的影响考虑。在经济增长理论中，人力资本是经济增长的主要因素之一，农村劳动力流动在增加农民收入的同时，拉高了劳动力的总体价格。工资作为劳动力的价格，其高低决定着劳动力供求的多少，产业结构的变动是由经济发展中各产业间相对收入差距使得劳动力从低收入产业向高收入产业的转移引起的。劳动力流动对技术的升级从正反两个方面影响着经济结构：一方面，劳动力回流现象使得农民工在务工期间学得的先进技术带回劳动力流出地，这种区域间技术的溢出效应促进了技术进步和传播；另一方面，粮食主产区的传统农业发展模式为城市部门提供了无限的劳动力供给，使得企业陷入"低技术陷阱"，持续偏低的工资提高了企业技术升级的临界点。储蓄为粮食主产区产业发展提供了产业资本和金融资本，农民工储蓄的增加，一方面使得自主经营的总量增加，为产业的发展提供了直接资金投入；另一方面通过银行金融信贷为产业升级提供了间接金融资本支持。

在做相关数据的实证分析中，本文使用了2003～2010年河南、湖南、湖北、安徽、四川、江西六个粮食主产区的面板数据进行混合估计模型、随机效应模型和固定效应模型的多元回归分析。影响产业结构的因素有很多，分析主要以进出口额、技术创新水平和劳动力流动量几个因素为对象。其中，进出口额一定程度上反映了对外开放度，技术创新水平用劳动生产率即GDP与就业总人数比重来衡量，劳动力流动量是以农村劳动力流动中务工人员的数量表示的。本文以进出口额、技术创新水平、劳动力流动量为自变量，对第一、第二、第三产业产值分别做回归分析，最后进行总结。

本文最后将根据上述分析结果为粮食主产区的经济结构转变做出切实可行的政策建议，为政府进一步的工作方向提供理论依据。

第二节 粮食主产区结构特征

一 农村劳动力流动现状

在过去的很长一段时间内，我国的农村经济一直是以传统农业为主的经济形式，受当时传统经济和户籍制度的影响，农村劳动力不能向城市和其他产业大规模流动，这种状况从20世纪50年代一直持续到80年代。1978年改革开放时，农村人口将近8亿，约占全国9.6亿人口的83%。在改革开放的大背景下，农村劳动力得到极大的解放，我国的流动人口一直保持着增长态势，调查显示，到2009年，我国流动人口总量占全国人口总量的比例已经达到15.8%，流动人口数量超过2亿；到2010年流动人口数量更是达到2.21亿。根据目前的经济形势，劳动力流动仍然在大幅度推进。在全国的流动人口中，农村劳动力流动成为人口流动的主体，是社会的主要潮流，我国是个地域非常广阔的国家，且人口众多的基本国情也没有得到根本改变，因而农村劳动力流动表现出很多独有的特征。

1. 农村劳动力转移的规模特征

我国农村劳动力转移的规模庞大是农村劳动力流动最显著的特征，人口基数大是这一特征的最主要原因。粮食主产区兼有粮食产量多和人口数量多的特点，因而中国的农村劳动力流动人口基本以该区域为输出地。以人口大省河南省为例，2002年农村劳动力转移人数为251.5万，2005年迅速增加至1519.79万，其中在本地转移人数为532.65万，占农村劳动力转移总人数的35.04%，跨地域转移人数为987.14万，占总数的64.96%。

到了2009年，河南省的农村劳动力转移人数为1817.3万，2010年更是达到了1843万，其中本地转移795.47万，占河南省总的农村劳动力转移的43.2%，跨地域转移人数为1047.53万，占总数的56.8%。从上述数据可以看出，河南省的农村劳动力转移量在大幅度上升，其中本地转移和跨地域转移量均大幅上升，但是就比重来看，本地转移人数占全省总农村劳动力转移人数的比重呈上升趋势，而相应的跨地域转移人数占比则持续下降，这也说明了河南省农村劳动力流动的本地流动形式越来越被农村劳动者接受，也符合我国经济发展的大趋势。河南是东部产业转移的主要承接地之一，东部的很多劳动密集型产业转移至河南，使得农村劳动力不用出省就能参加务工劳动，因而本地劳动力转移数量所占比重逐渐上升。

2. 农村劳动力转移的地域特征

农村劳动力转移是当前经济发展的主要外在表现形式之一，它是一项具体的社会经济问题。根据中国目前所处的状态，就劳动力转移的地域来看，可以把农村劳动力的流动分为区域内的就地转移和区域外的异地流动。就地转移就是农村劳动力脱离了农业劳动的原始形式，转而从事非农产业的各项经济活动，这其实就是农村城镇化的过程，并且促进了农村地区经济的多元化发展。异地流动则是农村劳动力的跨区域流动，多表现为中西部地区向东部沿海发达地区的规模化转移。农村劳动力转移的这两种形式不是简单并存着的，而是一个流动过程中经历的若干部分。

总体来看，根据中国的农村劳动力流动情况，可以清楚地看到，整个流动过程分为三个阶段，即就地转移、跨区域流动、再次就地转移，我国已经经历了从就地转移到跨区域流动的阶段，目前正在经历着由跨区域流动到再次就地转移的阶段。改革开放初期，由于户籍制度的限制以及人的思想还没有完全开放，所以当时的农村劳动力流动更多地表现为单纯地放弃农业劳动而尝试非农产业劳动，但是随着改革的进一步进行及人们思想的进一步开放，中国农村劳动力迁移的距离逐渐加大，跨省劳动形式逐渐增多。经统计，我国劳动力跨省流动的输出地主要有9个，分别为安徽、江西、四川、湖南、湖北、河南、广西、重庆、贵州，劳动力的跨省流动多集中在粮食主产区。2009年，上述9个省份的劳动力跨省流动量占全国劳动力流动量的81%。而其主要输入地依然集中在东部沿海发达地区，其中，广东、浙江、上海、江苏等均为全国劳动力的主要输入地区。在9个劳动力输出大省中，河南、湖北、湖南、安徽、江西、四川也同时是农业生产大省，同属粮食主产区。

随着经济的发展，中国逐渐面临经济前进的瓶颈，这个瓶颈由于2008年国际金融危机的爆发提前凸显出来，那就是中国经济高污染、高消耗的劳动密集型产业已经不能适应中国飞速的经济发展，这表现为中国特有的以人口红利为基础的低附加值产业和迫切需要高新技术产业引领经济飞跃之间的矛盾，"劳动力回流"和"民工荒"现象就是在这种矛盾中产生的。

对于"民工荒"现象，学术界有不同的观点，其中最被大众接受的有两种观点：一种是"刘易斯拐点"的到来，也就是中国经济人口红利的消失，当农村劳动力的边际生产率逐渐增高时，农村剩余劳动力就走出了无限供给的局面，农村剩余劳动力开始锐减，并伴随着工资率的大幅度提高；另一种是"民工荒"现象只是地域性的现象，而不是全国的普遍现象。就全国而言，农村剩余劳动力还有很大的数量，劳动力短缺只是各种因素造成的结构性短缺。

笔者认为我国的这些现象不是某一种理论可以解释的，它是由多种原因造成的。"刘易斯拐点"在我国现阶段确实是存在的，但是相应的，产业结构的升级也确实造成了劳动力的结构性失业，伴随着东部产业向西部转移，越来越多的劳动力理性地选择在本省或本地参加非农务工劳动。不管何种解释，"劳动力回流"和"民工荒"已经成为劳动力市场不可忽视的现象。

3. 农村劳动力转移的产业特征

我国农村劳动力转移多分布在第二产业，并且随着经济的发展，服务业吸纳农村劳动力的数量逐渐增多。从我国的实际情况来看，第二产业中以纺织、服装等低附加值的劳动密集型的制造业和体力劳动高的建筑业为主。武汉大学农民工问题研究课题组在2007年做了一项问卷调查，对武汉、广州、深圳等东部城市和湖北、河南等中部地区的农村进行农民工最新情况调查。在700多个有效样本中，可以看出，农村劳动力几乎分布在国民经济的所有部门，但是其就业部门仍然相对集中，制造业和建筑业容纳了最多的农村劳动力，分别占总数的42%和36.7%，其次为社会服务业、批发零售业、住宿餐饮业、物流运输业等第三产业。

就粮食主产区而言,农村地区的非农产业正吸引着大批的农村劳动力,这也符合了国内经济局势的发展,城镇化的发展伴随着乡村工业的发展。季节性和流动性是粮食主产区农村劳动力转移的两大属性,季节性是由农业耕种的季节变化决定的,因而农民务工有较大的自由;相应的,农民工雇佣者对农民工的雇佣也有较大的随意性,这样也就表现出农村劳动力转移的流动性,但是随着国家劳动保障制度的逐渐完善,农民工的权益得到很大的保障,因而,农村劳动力转移的流动性正在减弱。

二 粮食主产区结构形式

粮食主产区作为国家粮食生产的核心区域,关系着国家粮食安全和全国人民的生存问题。顾名思义,粮食主产区具有粮食产量大的特点,根据国家粮食局 2011 年统计数据,全国约 95% 的增产粮食来自粮食主产区,其粮食总产量占全国粮食总产量的 75.4%。国家考虑各省的资源禀赋和粮食生产的特点,划分出 13 个粮食主产区,分别为黑龙江、吉林、辽宁、内蒙古、河北、河南、山东、江苏、安徽、江西、湖南、湖北、四川。粮食主产区兼具粮食产量大和人口多的特点,因而,也就成为农村劳动力的主要输出地,并且随着中国经济的发展,粮食主产区呈现出不断转移、变化的趋势。表 8-1 为 2010 年 13 个粮食主产区的粮食产量以及占全国粮食总产量的比重。

表 8-1 2010 年粮食主产区粮食产量及全国占比

单位:万吨,%

地　区	粮食产量	占全国粮食产量的比重
黑龙江	5012.8	9.17
吉　林	2842.5	5.20
辽　宁	1765.4	3.23
内蒙古	2158.2	3.95
河　北	2975.9	5.45

续表

地　区	粮食产量	占全国粮食产量的比重
河　南	5437.1	9.95
山　东	4335.7	7.93
江　苏	3235.1	5.92
安　徽	3080.5	5.64
江　西	1954.7	3.58
湖　南	2847.5	5.21
湖　北	2315.8	4.24
四　川	3222.9	5.90
合　计	41184.1	75.37

资料来源：《中国统计年鉴》（2011）。

2010年全国粮食生产量为54647.7万吨，从表8-1可以看到，仅13个粮食主产区在2010年就生产粮食41184.1万吨，占全国粮食总生产量的75.37%，在13个产粮大省中，河南和黑龙江的粮食生产量远远多于其他省份，分别为5437.1万吨和5012.8万吨，分别占全国总产量的9.95%和9.17%。

上文已经介绍，在这13个粮食主产区中，河南、安徽、江西、湖南、湖北、四川同时也是农村劳动力的输出大省，因而这6个省份对本文的研究更有意义。下文进行多元回归实证分析时采用这6个省份的面板数据，也是基于这点原因。

第三节　农村劳动力流动对粮食主产区经济结构升级影响机制

根据钱纳里的理论，经济结构的变化归结于总供给和总需求两个因素的变化。在农村劳动力对经济增长产业结构升级的影响机制中，劳动力投入、工资性收入、劳动力报酬和劳动力回流作为传导因子分别影响着产业结构升级，其中在技术和资金投入一定的前提下，劳动力投入决定着农业产量，进而决定着农业的发展。本文根据钱纳里的理论观点建立了影响机制模型（见图8-1）。

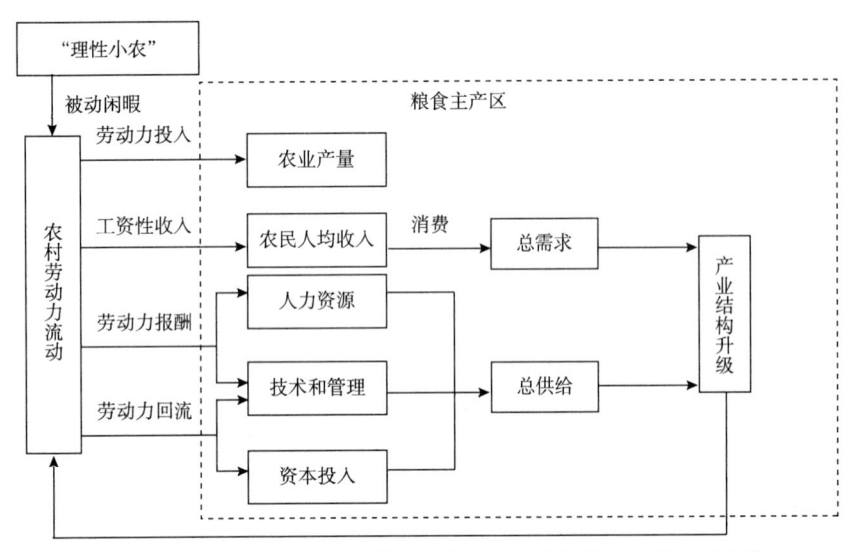

图 8-1　农村劳动力流动对粮食主产区产业结构影响机制分析模型

对农村劳动力而言，工资性收入是一个复合指标，在作为收益的同时又兼有成本的意义，工资性收入的增减对经济结构的优化升级具有很大的复杂性。就我国的情况来看，劳动力丰富使我国享受了三十多年的人口红利，低工资的比较优势极大地显现出来，显然为经济的增长和结构的优化升级提供了强劲的动力，但是较低的工资性收入容易使我国经济陷入"低技术陷阱"，因为低工资提高了技术升级的临界点，因而使我国的产业升级出现滞后的局面。

"低技术陷阱"对很多发展中国家来说是难以逾越的鸿沟，如何调整劳动力与技术的投入才能避免发展中国家掉入这个"陷阱"，工资性收入的增长成为经济增长及产业结构升级的必要举措，同时也是不可回避的问题。劳动力作为消费者，工资性收入的增加将影响社会总需求的增长，进而促进社会经济的增长和经济结构的升级。然而还有一点是我们不能忽略的，那就是劳动力在作为普通消费者的同时还作为生产资料的所有者算入社会总供给，此时的工资性收入就应当称为劳动者报酬了。劳动者报酬的高低一方面决定着劳动力投入的量，另一方面与"低收入陷阱"产生相对效应，提高了生产的技术水平和管理效率。

本文认为劳动力回流也是从两方面影响总供给，进而影响经济结构发展的。首先，劳动力回流从空间上使得各项生产技术和管理水平的外溢更加成为可能，劳动力回流将发达地区的先进生产力带回相对落后的地区，极大地促进了该地区经济的发展和经济结构的优化升级。其次，作为农村劳动力的主要输出地，回流的劳动力为粮食主产区的发展带来了可观的资本，这些资本直接或间接地转化为生产的产业资本，为粮食主产区的产业结构升级发展提供了资金支持。

一 农村劳动力流动对粮食主产区农业发展的影响

在农业经济学的发展进程中，出现过理论假说上相互对立的两种观点："理性小农"假说和"生存小农"假说。根据这两种假说的基本内涵，学者们对劳动力流动对农业经济发展的作用观点不一，基本形成两派观点：农村劳动力流动对农业的促进作用和制约作用。

1. "理性小农"和"生存小农"

"理想小农"假说是舒尔茨提出的，他认为农民和经济学中对人的基本假设一样，都是"理性的经济人"，那么农民就和城市资产阶级一样，最终目标都是追求利益的最大化。在条件允许的情况下，农民开始考虑从事农业生产的机会成本，在多数发展中国家，从事农业生产的机会成本基本都是相当高的。以中国的现状为例，中国沿海发达地区的劳动力价格市场化，导致中国劳动力价格持续上涨，在这种情况下从事农业生产的收益明显地远低于进城务工的收益，相对过低的务农收益在短期内形成大幅上升的务农机会成本，这样就迫使农民放弃土地，大规模地进入城市成为农民工，这也是农村劳动力流动的根本动力。

"生存小农"假说是由恰亚诺夫提出的，其理论将农民置于一种更低层次的需求上，农村处在一个剩余劳动力过剩的境况下，这样，农民的劳动仅仅只是为了维持生计，这种劳动是不计劳动成本的，因而就不允许这部分农民追求利润最大化。很显然，"生存小农"假说是"理性小农"假说的更低层次，是农民发展过程中先后表现出的两种不同的状态，也是农业发展的两个特征。

目前，我国正处在两个阶段的过渡期，也就是说我国的农民兼有两种假说的基本属性。随着国家经济的发展，农民的温饱问题基本得到解决，正在向着小康生活迈进，城市经济市场化和农村小农经济的矛盾日益突出，农村劳动力在从事农业生产的过程中愈加表现出两种假说的基本特征：一方面，农民在生产上开始了解闲暇和收入的效应，注重收益的最大化，表现出"理性小农"的特征；另一方面，依然无法摆脱"生存小农"的困境，那就是为保障基本生活而从事农业生产劳动。农民的这两个特征也使得农业无法实现大规模农耕和农业生产效率的提高。

人口流动与农业发展的关系很早就受到学者们的广泛关注，对学者们研究的总结，有两种不同的观点：一种认为劳动力外出取得的收入可以用于支持农业的发展，因而对农业有促进作用；另一种认为农村劳动力流动造成劳动力输出地人力资源的流失，影响农业基础设施建设和农产品的生产。

2. 农村劳动力流动对粮食主产区农业发展的负面影响

（1）农民的"理性小农"特性导致"被动闲暇"

刘怀宇、李晨婕、温铁军（2008）在"理性小农"假说下论述了"被动闲暇"对粮食生产的影响，"被动闲暇"是指由于农民更多地表现为"理性"而考虑从事农业生产的机会成本过高，虽然拥有强烈的改变收入的愿望，但由于农业生产收入较低，不得不选择闲暇的经济现象。

在大多数发展中国家，劳动力市场的非均衡导致收入差距的逐渐拉大，农村劳动力从事农业生产的机会成本和城市预期收入息息相关，城市预期收入越高，农民就越倾向于选择闲暇，即用便宜的价格购买价值升高的闲暇。城乡收入差距加大致使对闲暇的购买扭曲加大，因而在农民满足了自身基本生活需求之后，即使收入极低，他们也会选择闲暇，这样就会极大地影响粮食产量的提高，进而影响农业的发展。

在我国，农民逐渐呈现出"理性小农"的特征，这是与我国城乡收入和地域收入差距的拉大相伴而生的，因为我国的农民越来越多地表现出"理性小农"的特点，所以粮食主产区的农业发展自然要受到这一特征的影响，城乡和地域收入差距拉大使农民务农的机会成本逐渐增大，这时农民就会理性地选择"被动闲暇"，从而引起农村劳动力外流。粮食主产区的农村劳动力流出导致了其土地精耕细作的传统农业生产方式逐渐消失。

(2) 劳动力流动破坏了土地利用的集约化发展

各种研究表明，农村劳动力外流导致农业投入减少，特别是规模较小的农户，土地逐渐趋于粗放化耕作，甚至严重的还会出现土地被搁置的局面。特别是低产出的土地首先被搁置，目前出现两种局面：一是农村劳动力的理性选择致使农民直接放弃耕种土地；二是农村劳动力的季节性流动导致土地的复种指数下降，引起季节性抛荒。我国基本上处于第二种局面。

农村优质劳动力流向大城市导致农业资源的配置状况发生改变。劳动力外流使农业资源配置的变化表现在：首先，农村地区大量劳动力和有限的耕地之间的矛盾得到了缓解，流动前的闲置劳动力重返农业；其次，农村劳动力流动以优质劳动力群体为主，即以具有较高学历或身体状况较好的群体为主，这样，从事农业的劳动力的素质就会有所下降，不利于农业耕种的进行。

(3) 劳动力流动对农业技术进步形成阻碍

研究表明，参与外出务工劳动力的耕地较非务工劳动力的耕地在技术上表现出了一定程度的弱化，在技术运用、耕种方式等方面均劣于后者，农村劳动力外流对粮食主产区的粮食生产技术产生了不利影响，当外出务工劳动力在发达的城市取得可观的收入后，其中的一部分已经无心农业，因而也就不愿意将务工收入继续投到农业生产，并且这部分劳动力占总的流动劳动力的比重较大，在整体上，农业技术就表现出缓慢的进步，对农业的增产和农业的发展有着消极作用。就我国来说，也还未达到农村劳动力流动对农业显著促进的程度。

3. 农村劳动力流动对农业经济发展的促进作用

农村劳动力流动对农村经济的发展也有很多积极方面，农村劳动力流动也在一定程度上为农业生产率的提高提供了空间，直接或间接地提高了农民的收入水平，已经成为很多农村贫困家庭摆脱贫困的普遍途径，为进一步转化农业生产结构提供了可能，也缓解了城乡收入差距带来的社会巨大矛盾。劳动力流动实现了农村劳动力和耕地的合理配置。

近些年，东部地区的产业发展出现停滞的现象，明显遇到了很大的障碍，引起了显著的农村劳动力返乡回流现象，这种现象部分归结于国家财政对农业补贴的增加，我国对"三农"的支出出现了大幅度提高，例如，2005年对农业的补贴是2975亿元，到2009年大幅度增加至7161亿元，农村劳动力回流的现象在一定程度上是有利于农业经济发展的。然而，虽然国家对农业的补贴不断增加，但这部分农民已经不再以土地为生存收入的主要来源，并且这些对农业的补贴是绝对不够抵消农民耕种农作物所需要投入的成本的。基于上述原因，农民仍旧会选择"被动闲暇"。

总结上述农村劳动力流动对农业发展的作用，本文认为，粮食主产区作为农村劳动力的输出地，其劳动力的不断输出严重影响了农业粮食产量的生产。

二　劳动力流动促进社会总需求的增长

1. 外出务工促进农民工工资性收入增加

粮食主产区农村劳动力外出务工所获得的工资性收入已经成为农民收入的主要部分，也是农民收入增长最快的部分，并且工资收入也逐渐成为农民其他收入增加的源泉。随着近些年我国工资幅度的提高，农村劳动力流动使得农民的人均收入有了较大的增长。杨云善（2011）在比较了1978~2008年的农民工资性收入时指出：改革开放初期，农民人均工资性收入仅为88.33元，而到了2008年竟增加至1853.73元。农民收入的主要组成部分即家庭经营纯收入和工资性收入，占农民人均收入的绝大多数，在90%以上。1978~2008年，家庭经营纯收入增长了19.59倍，而农民工资性收入则增长了20.99倍，所以说农民的工资性收入增长速度快于其他方面的收入。

农村劳动力对农民收入具有很大的影响，两者呈高度的正相关关系，据测算，农村劳动力每增加1%，农民人均纯收入就增加2.28%。根据国家统计局的数据，农民的工资性收入占农民人均纯收入的比例逐渐增大，例如，2004年农民的工资性收入占农民人均纯收入的比重为34%，到了2011年这一比重增长至50%。本文认为，随着农村劳动力外出务工数量的快速增多，农民的工资性收入及其所占比重将进一步大幅度提高。

对于农民家庭经营纯收入增速较慢，杨云善将其归结于由国民阶层结构的变动规律、边际收益下降规律、市场供求规律和恩格尔定律等因素决定，而成为农民收入主要来源的工资性收入则是由产业结构调整、工业化、城镇化、劳动力转移流动等规律决定，并且将工资性收入所体现的主要规律看做社会发展的主流效应。

2. 工资收入的提高增加了社会总需求

在中国，农村劳动力收入的增加极大地影响着整个社会的总需求。城市的发展逐渐趋于平稳，在速度减缓的同时，城市生产、消费等形式的需求也开始平稳下来。在2008年国际金融危机爆发后全球经济萧条的大背景下，中国开始认识到内需的重要性，农村劳动力的人口大转移改变了中国的发展方式，为我国的经济发展注入了新的活力。农村人口的消费开始慢慢占领大众消费市场，这得益于农村劳动力工资性收入的提高。

凯恩斯认为，工资增长会增加居民消费，从而增加社会总需求，促进国民收入的增加。克拉克也曾揭示了劳动力在三次产业间分布变化的一般趋势，随着农民人均收入的增加，他们对农产品的消费需求必然会下降，而对制造业产品的需求逐渐上升，随着收入的进一步增加，对制造业产品的主要需求又渐渐让位于第三产业。恩格尔定律也阐明了居民收入水平对消费结构的影响关系。

根据刘丽、任保平（2012）的观点，作为工业生产的报酬，工资通过多个方面对产业结构的转换升级产生影响。他们认为工资通过三个主要因素推动产业结构升级，即动力激励、消费积累和内生推动。其中，消费积累因素增加了社会总需求，而动力激励和内生推动则是从社会总供给方面影响经济结构的。

然而，根据调查，虽然农民的消费总量大大超过了劳动力的大规模流动量，但是从一些数据可以看出，农民的消费行为表现得比以前更加理性，这是由当前金融危机和城乡收入差距导致的农民生存环境日益恶化引起的。比较数据显示，农民的消费总量有了大幅度增加，但其日常开销比例有所下降，相应的储蓄占比大幅上升。2004年农民工的日常花销占其总收入的41.5%，储蓄占其收入的22.1%，到了2011年，这一比例下降为20.1%，储蓄上升至47.4%。2004年，有49.5%的农民工日常开支超过其总收入的一半，而到了2011年，该比例下降为34.9%。

据上所述，农村劳动力流动对社会总需求的增长具有促进作用，但是随着农民工消费理念的转变，这种促进作用越来越小。粮食主产区作为劳动力转移的主要输出地，其结果和全国范围的分析是一致的，随着农民工消费比例和收入寄回家乡的比例的下降，劳动力转移对粮食主产区产业结构升级的影响逐渐减小。储蓄对粮食主产区产业结构升级的影响将在下文进行分析。

三　劳动力流动促进总供给的增加

1. 工资报酬作用下的劳动力供给

在经济增长理论中，劳动力是经济增长的主要因素之一。随着经济的发展，劳动力逐渐向第二、第三产业转移的过程，也就是产业结构升级的过程，工资作为劳动力的价格，其高低决定着劳动力供求的变化，高工资也决定着劳动力的高效率。威廉·配第在比较分析收入与产业结构的关系时，解释了产业结构变动是由经济发展中各产业间相对收入差异使得劳动力从低收入产业向高收入产业转移引起的。

在全国范围内，农村劳动力流动对我国产业结构的升级起着积极的促进作用，东南沿海地区的发展已经证实了这一点。然而，粮食主产区的发展进程远远落后于东南沿海地区，对粮食主产区的各省而言，2009年大部分省份的人口迁入大于迁出，并且在迁出的这些人口中，迁往省内的人口数量大于迁往省外的人口数量。就河南省而言，2009年整个河南省的人口机械变动迁入率远高于迁出率，迁入人口数量为122.9万，迁出人口数量为93.9万，在迁出人口中，75%的人口迁往省内，仅25%的人口迁往省外。粮食主产区各省中仅有吉林、黑龙江、湖北三省的人口迁入数量小于人口迁出数量，江西省人口迁入数量和迁出数量是大致相当的。可见，粮食主产区各个省份的劳动力流动基本表现为区域内流动，而且在这部分流动的劳动者中，以流向城市者居多。

2. 对粮食主产区的人力资本支持

根据上文我国劳动力流动的特点，就区域分析来看，农村劳动力的区域内流动还是在一定程度上为粮食主产区的第二、第三产业的发展提供了人力资源支持的。

人力资本投资对经济增长和产业结构升级有着很大的促进作用，这早已经被很多学者证实。我国目前仍处于工业化的发展阶段，因而只有发挥自身的资源优势，才能早日实现工业化，沿海工业发达地区的人力资源优势已经有所减弱，由东向西的产业转移凸显出中部地区的人力资源禀赋优势。然而，从现实中可以看到，我国的人力资源优势还未完全转化为人力资本优势，就粮食主产区而言，其人力资本投资水平长期处于一个比较低的水平。

人力资本投资可以提升粮食主产区的综合发展水平，促进形成新产业部门，并且改造传统产业，进而推动粮食主产区的产业结构升级。新产业部门的形成是产业结构优化升级的重要表现形式，但是新的产业部门的形成和发展是由科学技术作为直接推动力的，高素质技术创新型人才成为发展的重点。人力资本投资为高素质的技术性人才的培养提供了空间。劳动力存量大是粮食主产区的一大特征，高素质的劳动者所占的比重却不大，并且粮食主产区基本是经济不发达的地区，因而其高素质的劳动者外流现象尤为严重，这对粮食主产区的发展十分不利。不过从总体结果来看，农村劳动力流动最终活跃了劳动力市场，并且粮食主产区的劳动力区域内流动也为其发展提供了大量的人力资本，这使得粮食主产区高附加值、高技术的技术密集型产业开始不断出现，这样就加快了该区域的产业结构升级。

人力资本投入改造了传统的产业结构形式。粮食主产区的地域特征决定了其经济发展程度，粮食主产区将成为经济发展的新增长区域，作为承接东部发达地区产业转移的承接地。应该清醒地意识到，东部向中西部地区的产业转移，不是简单的产业地域位移，而是包含着东部传统劳动密集型产业的一系列改造升级的过程。人力资本投资能够为区域承接传统产业培养大批的人才，这些高素质的创新型人才源源不断地注入传统产业，能为传统产业的发展融入更加先进的技术，提高产品生产的效率，实现传统产业向新兴产业跨越。

人力资本投资能够提升区域人力资本水平，进而影响该区域的技术基础和产业优势，如今的发展已经不再仅凭资源禀赋的比较优势，而更多地依靠人力资本带来的技术创新优势。粮食主产区的产业发展一直处于较低端的产业价值形式，这也是由缺乏高水平的人力资源储备造成的。人力资本投资改变了区域产业链形式，增加了高附加值产业的供给，在社会总供给量增加的同时，供给结构发生了极大的改变，在增强区域发展竞争力的同时，推动了产业的优化升级。

3. 技术管理升级的产业结构调整

技术管理升级主要与农村劳动力回流密切相关，随着我国劳动力流动现象成为整个社会的主要发展现象，劳动力回流也越来越被人们关注。对于劳动力回流，还没有一个明确的概念对其界定，各家学者对劳动力回流的思考角度不一。大多数学者对劳动力外出务工的时间年限和区域特征做了明确界定，"农民流动与乡村发展"课题组对"返乡农民工"的解释为改革开放后离开本地务工经商半年以上后又返回家乡的从事各种工作的劳动者。这一定义虽然对外出劳动力的外出务工年限做了明确界定，但是没有说明劳动力返乡的期限。根据实际情况看，由季节性问题、家庭问题等导致的短暂回流现象是农村劳动力流动的普遍现象，并不能将这部分人列入回流劳动力的行列。根据多数学者的观点，本文认为，劳动力外出务工6个月以及返乡6个月可以认为是劳动力回流的行为，因而，"劳动力回流"其实是一种现象，是指外出务工的农村劳动力在外工作一段时间（至少6个月）后重新返回流出地，并且在流出地待到一定时间（6个月及以上）的现象。回流的原因不仅包括失业，而且包括因家庭事由或者回家创业等。

第一，劳动力回流提供了先进的技术和管理理念。由于户籍制度等原因，农村劳动力转移同时伴随着结构性失业的劳动力回流现象。回流的劳动力因为和外界交流更为密切，所以思想观念更为先进，这样也就促进了粮食主产区的生活生产方式转变。农村劳动者经过城市生活的一番影响后，其思想和自身素质都有了很大的提高，当他们由于种种原因重新回到家乡的时候，其思想观念和生产技术对当地有一种自然的溢出效应，可见，粮食主产区农村劳动力回流，对粮食主产区而言不仅仅是空间位移的转换，更是生活观念的进步和提高，这种空间的技术溢出为粮食主产区以后的经济发展和产业优化升级提供了人力资源支持。另外，这种形式的思想传播，也让产业经济落后的粮食主产区认识到智力投资对产业结构优化以及经济增长的重要性，因此，也为粮食主产区的智力投资和进行人力资源的自我培养打下了基础。杨云善、黄琨认为回流的农村劳动力为劳动力流出地的发展提供了人力资本、物质资本和社会资本，因而促进了农村经济的发展和结构调整。

第二，要注意劳动力报酬的"低技术陷阱"。产业间劳动者报酬与劳动力供给是相互作用的关系，每个产业劳动者报酬的高低决定着这个产业劳动力流入量的大小。当然，劳动力的供给也反作用于劳动者报酬，因而在从另一角度去看农村劳动力流动对产业结构的影响时，就不得不考虑劳动者报酬的制约因素了。从刘易斯的二元经济结构理论中可以知道，传统农业部门为城市部门提供了大量的劳动力，此时农村劳动力可以认为是无限供给的，这样，其他部门的劳动者报酬就一定会处于一种持续的偏低状态，使企业陷入"低技术陷阱"。只要是持续偏低的工资状态，就必然会提高企业技术设备等升级的临界点，这一消极效应一方面使粮食主产区自身的产业技术升级受到抑制；另一方面影响了东南沿海发达地区高新技术产业的发展，进而间接制约了东部先进技术和管理经验向粮食主产区的传导，因而，这就成为粮食主产区乃至全国产业结构调整滞后的症结所在。

第四节 农村劳动力流动对粮食主产区经济结构影响的实证分析

一 变量和数据

在13个粮食主产区中，河南、湖北、湖南、安徽、江西、四川6个省份的农村劳动力输出量占全国的绝大多数，在全国农村劳动力输出量中排前六位，并且这6个省份的粮食生产量也占全国粮食生产量的很大一部分，所以本文收集这6个省份2003~2010年的数据，以这6个省份的进出口额、技术创新水平和务工劳动力流动量为自变量，分别对这6个粮食主产区的三次产业产值做线性回归分析。其中技术创新水平是各个地区的生产总值和总劳动力数量的比值，即每个劳动力所占的生产总值的量。由于本文主要研究农村劳动力，根据我国的实际情况，我国的农村劳动力大多数从事务工劳动，因而在考虑农村劳动力流动时，本文只针对农村劳动力外出务工人员的数量进行分析。

在数据收集方面，三次产业产值均能在《中国统计年鉴》和6个省份的统计年鉴上获得，进出口总额为进口额与出口额之和，技术创新水平即各省 GDP 与就业劳动力总量的比值，其中，进口额、出口额和各省 GDP 的数据均能在统计年鉴上找到，较易获得，就业劳动总量则来源于《中国劳动统计年鉴》。根据现有的条件，唯有务工劳动力流动量不能直接获得，需要通过其他数据求得。

务工劳动力流动量分为流入务工人口和流出务工人口，但是这两个量也是不能直接获得的，本文认为一个省份劳动力的流入人口和流出人口的比值和这个省份的人口迁入与人口迁出的比值是相同的，理由就是虽然说劳动力的流动和人口的迁移是有较大差异的量，但是劳动力流动和人口迁移的程度都取决于这些省份的经济水平和各省的经济发展与经济活跃程度。根据人口流动的推拉理论，这些也基本体现为劳动力流出、流入对人口的推拉力大小和各省人口迁移迁出、迁入的推拉力是相似的，因而可以用每个省的人口迁入与迁出的比值来近似替代其劳动力流入量和流出量的比值。对于每个省的劳动力流入量，本文运用6个省份的暂住人口统计数据求得，在2004~2011年的《中国劳动统计年鉴》中，根据时间的长短，统计出三种形式的务工劳动力的暂住人口情况，即1个月以下、1~12个月、1年以上。可以看到，这些暂住人口其实已经全面反映出户籍没有发生相对迁移的务工劳动力的流入状况，结合实际情况，认为在1个月以下的暂住人口中，大多数并没有从事像样的务工劳动，因而根据这些暂住人口的劳动属性，完全有理由忽略掉这部分人口数量，并且在1~12个月这个时间段，其暂住人口并非有效人口数量，所以应将其除以2换算出有效暂住人口，因而各省份的农村劳动力流入量就为1~12个月的有效暂住人口数量和1年以上暂住人口数量之和。求出各省农村劳动力流入量后，再由各省人口迁入和人口迁出量的比值计算出每个省的农村劳动力流出量，进而对两者求和得出务工劳动力流动总量。

二 计量模型

面板数据（panel data）即时间序列截面数据或混合数据。与时间序列数据和横截面数据不同的是，面板数据是同时在时间和横截面上的二维空间数据。时间序列数据是各个变量按照时间取得的数据，横截面数据是在同一个横截面空间上得到的数据，而面板数据就是兼具时间和横截面空间两个维度的混合数据。

据上所述，本文采用2003～2010年的河南、湖北、湖南、安徽、江西、四川6个省份的数据进行实证研究，可将数据表示为

$$y_{it} \quad (i=1, 2, \cdots, 6; t=1, 2, \cdots, 8)$$

其中，i 表示面板数据中的个体数，即6个省份，t 表示时间序列的数量，也就是2003～2010年的数据。因而可以看出，本文所使用的面板数据是由6个个体数据、8年的时间数据组成的，所以共有48个观测值。

面板数据模型估计有混合估计模型、固定效应模型和随机效应模型三种。本文首先运用混合估计模型进行多元回归分析；接着进行 Hausman 检验，做随机效应模型分析和固定效应模型分析；然后比较三个模型的分析结果是否一致；最后分析进出口额、技术创新水平、农村劳动力流动量对粮食主产区三次产业产值的影响，得出农村劳动力流动量是否促进了粮食主产区产业结构的优化升级。

三 实证研究

本文运用 Eviews 6.0 计量软件进行回归分析，数据采用面板数据的形式，首先对粮食主产区三次产业产值为被解释变量分别做回归，找出农村劳动力流动对三次产业产值的影响程度，然后结合上述回归结果对粮食主产区的三次产业做总的分析，进而分析农村劳动力流动对粮食主产区产业结构的影响。

在实证分析中,本文并非直接运用数据实际值,而是对数据取对数,相对而言,对数形式的数据分析更能够显示本文要说明的问题,分析结果也更加明显。以三次产业产值为因变量,以进出口额、技术创新水平和务工劳动力流动量为自变量,回归分析公式为

$$\ln prim/sec/ter = \beta_0 + \beta_1 \ln iemx + \beta_2 \ln tech + \beta_3 \ln lab \tag{1}$$

其中,prim 为第一产业产值,sec 为第二产业产值,ter 为第三产业产值,自变量 iemx 表示进出口额,tech 表示技术创新水平,lab 表示务工劳动力流动量。

1. 农村劳动力流动对第一产业产值的影响

对粮食主产区第一产业产值的分析结果如表 8-2 所示。

表 8-2 农村劳动力流动对第一产业产值影响的混合估计模型分析结果

Variable	Coefficient	Std. Error	t - Statistic	Prob.
C	-2.768686	1.055740	-2.622506	0.0119
ln$iemx$	0.585696	0.080173	7.305385	0.0000
ln$tech$	0.493778	0.073988	6.673799	0.0000
lnlab	0.169780	0.061535	2.759074	0.0084
R - squared	0.875809	Adjusted R - squared		0.867341
F - statistic	103.4310	Prob (F - statistic)		0.000000

从表 8-2 看三个自变量进出口额、技术创新水平和务工劳动力流动量和因变量第一产业产值的显著性还是很强的,P 值均很小,拟合优度 R^2 约为 0.876,调整后的拟合优度约为 0.867。相应的回归公式为

$$\ln prim = -2.768686 + 0.585696 \ln imex + 0.493778 \ln tech + 0.169780 \ln lab \tag{2}$$

$(-2.62) \qquad (7.31) \qquad (6.67) \qquad (2.76)$

由公式(2)可知,进出口额、技术创新水平、务工劳动力流动量和粮食主产区第一产业产值呈正相关关系。就务工劳动力流动量而言,务工劳动力流动量每增加1%,粮食主产区第一产业产值将增加 0.169780%。

2. 农村劳动力流动对第二产业产值的影响

根据数据,做出三个自变量对第二产业产值的影响分析结果(见表 8-3)。

表 8-3　农村劳动流动对第二产业产值影响的混合估计模型分析结果

Variable	Coefficient	Std. Error	t - Statistic	Prob.
C	-9.199618	0.042628	-215.8110	0.0000
ln$imex$	0.996420	0.003237	307.8041	0.0000
ln$tech$	0.999687	0.002987	334.6313	0.0000
lnlab	0.003592	0.002485	1.445717	0.1553
R - squared	0.999874	Adjusted R - squared		0.999865
F - statistic	116175.2	Prob（F - statistic）		0.000000

在表 8-3 三个因变量对第二产业产值的显著性检验中，除了务工劳动力流动量和第二产业产值的显著性不强以外，其他两个解释变量，即进出口额和技术创新水平对粮食主产区第二产业产值均有较强的显著性，P 值小于 0.05，拟合优度 R^2 和调整后的拟合优度均接近 1。根据系数得出回归公式（3），为

$$\ln sec = -9.199618 + 0.99642\ln imex + 0.999687\ln tech + 0.003592\ln lab \quad (3)$$
$$(-215.81) \qquad\qquad (307.80) \qquad\qquad (334.63) \qquad\qquad (1.45)$$

由公式（3）可知，进出口额、技术创新水平和务工劳动力流动量三个自变量与粮食主产区第二产业产值呈正比，务工劳动力流动量对第三产业产值的影响较对第一产业产值影响要小很多，务工劳动力流动量每增加 1%，粮食主产区的第二产业产值仅仅增加 0.0036%。虽然数据搜集中务工劳动力流动量与真实数据有出入，但是这个结果还是在一定程度上反映了现实情况，将在下文分析回答这种回归结果的原因。

3. 农村劳动力流动对第三产业产值的影响

同样，看农村劳动力流动对第三产业产值影响的分析结果（见表 8-4）。

表 8-4　农村劳动力流动对第三产业产值影响的混合估计模型分析结果

Variable	Coefficient	Std. Error	t - Statistic	Prob.
C	-2.312691	0.970566	-2.382826	0.0216
ln$imex$	0.659790	0.073705	8.951774	0.0000
ln$tech$	0.476528	0.068018	7.005867	0.0000

续表

Variable	Coefficient	Std. Error	t – Statistic	Prob.
lnlab	0.176528	0.056571	3.120483	0.0032
R – squared	0.907771	Adjusted R – squared		0.901483
F – statistic	144.3585	Prob (F – statistic)		0.000000

回归分析中，P 值均小于 0.05，所以进出口额、技术创新水平和务工劳动力流动量与粮食主产区第三产业产值的显著性结果明显，拟合优度 R^2 和调整后的拟合优度分别约为 0.908 和 0.901。由表 8-4 相关系数得出公式（4），为

$$\text{ln}ter = -2.312691 + 0.659790\text{ln}imex + 0.476528\text{ln}tech + 0.176528\text{ln}lab \quad (4)$$
$$(-2.38) \quad\quad\quad (8.95) \quad\quad\quad (7.01) \quad\quad\quad (3.12)$$

由公式（4）可知，进出口额、技术创新水平和务工劳动力流动量对粮食主产区第三产业产值依然是正相关的，相关系数分别约为 0.66、0.48 和 0.18，也就是说，当农村劳动力流动量每增加 1%，粮食主产区第三产业产值将增加 0.18%，可以看出，其影响程度接近于对第一产业产值的影响程度。

4. Hausman 检验

Hausman 检验是由美国麻省理工学院经济学家 Jerry Hausman 提出来的，这一检验其实是由华人经济学家吴德明（Wu）教授和统计学家 Durbin 教授提出的类似检验的基础上发展起来的。Hausman 检验的使用范围非常广泛。Hausman 检验以 H_0 表示原假设，即需要验证的零假设，以 H_1 表示备择假设。

原假设与备择假设为

H_0：个体随机效应回归模型　　　H_1：个体固定效应回归模型

具体而言，就是两个不同的估计值 $\hat{\beta}_w$ 和 $\tilde{\beta}_{RE}$，它们分别为固定效应模型参数和随机效应模型参数估计量，$\hat{\beta}_w$ 和 $\tilde{\beta}_{RE}$ 分别表示离差变换 OLS 估计量和可行 GLS 估计量，估计值 $\hat{\beta}_w$ 即使在原假设不成立的情况下，也仍然具有一致性，因而说它永远都是一致的。而 $\tilde{\beta}_{RE}$ 只有在原假设成立的情况下才显示一致性，所以当原假设成立时，两个估计量之差很小，接近于

零,但是当零假设不成立时,两个估计量就差别大,即不接近于零。通过 Hausman 检验看具体选用何种模型做分析时,有以下两种结果(见表 8-5)。

表 8-5 个体随机效应模型与个体固定效应模型比较

模 型	离差变换 OLS 估计	可行 GLS 估计	估计量之差
个体随机效应模型	估计量具有一致性	估计量具有一致性	接近于零
个体固定效应模型	估计量具有一致性	估计量不具有一致性	不接近于零

表 8-5 检验原理为

H_0: plim $(\hat{\beta}_w - \tilde{\beta}_{RE}) = 0$

H_1: plim $(\hat{\beta}_w - \tilde{\beta}_{RE}) = 0$

5. 随机效应模型分析和固定效应模型分析

为了保证上述分析结果的准确性,本文还将用随机效应模型和固定效应模型对数据进行分析,首先运用 Eviews 6.0 进行农村劳动力流动对粮食主产区三次产业产值影响的随机效应模型分析。

首先看农村劳动力流动对第一产业产值的分析结果(见表 8-6)。

表 8-6 农村劳动力流动对第一产业产值影响的随机效应模型分析结果

Variable	Coefficient	Std. Error	t - Statistic	Prob.
C	-2.792341	1.150196	-2.427710	0.0194
ln*imex*	0.593814	0.078992	7.517428	0.0000
ln*tech*	0.512256	0.088581	5.782924	0.0000
ln*lab*	0.116473	0.076959	1.513433	0.1373

相应的 Hausman 检验结果如表 8-7 所示。

表 8-7 农村劳动力流动对第一产业产值影响分析的 Hausman 检验

Correlated Random Effects - Hausman Test			
Pool: AAA			
Test cross - section random effects			
Test Summary	Chi - Sq. Statistic	Chi - Sq. d. f.	Prob.
Cross - section random	3.195502	3	0.3625

由表 8-7 的 Hausman 检验结果可以确定，因为概率值远远大于 0.05，所以接受原假设，认为面板数据用随机效应模型和固定效应模型均可以做相关回归分析，对本文的数据而言，运用两个模型的效果是相同的。分析表 8-6 的随机效应模型分析结果，可以看到务工劳动力流动量对粮食主产区第一产业产值的影响关系不显著，其 P 值大于 0.1，而进出口额与技术创新水平和第一产业的关系较显著。分析结果的多元回归公式可表示为

$$\ln prim = -2.792341 + 0.593814\ln imex + 0.512256\ln tech + 0.116473\ln lab \quad (5)$$
$$(-2.43) \qquad\qquad (7.52) \qquad\quad (5.78) \qquad\quad (1.51)$$

分析公式（5），随机效应分析的结果与混合估计模型的分析结果虽然在数字上有出入，但是其影响趋势还是一样的，进出口额、技术创新水平和务工劳动力流动量对粮食主产区第一产业产值的影响依然是正相关的，根据随机效应模型分析的结果，当农村劳动力流动量每增加 1%，第一产业产值将增加约 0.116%。

接着进行农村劳动流动对第二产业产值影响的随机效应模型分析，分析结果如表 8-8 所示。

表 8-8　农村劳动力流动对第二产业产值影响的随机效应模型分析结果

Variable	Coefficient	Std. Error	t – Statistic	Prob.
C	-9.199618	0.043190	-213.0011	0.0000
ln$imex$	0.996420	0.003280	303.7965	0.0000
ln$tech$	0.999687	0.003027	330.2744	0.0000
lnlab	0.003592	0.002517	1.426894	0.1607

相应的 Hausman 检验结果如表 8-9 所示。

表 8-9　农村劳动力流动对第二产业产值影响分析的 Hausman 检验

Correlated Random Effects – Hausman Test				
Pool: AAA				
Test cross – section random effects				
Test Summary	Chi – Sq. Statistic		Chi – Sq. d. f.	Prob.
Cross – section random	2.936133		3	0.4016

Hausman 检验的 P 值较大，大于 0.05，因而接受原假设，认为数据在对第二产业产值的影响分析时，既可以使用随机效应模型，又可以使用固定效应模型，其效果是一样的。另外可以发现，务工劳动力流动量和粮食主产区第二产业产值的关系不显著，这个结果较为符合混合估计模型的分析结果。根据相关系数，得出多元回归方程式，为

$$\ln sec = -9.199618 + 0.996420\ln imex + 0.999687\ln tech + 0.003592\ln lab \qquad (6)$$
$$(-213) \qquad\qquad (303.8) \qquad\qquad (330.27) \qquad\qquad (1.43)$$

同上分析，进出口额、技术创新水平、务工劳动力流动量和粮食主产区第二产业产量的关系依然是正相关的，此时，当务工劳动力流动量增加 1%，第二产业产值将增加约 0.0036%，农村劳动力流动对第二产业产值的影响相对来说已经很小了，其原因依然像混合估计模型分析时所阐述那样。

接下来是农村劳动力流动对第三产业产值影响的随机效应模型分析结果（见表 8-10）。

表 8-10　农村劳动流动对第三产业产值影响的随机效应模型分析结果

Variable	Coefficient	Std. Error	t - Statistic	Prob.
C	-2.723319	0.946720	-2.876584	0.0062
ln$imex$	0.672913	0.069604	9.667779	0.0000
ln$tech$	0.510829	0.068498	7.457556	0.0000
lnlab	0.165323	0.057617	2.869366	0.0063

相应的 Hausman 检验如表 8-11 所示。

表 8-11　农村劳动力流动对第三产业产值影响分析的 Hausman 检验

Correlated Random Effects - Hausman Test			
Pool: AAA			
Test cross - section random effects			
Test Summary	Chi - Sq. Statistic	Chi - Sq. d. f.	Prob.
Cross - section random	9.250716	3	0.0261

由表8-11可知，概率值 P 小于0.05，因而拒绝原假设，应该建立固定效应模型，而不能运用随机效应模型进行分析。

6. 农村劳动力流动对三次产业产值影响的"M"型影响结果

根据上述多元回归分析的结果，本文认为，农村劳动力流动量对粮食主产区的产业结构升级是具有阻碍和促进的双重作用的。混合估计结果显示，农村劳动力流动对粮食主产区产业结构的影响呈现"M"型的特征，根据务工劳动力流动量和粮食主产区三次产业产值的相关系数，第一产业和第三产业相当，分别约为0.170和0.177；而第二产业相对很小，约为0.0036。粮食主产区的第一产业特点表现出对产业升级的反向拉动作用，即阻碍产业升级，而第三产业的快速发展则正向促进粮食主产区的产业优化升级，农村劳动力流动对第三产业的促进作用略大于第一产业。结合全国经济和粮食主产区经济发展的实际情况来看，农村劳动力流动对粮食主产区的产业结构升级将越来越多地表现为促进作用。

第五节 结论与政策建议

一 对"M"型影响结构的简要解释

根据回归结果，下面结合粮食主产区产业发展的实际情况，将农村劳动力流动对粮食主产区产业发展的"M"型影响结果做出简要解释。

由于粮食主产区的原始产业形式就是第一产业，第一产业作为粮食主产区的基础，又是劳动力输出的源头，因而农村劳动力流动对其影响是不言而喻的，并且人口输出促进了劳动效率的提高和机械设备等高科技产品的使用，对农业的发展具有促进作用。但是根据上文描述，劳动力流动对农业的发展也有一定的抑制作用，如上文所述的农民的"理性小农"特征所导致的"被动闲暇"、劳动力流动破坏土地利用的集约化发展、劳动力流动对农业技术进步的阻碍等。综合而言，2003~2010年，农村劳动力流动对粮食主产区的农业发展还是有一定的正面影响的，这表明粮食主产区的农村劳动力流动还没有达到一定的临界点，农村劳动力流动依然对粮食主产区的农业具有促进作用，但是其边际生产效率是递减的，一旦达到临界点，劳动力流动将显示出阻碍农业发展的特征，这也应当是粮食主产区需要注意和调整的关键点。

对第二产业而言，2003年以前，第二产业是农村劳动力的主要吸纳产业，这和整个国家的经济发展趋势是一致的，东部沿海地区的劳动密集型产业的发展验证了这一点。在这段时间里，农村劳动力主要集中在服装业、制鞋业、玩具加工业等低技术、低附加值的劳动密集型制造业，粮食主产区和东部沿海发达地区的不同之处就是粮食主产区的第二、第三产业发展很落后，农村劳动力虽然纷纷进入第二产业就业，然而其产业基数较小，表现出的数字特征自然也就不显著了。如此看，作为东部沿海地区产业转移的主要承接地，粮食主产区的第二产业发展将在很大程度上影响整个区域经济的发展，政府需要注意在承接产业的同时，重视高附加值、高技术支撑的高新技术产业的发展，摒弃旧的以牺牲环境和资源为代价的产业发展模式。

粮食主产区第三产业的发展特征不同于其第二产业，主要表现为近几年的发展，第三产业的发展最大的特点就是速度快，但是其发展的集约化程度相对不高，第三产业基本表现为住宿、餐饮业，物流、运输、仓储及邮政业，娱乐业等形式的服务，其金融、计算机软件、公共设施、教育、文体等高技术或集约化程度较高的服务业形式是粮食主产区严重缺乏的。

二 政策建议

结合研究内容，本文认为粮食主产区的农村劳动力流动还未达到临界点，继续加大农村劳动力的流动量，对粮食主产区的产业结构升级依然具有积极影响，政府应当鼓励并引导农村劳动力继续向第二、第三产业流动，由区域外流动逐步转变为区域内流动，由向一线城市流动逐步转变为向二三线城市流动。

1. 加强农业发展的机械化和集约化

研究显示，农村劳动力的流动一定程度上促进了农业的发展，虽然总体显示其对农业发展具有促进作用，但是其作用并不是特别明显。造成这一结果的原因就是在农村劳动力流动的同时，农业发展的机械化和集约化程度并没有得到大幅度的提高。因而，粮食主产区应当继续加大力度推进农业机械化和集约化，以便于农村劳动力的进一步解放。

政府应当加大农业生产的投入力度，但是生产资料的投入结构要做出很大的调整，由劳动力的单一投入方式逐步转变为以技术和机械设备投入为主导的新的农业生产方式，摒弃农业的粗放式生产，继续解放农村生产力，实现粮食生产的规模化和集约化发展。

新农村建设正在全国上下如火如荼地进行，农村居民的散居将改变为集中群居形式，这样为扩大耕地面积提供了可能性，宅基地复耕为农作物的大规模、机械化耕种提供了条件。政府要制定相关政策保障农民的合法权益，防止不法分子以此为机会掠夺农民的财富。

2. 持续促进农村劳动力的流动

上述研究看到，农村劳动力的工资性收入对粮食主产区的产业结构调整起着很大的影响，因而粮食主产区应当提高农村劳动者工资性收入以及相关福利待遇的保障水平。虽然就此问题我国劳动部门已经做了很多的工作，并且农民工工资拖欠等问题也得到了很大的改善，但是整体来看农村劳动力的工资性收入还不高，各项福利还不完善，这个问题的解决将直接影响农村劳动力的流动量和流动特征。

农村劳动力流动为粮食主产区的产业结构升级提供了人力资本，高素质并且具备一定技术和管理水平的劳动者是粮食主产区经济发展的基础。在关注区域自身经济社会环境影响的同时，政府还应当加强对劳动者的教育培训工作，加大对农村劳动者的教育投入，鼓励农民工从事相对技术水平较高的劳动。

政府可以建立专门的机构处理在外务工劳动者的相关事务，这个机构要设身处地地以农村劳动者为服务对象，作为这一弱势群体的代言人，架起务工劳动者和用人机构之间的桥梁。在用人单位方面，积极沟通用人单位，了解用人机构的性质，筛选符合规定的正规用人单位，深入了解单位的用人特点。在农村劳动者方面，加大对农村劳动者的组织宣传力度，组织劳动者进行相关技能培训和专业素质教育，根据用人单位的用人特点对劳动者进行相应调整，做到用人机构和农村劳动力的顺利对接。

3. 引导农村劳动力向有利于产业升级的方向流动

从国际产业转移的背景看，我国的粮食主产区是承接东部产业转移的重要地区。承接东部产业转移将使粮食主产区的传统经济发展模式迈上现代化发展道路，粮食主产区有其自身所特有的人口和资源优势，将为其制造业、服务业的发展提供后劲，并且能够带动该区域原有产业的结构升级。

粮食主产区政府在引导产业承接时，应该认真分析自身产业发展状态和东部转移产业的发展特点，从而找到恰当的产业对接点。需要注意的是，粮食主产区在这一过程中一定不能"饥不择食"地一揽子吸收东部产业，而是应当引导东部产业合理进入，制定适宜的进入门槛，对于高能耗、高污染的企业应当坚决不承接；对于东部具有发展潜力的劳动密集型产业，应当鼓励进入，并且要积极引入东部高新技术，引导自身产业优化升级。同时，政府要制定完善的资源、环境保护政策，保证东部产业的进入不会发生资源滥用、乱用，以及牺牲环境的问题。

东部沿海发达地区的产业向粮食主产区的转移为粮食主产区的发展提供了强大的动力，因而，粮食主产区政府应当有方向、有目的地引导农村劳动力向有利于粮食主产区经济发展的产业流动。

基于以上研究和东部产业转移的具体形式，农村劳动力的流动逐渐表现出粮食主产区区域内流动的优越性，这样既杜绝了农村劳动力外流，又极大地避免了劳动力的结构性失业问题。

城镇化作为国家发展的战略之一，有着中国特有的发展特点，中国人口众多，城市化这个概念已经不适合中国的快速发展，城镇化为我国描述了一个新的概念，粮食主产区的城镇化发展是国家城镇化发展的关键点，这也为粮食主产区产业结构升级提供了新的动力，坚实的农业基础和众多的劳动力人口为二三线城镇的发展提供了原材料和人力资源。

政府要根据有利的资源加速城镇的产业发展，优化其产业结构，利用自身的资源、人口优势积极承接东部的产业，并以此吸纳更多的农村劳动力，缓解城市的就业压力。

参考文献

Bonner J., "The Upper Limit of Crop Yield," *Science* 137 (1962).

Brandit Loren, Jikun Huang, Guo Li, and Scott Rozelle, "Land Rights in Rural China: Facts, Fictions, and Issues," *The China Journal* 47 (2002).

C. H. Kirk Patrick, *The Industrialization in Less Developed Countries* (Edtors Manchester University Press, 1983).

Deininger, Klaus, Songqing Jin, "The Potential of Land Rental Markets in the Process of Economic Development: Evidence from China," *Journal of Development Economics* 78 (2005).

Donald R. Davis, "Understanding International Trade Paaems: Advances of the 1990s," Department of Economics Columbia University, January, 2000.

Dong X. Y., "Two-tier Land Tenure System and Sustained Economic Growth in Post-1978 Rural China," *World Development* 5 (1996).

Doorenbos J., and Kassam A. H., *Yield Response to Water*, U. N. Food and Agriculture Organization Irrigation and Drainage, Paper No. 33, Rome, 1979.

Hanks R. J., "Yield and Water-use Relationships: An Overview," in H. M. Taylor et al. (ed), *Limitations to Efficient Water-use in Crop Production*, American Society of Agronomy, Crop Society of America, and Soil Science Society of America, 1983.

Ito, Takatoshi, and Keisuke Orii, "Changes in Industrial Structure in East Asian Countries: Common Characteristics and Idiosyncratic Factors," Economic Planning Agency Japan, 2000.

James Kai-sing Kung, "Off-farm Labor Markets and the Emergence of Land Rental Markets in Rural China," *Journal of Comparative Economics* 30 (2002).

Loomis R. S., and Williams W. A., "Maximum crop productivity: An

Estimate," *Crop Science* 1 (1963).

Peter K. Schett, "Moving Up and Moving Out: US Product-level Exports and Competition from Low Wage Countries," Yale School of Management and NBER, March, 2002.

Rosenberg N. J., "The increasing CO_2 Concentration in the Atmosphere and its Implication on Agricultural Productivity Ⅱ: Effect Through CO_2-induced ClimaticChange," *Climatic Change* 3 (1982).

Rosenstein Rodan P. N., "Problems of Industrialization in Eastern and South Eastern Europe," *Economic Journal* 53 (1943).

Shenggen Fan, Cheng Fang, and Xiaobo Zhang, "Agricultural Research and Urban Poverty: The Case of China," *World Development* 4 (2003).

Sleuwaegen L. and Pennings E., "International Relocation: Firm and Industry Determinants," *Economics Letters* 67 (2000).

Sutcliffe R. B., "Industry and Underdevelopment, Re-examined," *Journal of Development Studies* 1 (1984).

U. N. Food and Agriculture Organization Irrigation and Drainage (FAO), *World Food Report*, 1983.

U. N. Food and Agriculture Organization Irrigation and Drainage (FAO), *Guidelines for Land Use Planning*, FAO Development Series 1, Rome, 1993.

Van Keulen H., and Wolf J., "Modeling of Agricultural Production: Weather, Soil, and Crop," Pudoc, Wageningen, 1986.

Yao, Yang, "The Development of the Land Lease in Rural China," *Land Economics* 2 (2000).

〔德〕鲁道夫·吕贝尔特:《工业化史》,上海译文出版社,1983。

〔美〕钱纳里、〔美〕鲁滨逊、〔美〕赛尔奎因:《工业化和经济增长的比较研究》,吴奇译,上海人民出版社,1995。

〔美〕道格拉斯·C. 诺斯:《制度、制度变迁与经济绩效》,杭行译,格致出版社,2008。

〔美〕杰弗里·W. 哈恩:《发达社会主义理论是苏联的趋向观点吗?》,北京经济学院出版社,1983。

〔美〕库兹涅兹:《各国的经济增长——总产值与经济结构》,常勋译,商务印书馆,1985。

〔美〕迈克尔·P. 托达罗、〔美〕斯蒂芬·C. 史密斯:《经济发展学》,余向华、陈雪娟译,中国经济出版社,1999。

〔美〕恰亚诺夫:《农民经济组织》,萧正洪译,中央编译出版社,1996。

〔美〕威廉·阿瑟·刘易斯:《二元经济论》,施伟、谢兵、苏玉宏译,北京经济学院出版社,1989。

〔美〕西奥多·W. 舒尔茨:《改造传统农业》,商务印书馆,1999。

〔日〕速水佑次郎、〔日〕神门善久:《发展经济学——从贫困到富裕》,李周译,社会科学文献出版社,2003。

〔英〕威廉·配第:《政治算术》,陈东野译,商务印书馆,1978。

〔英〕约翰·伊特韦尔等:《新帕尔格雷夫经济学大辞典》(中译本第2卷),经济科学出版社,1992。

白红果:《我国粮食主产区建设问题研究》,广西大学硕士学位论文,2008。

白南生、何宇鹏:《回乡,还是进城?——中国农村外出劳动力回流研究》,中国财政经济出版社,2002。

蔡昉:《"工业反哺农业、城市支持农村"的经济学分析》,《中国农村经济》2006年第1期。

曹建民:《土地承包经营权物权化的意义》,《中国土地》2005年第1期。

曾国安:《论发展中国家工业化的后劣势与后发优势》,武汉大学出版社,2002。

车莹:《工业化概念、发展理论和均衡指标》,《安徽工业大学学报(社会科学版)》2008年第3期。

陈百明、周小萍:《中国粮食自给率与耕地资源安全底线的探讨》,《经济地理》2005年第2期。

陈明:《农地产权制度创新与农民土地制度财产权利保护》,湖北人民出版社,2006。

陈卫平、郭定:《农户承包土地流转问题探讨》,《经济问题探索》

2006 年第 1 期。

陈锡康：《全国粮食产量预测研究》，《中国科学院院刊》1992 年第 4 期。

陈锡文、韩俊：《如何推进农民土地使用权合理流转》，《中国改革（农村版）》2002 年第 9 期。

陈耀、罗进华：《对中国农村土地流转缓慢原因的研究》，《上海经济研究》2004 年第 6 期。

崔和瑞、马跃进：《提高农业机械化水平促进农业产业化发展》，《中国农机化》2003 年第 2 期。

戴鹏：《决不以牺牲农业为代价发展工业化城镇化 河南成为国家"大粮仓"国人"大厨房"》，《资源导刊》2008 年第 8 期。

单爱军、孙先明、于斌：《发达国家农业机械化促进政策对我国的启示》，《农机化研究》2007 年第 4 期。

丁建弘：《发达国家的现代化道路》，北京大学出版社，1999。

丁声俊：《以科技创新提升粮食加工业和粮食产业》，《粮食与食品工业》2007 年第 4 期。

段成荣、杨舸：《中国流动人口状况》，《南京人口管理干部学院学报》2009 年第 4 期。

段成荣、张斐：《中国人口迁移流动 60 年》，《中国人口年鉴》（2010），中国社会科学院，2010。

段洁利、李志伟、杨洲：《机械化在现代农业中的作用分析》，《中国农机化》2002 年第 4 期。

樊闽、程锋：《中国粮食生产能力发展状况分析》，《中国土地科学》2006 年第 4 期。

樊士德、姜德波：《劳动力流动与地区经济增长差距研究》，《中国人口科学》2011 年第 2 期。

方甲：《现代工业经济管理学》（第二版），中国人民大学出版社，2002。

费景汉、〔美〕古斯拉夫·拉尼斯：《劳动力剩余经济的发展》，华夏出版社，1989。

封志明、李香莲：《耕地与粮食安全战略：藏粮于土，提高中国土地资源的综合生产能力》,《地理学与国土研究》2000 年第 3 期。

冯继康、赖昭瑞:《论农村土地流转制度创新的五大障碍》,《山东经济》2005 年第 2 期。

冯胜:《我国农村劳动力流动对策研究》,《西南民族大学学报》2010 年第 5 期。

傅泽强、蔡云龙:《中国粮食安全与耕地资源变化的相关分析》,《自然资源学报》2001 年第 4 期。

高帆:《交易效率、分工演进与二元经济结构转化》,上海人民出版社,2005。

高海清:《制约农地流转的因素分析》,《北方经济》2004 年第 6 期。

高小军:《论中国农村土地产权制度改革的方向和路径》,《调研世界》2004 年第 4 期。

耿明斋、李燕燕:《中国农区工业化路径研究——以欠发达平原农区为例》,社会科学文献出版,2009。

耿明斋:《欠发达平原农业区工业化若干问题研究》,《中州学刊》2004 年第 1 期。

龚敏健、黄晨熹:《改革开放三十年我国农村劳动力转移的特征及趋势分析》,《江西师范大学学报》2009 年第 4 期。

龚志宏:《农村劳动力转移对新农村建设的效应分析》,《河南师范大学学报(哲学社会科学版)》2008 年第 3 期。

辜胜阻、徐进、郑凌云:《美国西部开发中的人口迁移与城镇化及其借鉴》,《中国人口科学》2002 年第 1 期。

顾莉丽、郭庆海:《我国粮食主产区的演变与可持续发展》,《经济纵横》2011 年第 12 期。

顾莉丽:《中国粮食主产区演变的特点与原因分析》,《商业时代》2011 年第 24 期。

郭家虎:《人力资本反哺:我国工业反哺农业的重点》,《北方经济》2007 年第 11 期。

郭来滨:《论提高我国粮食综合生产能力的对策》,《中国科技信息》2005 年第 21 期。

郭淑敏、马帅、陈印军：《我国粮食主产区主要粮食作物比较优势与发展对策研究》，《中国农学通报》2006 年第 1 期。

郭燕枝、郭静利、王秀东：《我国粮食综合生产能力影响因素分析》，《农业经济问题》2007 年第 S1 期。

国家统计局国民经济综合统计司：《新中国农业 60 年统计资料》，中国统计出版社，2010。

国务院研究室课题组：《中国农民工调研报告》，中国言实出版社，2006。

韩大鹏、姜晶、曹敏建：《辽宁省粮食生产主要影响因素灰色关联分析及可持续发展对策研究》，《中国农学通报》2005 年第 10 期。

何蒲明、王雅鹏：《我国粮食综合生产能力的实证研究》，《生态经济》2008 年第 5 期。

何秀丽、张平宇、程叶青：《吉林省粮食生产格局变化及其影响因素研究》，《安徽农业科学》2006 年第 5 期。

侯立军：《基于粮食安全保障的我国粮食主产区建设》，《经济问题》2008 年第 7 期。

侯立军：《我国粮食主产区建设与管理问题研究》，《南京财经大学学报》2009 年第 5 期。

侯锐、李海鹏：《粮食综合生产能力影响因素实证分析》，《商业时代》2007 年第 5 期。

胡兵、赖景生、胡宝娣：《二元结构、劳动力转移与经济增长》，《财经问题研究》2005 年第 7 期。

胡靖：《中国粮食安全：公共品属性与长期调控重点》，《中国农村观察》2000 年第 4 期。

胡瑞法、冷燕：《中国主要粮食作物的投入与产出研究》，《农业技术经济》2006 年第 3 期。

黄和祥、刘守祥：《我国农业机械化发展过程、影响因素及对策》，《农机化研究》2005 年第 3 期。

黄今言、温乐平：《汉代不同农耕区之劳动生产率的考察——以粮食生产为研究中心》，《中国社会经济史研究》2006 年第 3 期。

黄山松：《构建工业反哺农业的有效机制》，《农村经济》2006 年第

1期。

黄少安、孙圣民、宫明波：《中国土地产权制度对农业经济增长的影响——对1949～1978年中国大陆农业生产效率的实证分析》，《中国社会科学》2005年第3期。

简新华、何志扬：《中国工业反哺农业的实现机制和路径选择》，《南京大学学报（哲学·人文科学·社会科学版）》2006年第5期。

姜爱林：《关于粮食综合生产能力研究的几个问题》，《高校社科信息》2003年第3期。

姜长云：《"十二五"：保障粮食安全 保证农民增收》，《中国经济导报》2010年2月25日。

蒋和平：《应建立粮食主销区对主产区的转移支付机制》，《农村工作通讯》2010年第4期。

剧义文、李恒：《粮食主产区的工业化及其实现机制》，《经济学动态》2011年第12期。

孔凡真：《美国确保国家粮食安全的有效机制》，《粮食问题研究》2005年第3期。

匡远配：《农村劳动力流动影响粮食安全的新解释》，《人口与经济》2010年第5期。

李成贵、王春红：《中国的粮食安全与国际贸易》，《国际经济评论》2001年第5～6期。

李春海：《以提高粮食主产区综合生产能力来确保中国粮食安全》，《天府新论》2004年第3期。

李道亮、傅泽田：《农业结构调整时期我国粮食生产能力储备的若干对策》，《农业经济问题》2001年第4期。

李飞、孙峰华：《中国农村剩余劳动力的空间分布和转移模式研究》，《中国人口研究》2000年第5期。

李广厚：《对粮食主产区经济社会协调发展的思考》，《安徽农学通报》2007年第20期。

李恒：《外出务工促进农民增收的实证研究——基于河南省49个自然村的调查分析》，《农业经济问题》2006年第7期。

李剑阁、韩俊：《中国土地政策改革的基本走向》，《理论视野》2006年第4期。

李键：《关于中国新型工业化道路若干理论问题的探讨》，《商业研究》2006年第10期。

李明秋、王宝山：《中国农村土地制度创新及农地使用权流转机制研究》，中国大地出版社，2004。

李清秀、杨云善：《农村劳动力"双向"流动就业对新农村建设的影响》，《信阳师范学院学报（哲学社会科学版）》2007年第4期。

李然斐：《我国粮食综合生产能力影响因素分析》，四川大学硕士学位论文，2005。

李文安、李亚宁：《中国现代化视野下的农村劳动力流动》，《当代世界与社会主义》2010年第3期。

李小军：《粮食主产区农民收入问题研究》，中国农业科学院博士学位论文，2005。

李晓燕、谢长青：《农业机械化与土地流转问题》，《农业机械化研究》2004年第2期。

李悦：《中国工业化道路的抉择》，国家经贸委综合司编《专家谈：走新型工业化道路》，经济科学出版社，2003。

李作义、商守先、牟元柱：《新时期我国农业机械化的作用及发展思路》，《中国农机化》2005年第6期。

廉丽姝、王慧、宋晓言：《山东省粮食生产系统的动态关联分析》，《国土与自然资源研究》2005年第1期。

廉毅、高枞亭、沈柏竹等：《吉林省气候变化及其对粮食生产的影响》，《气候变化研究进展》2007年第3期。

梁世夫、王雅鹏：《我国粮食安全政策的变迁与路径选择》，《农业现代化研究》2008年第1期。

梁子谦、李小军：《影响中国粮食生产的因子分析》，《农业经济问题》2006年第11期。

林善浪、张国：《中国农业发展问题报告》，中国发展出版社，2003。

林武：《福建省粮食综合生产能力现状分析》，《福建稻麦科技》2005

年第 12 期。

林毅、张铁军：《黑龙江省粮食综合生产能力评估》，《求是学刊》1993 年第 3 期。

林毅夫、蔡昉、李周：《比较优势与发展战略》，《中国社会科学》1999 年第 5 期。

林毅夫：《"三农"问题与我国农村的未来发展》，《农业经济问题》2003 年第 1 期。

林竹：《农村劳动力转移的经济效应分析》，《农业经济》2007 年第 4 期。

刘凤芹：《农村土地制度改革的方案设计》，《经济研究参考》2004 年第 19 期。

刘光辉、陈莉：《我国农业机械化与农业经济增长的灰色关联解析》，《安徽农学通报》2007 年第 5 期。

刘怀宇、李晨婕、温铁军：《"被动闲暇"中的劳动力机会成本及其对粮食生产的影响》，《中国人民大学学报》2008 年第 6 期。

刘丽、任保平：《经济增长过程中我国工资水平对产业结构升级的效应分析》，《经济经纬》2012 年第 2 期。

刘奇洪：《粮食加工企业发展方向及战略分析》，《粮食加工》2009 年第 2 期。

刘世锦：《正确理解新型工业化》，《中国工业经济》2005 年第 11 期。

刘伟：《发展经济学教程》，经济科学出版社，2001。

刘学侠：《土地股份制：中国农村土地制度改革方向》，《农业经济问题》2007 年第 7 期。

卢秉福、胡志超、张祖立：《我国农业生产机械化的发展历史·现状·前景展望》，《安徽农业科学》2007 年第 32 期。

卢秉福、张祖立：《我国农业机械化发展的制约因素及对策》，《农机化研究》2006 年第 12 期。

卢良恕：《立足于食物安全的大局，着眼于生产能力的提高，确保我国新时期的粮食安全》，《中国粮食经济》2004 年第 4 期。

栾兆乾、刘涛建：《中国农村劳动力转移就业职业教育与培训长效机制》,《中国农村小康科技》2008年第6期。

罗恢远、原毅贤:《对我国实施工业反哺农业几个问题的思考》,《华南理工大学学报(社会科学版)》2006年第10期。

罗万纯、陈永福:《中国粮食生产区域格局及影响因素研究》,《农业技术经济》2005年第6期。

吕政:《对新型工业化道路的探讨》,《国际贸易论坛》2003年第3期。

马文杰:《我国粮食综合生产能力研究》,华中农业大学博士学位论文,2006。

马晓河、蓝海涛:《加强粮食综合生产能力保障我国粮食安全》,《中国发展观察》2008年第9期。

聂中美:《发达国家对农民的直接补贴政策及对我国的启示》,《经济纵横》2003年第4期。

牛淑卿:《我国农业机械化发展的研究》,《农机化研究》2006年第7期。

庞增安:《简论我国粮食综合生产能力》,《社会科学家》2004年第2期。

裴磊:《现阶段我国农村劳动力流动的特点和规律》,《理论与学术》2008年第1期。

彭代彦:《农业机械化与粮食增产》,《经济学家》2005年第3期。

彭世琪:《我国耕地地力等级及中低产田类型划分的一种理论与方法》,《中国农技推广》1997年第2期。

钱凯:《深化农村土地制度改革问题观点综述》,《财经政法资讯》2005年第1期。

曲格平:《探索可持续的新型工业化道路》,《求是》2003年第9期。

任保平、洪银兴:《发展经济学的工业化理论述评》,《学术月刊》2004年第4期。

芮德标:《发达国家农业机械化发展经验与启示》,《管理观察》2009年第2期。

盛来运:《农村劳动力流动的经济影响和效果》,《统计研究》2007年第10期。

《十六大报告读本》，人民出版社，2002。

十六大报告辅导读本编写组：《十六大报告辅导读本》，人民出版社，2002。

石全红、王宏、陈阜、褚庆全：《中国中低产田时空分布特征及增产潜力分析》，《中国农学通报》2010年第19期。

史美兰：《农业现代化：发展的国际比较》，民族出版社，2006。

谭永生：《农村劳动力流动与中国经济增长——基于人力资本角度的实证研究》，《经济问题探索》2007年第4期。

汤向俊、任保平：《投资消费结构转变与经济增长方式转型》，《经济科学》2010年第6期。

唐春宝、黄小平：《中国农业工业化制度创新论》，《重庆工商大学学报》2004年第3期。

唐胡浩：《农民工流动原因探析及对流出地的影响》，《湖北民族学院学报》2006年第6期。

唐华俊、罗其友：《农业区域发展学导论》，科学出版社，2008。

唐文金：《农户土地流转意愿与行为研究》，中国经济出版社，2008。

田玉军、李秀彬、陈瑜琦、马国霞：《城乡劳动力流动及其对农地利用影响研究评述》，《自然资源学报》2010年第4期。

童玉芬、朱延红、郑冬冬：《未来20年中国农村劳动力非农化转移的潜力和趋势分析》，《人口研究》2011年第7期。

童玉芬：《中国农村劳动力非农化转移规模估算及其变动过程分析》，《人口研究》2010年第5期。

王春光：《农民工的社会流动和社会地位的变化》，《江苏行政学院学报》2003年第4期。

王佳菲：《提高劳动者报酬的产业结构升级效应及其现实启示》，《经济学家》2010年第7期。

王健、陆文聪：《市场化、国际化背景下中国粮食安全分析及对策研究》，浙江大学出版社，2007。

王景平、张晶：《试论中国粮食安全问题》，《安徽农业科学》2007年第11期。

王理：《传统平原农业区工业化的思考》，《郑州大学学报（哲学社会科学版）》2008年第4期。

王力南：《产业结构调整的驱动因素：人力资本投资》，《财经纵横》2012年第6期。

王良健：《现阶段我国农业主产区的剩余劳动力转移特征探析》，《西北人口》2001年第4期。

王守臣：《我国农业的发展与粮食安全战略的选择——国际的经验与中国的实践》，中央编译出版社，2004。

王双正：《粮食流通体制改革30年的回顾和反思》，《财贸经济》2008年第11期。

王为农：《提高我国粮食综合生产能力面临的矛盾与对策》，《宏观经济管理》2005年第6期。

王新天、周振国：《新型工业化道路与跨越式发展》，《环境与保护》2003年第1期。

王友明：《中国农村土地产权制度的历史变迁》，《中共党史研究》2009年第1期。

王渝陵：《影响粮食综合生产能力的相关要素》，《渝州大学学报（社会科学版）》1999年第4期。

王志彬、刘刚：《中外粮食保护政策与实践》，《中国物流与采购》2007年第23期。

魏礼群：《走好新型工业化道路》，《经济日报》2002年12月30日。

吴桂淑、范静、康晨宇：《优化农村产业结构——粮食主产区经济发展的战略选择》，《农业经济》1995年第12期。

吴敬琏：《思考与回应：中国工业化道路的抉择（上）》，《学术月刊》2005年第12期。

吴乐、邹文涛：《我国粮食消费的现状和趋势及对策》，《农业现代化研究》2011年第2期。

吴天然：《中国农村工业化论》，上海人民出版社，1997。

吴志华、胡学君：《中国粮食安全与产业结构协调探析》，《现代经济探讨》2002年第1期。

夏建国、魏朝富、朱钟麟、胡艳：《中国中低产田改造研究综述》，《中国农学通报》2005年第4期。

夏明：《生产率增长的规模递增效应与经济结构转变》，《经济理论与经济管理》2007年第1期。

肖海峰、王娇：《我国粮食综合生产能力影响因素分析》，《农业技术经济》2004年第6期。

谢茹：《振兴粮食主产区的若干思考》，《企业经济》1996年第16期。

徐汉民：《论中国农业发展的土地持有产权机制创新》，《经济评论》2001年第6期。

徐元明：《发达国家粮食补贴政策及其对我国的启示》，《世界经济与政治论坛》2008年第6期。

许涤新：《政治经济学辞典》（上册），人民出版社，1980。

薛宇峰：《中国农村劳动力流动空间分布特征的实证研究》，《经济经纬》2006年第2期。

闫肃：《产业结构变迁、劳动力转移与收入分配》，《财经论丛》2012年第1期。

严涛：《储存粮食不如适当储备粮食生产能力：关于实行部分粮田休耕的建议》，《中国粮食经济》1999年第8期。

颜波、陈玉中：《粮食流通体制改革30年》，《中国粮食经济》2009年第3期。

羊绍武：《实现农业产业化经营与粮食生产能力提高之间的良性循环》，《农业经济》1998年第1期。

杨丽、王鹏生：《农业产业集聚：小农经济基础上的规模经济》，《农村经济》2005年第7期。

杨敏丽、涂志强、沈广树：《国外农业机械化法规及支持政策》，《中国农机化》2005年第2期。

杨敏丽、涂志强：《新时期我国农业机械化发展目标及促进措施》，《中国农业机械化》2004年第4期。

杨敏丽等：《建设现代农业与农业机械化发展研究》，《农业机械学报》2005年第7期。

杨永才：《中国农业机械化面向 21 世纪的发展和对策》，《福建农机》2000 年第 2 期。

杨云善：《农民工资性收入变动趋势分析》，《河南社会科学》2011 年第 1 期。

叶剑平等：《中国农村土地产权制度研究》，中国农业出版社，2000。

尹成杰：《关于提高粮食综合生产能力的思考》，《农业经济问题》2005 年第 1 期。

游建章：《粮食安全经济学：一个标准模型分析框架》，《农业经济问题》2003 年第 3 期。

余振国、胡小平：《我国粮食安全与耕地的数量和质量关系研究》，《地理与地理信息科学》2003 年第 3 期。

余征、牟晓娟：《近十年来中国农村劳动力转移研究述评》，《长江大学学报》2011 年第 10 期。

喻新安、陈明星：《工农业互动协调发展的内在机理与实证分析——基于河南省"以农兴工、以工促农"的实践》，《中州学刊》2007 年第 6 期。

张东平、魏仲生：《粮食安全与主产区农民增收问题》，中国农业出版社，2006。

张劲松：《农业机械化对粮食产出效能的贡献研究——以湖北省为例》，华中农业大学博士学位论文，2008。

张培刚：《发展经济学通论（第一卷）——农业国工业化问题》，湖南出版社，1991。

张培刚：《发展经济学与中国经济发展》，经济科学出版社，1996。

张培刚：《农业与工业化（中下合卷）：农业国工业化问题再论》，华中科技大学出版社，2002。

张培刚：《新发展经济学》（增订版），河南人民出版社，1999。

张峭、张安录等：《永佃制——新农村建设背景下农地制度的改革方向》，《湖北社会科学》2007 年第 3 期。

张素文、李晓青：《湖南省粮食生产变化趋势及影响因子研究》，《国土与自然资源研究》2005 年第 1 期。

张文斌：《工业反哺农业与促进新农村建设的微观机制》，《当代经济》2007年第7期。

张秀生：《中国农村经济改革与发展》，武汉大学出版社，2005。

张越杰、王军：《吉林省粮食产量波动分析》，《农业技术经济》2007年第3期。

赵予新：《粮食综合生产能力构成要素与提升对策》，《法制与社会》2007年第5期。

中国农业百科全书编辑部：《中国农业百科全书（农业历史卷）》，中国农业出版社，1995。

中央档案馆：《中共中央关于公布中国土地法大纲的决议》，《解放战争时期土地改革文件选集》，中共中央党校出版社，1981。

周介铭、彭文甫：《影响四川省粮食生产因素的灰色分析与粮食产量预测》，《四川师范大学学报（自然科学版）》2005年第3期。

周立群、许清正：《"工业反哺农业"问题综述》，《红旗文摘》2006年第13期。

周明建、叶文琴：《发达国家确保粮食安全的对策及对我国的借鉴意义》，《农业经济问题》2005年第6期。

周其仁：《产权与制度变迁——中国改革的经验研究》，社会科学文献出版社，2002。

周小萍、陈百明、张添丁：《中国"藏粮于地"粮食生产能力评估》，《经济地理》2008年第5期。

朱铁辉、韩昕儒、陈永福：《中低产田改造地区优先序研究》，《农业技术经济》2012年第4期。

朱云章：《我国城乡劳动力流动影响收入差距变化的机理分析》，《科学·经济·社会》2010年第1期。

朱泽：《建立和完善我国粮食安全体系》，《红旗文稿》2004年第20期。

后　记

　　本书是国家社会科学基金项目"粮食主产区建设与区域经济协调发展研究"（项目编号：10BJL052）的研究成果。2008年7月，在全国粮食供需趋紧、中国粮食市场受到全球密切关注的背景下，国务院制定出台了《国家粮食安全中长期规划纲要（2008~2020年）》，提出对粮食主产区优化结构、挖掘潜力、实施粮食增产的新要求。随后，河南省也编制了《国家粮食战略工程河南核心区建设规划纲要》，提出将采取措施使粮食生产能力由500亿公斤增加至650亿公斤，成为全国重要的粮食生产核心地区。在此背景下，我们组织申报了河南省科技厅"河南粮食核心区建设与区域经济协调发展研究"重大课题，就粮食生产河南核心区建设及其经济社会发展相关主题进行了深入研究，撰写了《河南粮食核心区建设与粮食综合生产能力提高》等研究报告，并在《光明日报（理论版）》发表《建设河南粮食核心区促进区域经济协调发展》等理论文章。在研究中，我们认为对粮食生产与区域发展问题的研究，实质是传统区域在其比较优势的基础上走一条什么样的现代化道路的问题，应该将课题置于一个更广阔的视野里来考察，并就其主题进行拓展，进行更深入的研究。基于此，我们确定"粮食主产区建设与区域经济协调发展研究"这一研究题目，申报了2010年度的国家社会科学基金项目，并获得了批准立项。

　　围绕本课题的研究，课题组在《经济学动态》等期刊上发表《粮食主产区的工业化及其实现机制》《农村耕地结构调整的重要途径——中低产田改造与集约化经营》等系列论文，提出了粮食主产区建设与区域发展的核心主题内容。课题形成的政策观点刊登在两期河南省社科联《思考与建议》上，并被河南省委办公厅《综合与摘报》转载，得到了相关部门的关注。在课题研究中，河南大学经济学院耿明斋教授给予了热情的帮助，特致谢忱。课题组成员刘凤伟、李永东、陈红梅等做了大量的调研和研究工作，围绕本课题培养了西方经济学专业两届硕士研究生，牛乔丽、刘明、王朝阳和张坤朋做了大量的数据收集与处理工作。本书的研究和写作提纲的拟定、全书的统稿均由剧乂文完成。各章撰写如下：第一章，剧乂文；第二章，牛乔丽、李恒；第三章，剧乂文、李永东；第四章，刘明、李恒；第五章，剧乂文；第六章，剧乂文、罗知文；第七章，王朝阳、李恒；第八章，张坤朋、李恒。

社会科学文献出版社皮书出版中心主任邓泳红女士和编辑陈帅先生在本书的出版中付出了大量劳动，亦对他们的敬业精神和工作效率表示感谢！

笔　者

2013 年 11 月

图书在版编目（CIP）数据

粮食主产区建设与区域经济协调发展／剧乂文，李恒著.—北京：社会科学文献出版社，2013.12
ISBN 978-7-5097-5452-8

Ⅰ.①粮… Ⅱ.①剧…②李… Ⅲ.①粮食生产-关系-区域经济发展-协调发展-研究-中国 Ⅳ.①F326.11②F127

中国版本图书馆 CIP 数据核字（2013）第 303366 号

粮食主产区建设与区域经济协调发展

著　　者／剧乂文　李恒

出 版 人／谢寿光
出 版 者／社会科学文献出版社
地　　址／北京市西城区北三环中路甲29号院3号楼华龙大厦
邮政编码／100029

责任部门／皮书出版中心　（010）59367127　　　责任编辑／陈　帅　王　颉
电子信箱／pishubu@ssap.cn　　　　　　　　　　责任校对／李艳涛
项目统筹／陈　帅　　　　　　　　　　　　　　责任印制／岳　阳
经　　销／社会科学文献出版社市场营销中心　（010）59367081　59367089
读者服务／读者服务中心　（010）59367028

印　　装／三河市尚艺印装有限公司
开　　本／787mm×1092mm　1/16　　　　　　　印　张／15.5
版　　次／2013年12月第1版　　　　　　　　　字　数／245千字
印　　次／2013年12月第1次印刷
书　　号／ISBN 978-7-5097-5452-8
定　　价／59.00元

本书如有破损、缺页、装订错误，请与本社读者服务中心联系更换
▲ 版权所有　翻印必究